LA JUSTICE SOCIALE
DANS LE PROCHE-ORIENT ANCIEN
ET LE PEUPLE DE LA BIBLE

LÉON EPSZTEIN

LA JUSTICE SOCIALE DANS LE PROCHE-ORIENT ANCIEN ET LE PEUPLE DE LA BIBLE

Préface de Henri Cazelles

LES ÉDITIONS DU CERF
29, bd Latour-Maubourg, Paris
1983

ISBN 2-204-01892-9
ISSN en cours

A la mémoire de mon grand-oncle Abraham Epstein,
historien et savant hébraïsant — un juste et un sage

(1841-1918)

PRÉFACE

Voici un livre qui me paraît venir à son heure. Au moment où les questions sociales se posent avec force au monde moderne, il est bon que le public sache interroger les textes bibliques à ce propos. Il ne suffit pas de les étudier comme des textes littéraires avec leurs structures, ni comme un recueil de sentences de haute théologie, mais comme des adresses à un peuple et à ses chefs vivant au milieu d'autres peuples. Dans la Bible, il n'y a pas que les condamnations de tel ou tel prophète, il n'y a pas que des récits souvent énigmatiques à première vue par leurs césures, leurs entrelacs et leurs répétitions. Il y a aussi des lois qui visent à assurer les droits de chacun dans une société aux structures successives, société souvent menacée de dislocation. Il ne faut pas oublier que la Torah, qui ouvre la Bible, a été transmise comme une Loi avant que d'être lue comme une histoire qui apparaît de plus en plus complexe.

Bien préparé pour comprendre l'importance du problème et persuadé que la Bible a quelque chose à en dire, M. Léon Epsztein, après avoir étudié les siècles récents, a voulu remonter aux sources et n'a pas hésité à se lancer dans une vaste enquête sur un monde dont il nous aide à découvrir toute l'ampleur et la vitalité. Sans être lui-même spécialiste des langues anciennes ni de la critique biblique, l'auteur donne à tous le moyen de s'informer auprès des spécialistes. Il apporte au public ce que ceux-là ne peuvent pas toujours lui donner : un tableau d'ensemble qui permet d'autres enquêtes. On peut alors découvrir la modernité des problèmes qui ont déchiré l'ancien Orient où se sont fait jour la Bible et sa Torah, témoins d'une expérience privilégiée.

Certains pourront critiquer tel raccourci un peu hardi, telle source d'information, telle opinion trop personnelle, mais cela même peut provoquer d'intéressants dialogues. Et l'on saura gré à l'auteur d'avoir tenu à résumer des thèses un peu anciennes et parfois discutables : il est bon de les connaître comme une des multiples approches de la vérité.

Ce qui est étudié ici — avec une passion qui donne de la chaleur à ces pages que l'on aurait pu craindre austères — ne laissera indifférent aucun de ceux qui s'intéressent aux problèmes de l'homme et de la société humaine.

HENRI CAZELLES

AVANT-PROPOS

Au terme de ce travail, nous désirons acquitter notre dette de reconnaissance envers un certain nombre de personnes.

Nous tenons en premier lieu à rendre hommage à M. Henri Cazelles. Les entretiens qu'il nous a accordés constituaient une source d'encouragement. De plus, il a bien voulu suivre ce travail en cours d'élaboration et nous prodiguer de très précieux conseils. Nous sommes heureux d'avoir pu profiter de sa grande compétence.

M. André Caquot attira notre attention sur les dangers que présentait un sujet comme le nôtre ; ses remarques portant sur le fond même du problème ont été extrêmement utiles et nous lui en sommes très reconnaissants.

M. Guillaume Cardascia ainsi que Mme Bernadette Menu ont bien voulu accepter, chacun selon sa spécialité, de lire les chapitres sur la Mésopotamie et l'Egypte. Nous les en remercions vivement.

M. Melèze-Modrzejewski nous a témoigné maintes preuves de sa sollicitude et nous avons beaucoup profité de sa remarquable érudition. Nous éprouvons à son égard un sentiment de profonde gratitude.

Nous avons bénéficié de l'aide de nos anciens collègues du C.N.R.S. : Mme Mireille Dreisine et MM. Rolland Chollet, Daniel Louÿs, Benoît Zawisza. Nous les remercions très amicalement.

Nous savons gré à Mlle Monique Roman de sa précieuse collaboration pour la présentation matérielle de notre ouvrage.

Nous profitons de cette occasion pour remercier d'une manière anonyme toutes les personnes qui ont contribué à la rédaction de cet ouvrage et tout spécialement les collaborateurs de la BOSEB (Bibliothèque Oecuménique et Scientifique d'Etudes Bibliques) dont l'excellente organisation facilita grandement nos recherches.

INTRODUCTION

Nous craignons que notre décision d'aborder un sujet si vaste et difficile ne fasse penser à un manque de modestie de notre part. Cependant, ce n'est pas tout à fait le cas. Notre choix a été dicté par un sentiment de curiosité, d'attachement, de reconnaissance, envers un ensemble de traditions, de valeurs, qui nous viennent de très loin mais qui nous paraissent d'une très grande actualité.

Après des recherches et la publication d'un ouvrage sur les rapports entre l'économie et la morale à l'époque moderne [*], nous avons éprouvé le besoin de remonter aux sources. Etant donné les très vives préoccupations sociales actuelles, il nous a semblé intéressant d'aborder un des principaux legs du monde de la Bible, d'examiner d'un point de vue historique et sociologique les principales composantes de ce vaste ensemble au sein duquel naquit et mûrit la justice sociale d'aujourd'hui.

Notre sujet a déjà fait l'objet de nombreuses recherches, mais il est traité en général par des spécialistes dans des études d'un caractère monographique. Or, pour en acquérir une vue globale, pour faire ressortir ses traits essentiels, pour répondre à certaines questions brûlantes, il semble utile de l'examiner dans des cadres suffisamment larges, de l'aborder comme un ensemble où tout se tient. Un ouvrage de ce genre, une étude comparative, surtout quand elle porte sur un phénomène abstrait difficilement saisis-

---

[*]. *L'Economie et la morale aux débuts du capitalisme industriel en France et en Grande-Bretagne*, Armand Colin, Paris, 1966.

sable, présente de gros risques. Mais même si notre travail suscite des réserves ou des critiques, nous espérons qu'il pourra inciter et aider des recherches ultérieures.

Le règne de la justice constitue un des objectifs essentiels de tous les systèmes moraux qui ont atteint un certain degré d'évolution. Cette remarque d'ordre général semble s'appliquer d'une façon toute particulière au judaïsme qui, comme on le sait, attribue une importance primordiale à la justice sociale. Un des grands rabbins d'antan, Simon Gamaliel, insista sur le fait que la justice est le premier des trois piliers (à côté de la vérité et de la paix), qui assure la continuité de la société humaine[1]. Selon Albert Einstein, la volonté de rendre à chacun ce qui lui est dû, l'amour de la justice, serait dans le judaïsme proche du fanatisme[2]. L'économiste et sociologue américain Louis Wallis, dont nous parlerons plus tard, déclare que l'histoire du peuple juif était dans une large mesure une série de réactions contre l'injustice économique[3]. D'après Emmanuel Levinas, l'état d'esprit qu'il convient d'appeler le messianisme juif consisterait en la «subordination de toutes les relations possibles entre Dieu et les hommes : rédemption, révélation, création — à l'institution d'une société où la justice au lieu de rester une inspiration de la piété individuelle est assez forte pour s'étendre à tous et pour se réaliser[4]».

Le problème que nous abordons présente un intérêt capital et des aspects multiples. Pour ne pas nous égarer dans un sujet aussi vaste et compliqué, nous nous concentrerons sur l'époque qui se situe entre l'installation des Hébreux en Canaan et l'Exil, en tenant surtout compte de la période représentée par le VIIIᵉ et le VIIᵉ siècle avant notre ère, durant lesquels les nouvelles formes de la vie économique et sociale commencèrent à saper l'ancienne organisation tribale et à miner les fondements de la morale traditionnelle[5].

Notre choix est dicté par le sentiment que c'est à ce stade, à l'époque des premiers grands prophètes écrivains, que le problème

1. M. LEHMANN, *Sprüche der Väter*, 3 vol. Basel, 1963, I, p. 129.
2. D.D. RUNES, *Pictorial History of Philosophy*, New York, 1959, p. 397.
3. L. WALLIS, *Young Peoples Hebrew History*, New York, 1959.
4. E. LEVINAS, *Difficile liberté*, Paris, 1963, p. 38.
5. A.S. KAPELRUD, «New Ideas in Amos», *VT.S*, 15, 1966, p. 197.

de la justice sociale se posa avec une vigueur, une acuité sans pareilles et qu'il représenta la préfiguration de ce qui allait venir par la suite dans l'histoire du peuple juif.

Au carrefour de trois continents, au croisement des grandes routes commerciales[6], à distance presque égale des colonnes d'Hercule et du golfe Persique[7], Israël était la plaque tournante du monde connu à l'époque. Mais il était entouré par de puissants et redoutables voisins dont l'emprise se faisait sentir dans presque tous les domaines[8]. Cette situation géopolitique si particulière[9] mérite évidemment notre attention, et il semble tout indiqué de commencer notre travail par un aperçu de l'état des choses dans les régions limitrophes : en Mésopotamie et en Egypte, dans le bassin du Tigre et de l'Euphrate[10] d'une part, et dans la vallée du Nil[11] de l'autre : là où, grâce à l'irrigation et aux crues fertilisantes, « naissaient, sinon les premières civilisations, du moins les premiers Etats[12] ».

6. C. RATHJENS, «Die alten Welthandelstrassen und die Offenbarungsreligionen», *Oriens*, 15, p. 124.

7. J. STEINMANN, *Le Prophétisme biblique des origines à Osée*, Paris, 1959, p. 22.

8. W.F. ALBRIGHT, *Yahwe and the Gods of Canaan*, London, 1968, p. 207.

9. G.E. WRIGHT, *The Westminster Historical Atlas to the Bible*, London, 1946, p. 6. N. GLUECK, *The River Jordan*, London, 1946.

10. G. BOYER, «Introduction bibliographique à l'histoire du droit suméro-akkadien», *AHDO*, 2, 1938, p. 66.

11. D. BONNEAU, *La Crue du Nil*, Paris, 1964.

12. K. WITTFOGEL, *Le Despotisme oriental*, Paris, 1964 (avant-propos de P. Vidal-Naquet, p. 9).

PREMIÈRE PARTIE

LA JUSTICE SOCIALE DANS LES PAYS VOISINS DE L'ANCIEN ISRAËL

CHAPITRE I

LES LOIS MÉSOPOTAMIENNES

En Mésopotamie, à l'époque préhistorique des débuts du IIIe millénaire, avant que ne s'installe un régime centralisateur et autocratique[1], les petites agglomérations humaines étaient disséminées à travers le pays et séparées par des marécages ou des régions désertiques[2]. Comme le décrit le poème épique sumérien *Gilgamesh et Agga*[3], elles semblaient jouir des prérogatives de la « vox populi »[4], profiter des avantages d'un régime démocratique dans le sens classique (plutôt que moderne) du mot[5], c'est-à-dire d'une forme de gouvernement fondé sur un conseil des anciens, mais dont la souveraineté ultime reposait sur une assemblée générale comprenant tous les membres ou plutôt tous les hommes adultes libres dont se composait la communauté[6].

Cet embryon de morale sociale, cette recherche d'égalité et ce

1. T. Jacobsen, « Primitive Democracy in Ancient Mesopotamia », *JNES*, 2, 1943, p. 172.

2. Id., « Early Political Development in Mesopotamia », *ZA*, 52, 1957, p. 98.

3. A. Malamat, « Kingship and Council in Israel and Sumer : a Parallel », *JNES*, 22, 1963, p. 250.

4. S.N. Kramer, « "Vox populi" and the Sumerian Literary Documents », *RA*, 58, 1964, p. 148-156. T. Jacobsen, « Note sur le rôle de l'opinion publique dans l'ancienne Mésopotamie », *RA*, 58, 1964, p. 157-158. P. Artzi, « "Vox populi" in the El Amarna Tablets », *RA*, 58, 1964, p. 159-166.

5. T. Jacobsen, « Primitive Democracy... », *art. cit.*, p. 159.

6. *Ibid.*, p. 172. E.A. Speiser, « Authority and Law in Mesopotamia », *JAOS.S*, 17, 1954, p. 8-15. G. Evans, « Ancient Mesopotamian Assemblies », *JAOS*, 78, 1958, p. 11.

besoin d'équité qui si tôt apparaît dans les faits, se manifestera d'une façon bien plus explicite dans la pensée religieuse et dans le droit.

Les principales divinités qui composent le panthéon mésopotamien sont exaltées, comme étant éprises de tout ce qui est bon et juste[7]. Un des importants et longs hymnes de la littérature sumérienne est dédié à Utu, dieu-soleil et dieu de la justice, qui règle l'ordre de l'univers[8]. Une autre divinité, la déesse lagashite Nanshe, est décrite dans un des hymnes comme celle qui est sensible à l'oppression de l'homme par l'homme, qui sert de mère à l'orphelin, s'intéresse au sort de la veuve, recherche la justice pour les pauvres et sert de refuge au faible[9].

Un passage du grand hymne à Shamash (l'équivalent assyro-babylonien du dieu sumérien Utu[10]) fait une nette distinction entre le mauvais juge qui accepte des pots de vin et le bon qui ne se laisse pas corrompre, protège le faible et prolonge la vie. Il est protégé par Shamash et le palais princier lui sert de demeure[11]. Dans les deux principaux sanctuaires babyloniens destinés à ce dieu, à Sippar et à Larsa, les adorateurs du soleil comptaient parmi les enfants de Shamash, deux personnifications de la justice : Kittu et Mêsharu (ces deux noms dérivant des racines akkadiennes *kânu* et *eshêru* qui signifiaient respectivement «être vrai» et «être droit»[12]).

Parmi les très anciens textes religieux, découverts en 1889-1900 par J.P. Peters et J.H. Haynes[13], un hymne fait l'éloge de Dungi, le roi déifié d'Ur, non seulement en tant que guerrier et chasseur, mais aussi comme gardien de la cité qui apporte la justice, protège le faible et favorise l'ouvrier[14]. Il est dit aussi dans ce même hymne

7. S.N. KRAMER, *The Sumerians; Their History, Culture and Characters*, Chicago, 1964, p. 129.

8. *Id.*, «Sumerian Literature», dans *The Bible and the Ancient Near East*, Essays in Honor of W.F. Albright, ed. by G.E. Wright, Garden City, 1961, p. 255.

9. ID., *The Sumerians...*, *op. cit.*, p. 126.

10. J. DESHAYES, *Les Civilisations de l'Orient ancien*, Paris, 1969, p. 610.

11. M.-J. SEUX, *Hymnes et prières aux dieux de Babylonie et d'Assyrie*, Paris, 1976, p. 58.

12. R.A. ROSENBERG, «The God Sedeq», *HUCA*, 36, 1965, p. 161.

13. S.N. KRAMER, *The Sumerians...*, *op. cit.*, p. 22.

14. J.P. PETERS, «Notes and Suggestions on the Early Sumerian Religion and its Expression», *JAOS*, 41, 1921, p. 140. G.A. BARTON, *Miscellaneous Babylonian Inscriptions*, New Haven, 1918, p. 27-29.

que c'est la perversion de la justice qui amena le pays à la ruine [15].

Comme preuve que la vie sociale sumérienne était imprégnée d'un besoin de justice et d'un respect de la loi, S.N. Kramer cite le célèbre jugement (prononcé aux environs de 1850 av. J.-C.), graciant la « femme silencieuse », Nin-dada qui devait être exécutée pour n'avoir pas informé les autorités de l'assassinat de son mari. Les membres du tribunal se rangèrent finalement à l'opinion de la défense en déclarant que la femme avait ses raisons de rester silencieuse et conclurent que le châtiment des vrais criminels devait suffire. Le fait que deux copies du même compte rendu du procès aient été retrouvées, montre, selon S.N. Kramer, que l'arrêt de l'Assemblée de Nippur concernant la « femme silencieuse » était connu dans tous les milieux juridiques de Sumer et qu'il faisait jurisprudence [16].

Nous retrouvons évidemment le plus grand nombre d'éléments se rapportant à notre sujet dans la série de textes législatifs appartenant au « fonds commun mésopotamien, fonds que l'on pourrait appeler sumero-akkadien [17] » et qui représente « les plus anciens monuments que l'on possède sur le droit [18] ». Ces textes, comme nous le savons, remontent à une époque très éloignée mais ils n'ont été retrouvés et déchiffrés qu'au cours de ce dernier siècle.

Dans l'état actuel de nos connaissances, il faut citer tout d'abord les « réformes » d'Urukagina, lu maintenant Uruinimgina [19], le prince pontife [20] de Lagash, ville-Etat dans le sud-est de Sumer qui joua un rôle très important dans l'histoire politique de Sumer, entre environ 2450 et 2300 [21], mais qui se trouvait dans un état social et politique pitoyable quand apparut Urukagina [22]. Les inscriptions

---

15. *Ibid.*, p. 31.

16. S.N. KRAMER, *L'Histoire commence à Sumer,* Paris, 1957, p. 93.

17. E. SZLECHTER, « Les Anciennes Codifications en Mésopotamie », *RIDA,* 4, 1957, p. 92.

18. E. CUQ, *Etudes sur le droit babylonien. Les lois assyriennes et les lois hittites,* Paris, 1929, p. V.

19. W.G. LAMBERT, « The Reading of the Name Uru.ka.gi.na », *OR,* 39, 1970, p. 419.

20. S.N. KRAMER, *L'Histoire...,* op. cit., p. 83.

21. ID., *The Sumerians...,* op. cit., p. 52.

22. ID., *L'Histoire...,* op. cit., p. 86.

inspirées par celui que l'on considère, non sans raison, comme le premier réformateur de l'histoire [23], sont pour la Mésopotamie « le plus ancien ensemble de textes cohérents qui rapportent d'autres faits que ceux de guerres gagnées, d'autres énumérations que celles de sanctuaires construits [24] ». Certains situaient le règne et les « réformes » d'Urukagina entre 2850 et 2650 [25], mais, d'après des recherches plus récentes, elles semblent dater d'une époque bien plus tardive : vers 2400, d'après les uns [26] ou au milieu du XXIVe siècle, d'après d'autres [27].

Les « réformes » d'Urukagina comprennent deux parties qui s'opposent en se correspondant point par point : la première énumère les « abus » précédant son règne, la seconde fait état des édits promulgués pour y remédier [28]. Il s'agit en effet dans cette seconde partie d'une série de mesures visant à éliminer les injustices commises par les fonctionnaires du palais ou du temple et par les riches à l'égard de pâtres, des bateliers, des paysans, des débiteurs et de leurs familles [29]. Il y est question de réduire les redevances réclamées par le clergé à maintes occasions, notamment à celles des funérailles [30] ; ou bien il est dit que si un pauvre fait un vivier, son poisson ne lui sera pas enlevé. Et dans la conclusion nous lisons qu'Urukagina « fit laver les domiciles des habitants de Lagash de l'usure, de l'accaparement, de la famine, du vol, des attaques et il fit instituer leur liberté ». Il « fit sceller par Ningirsu cette déclaration qu'il ne livrerait pas au riche la veuve et l'orphelin [31] ».

Quelque chose d'analogue à ce que nous venons de relever apparaît aussi chez un autre « ensi » de Lagash, le célèbre Gudéa, représenté par plusieurs dizaines de statues dont la majorité orne

23. J. DESHAYES, op. cit., p. 74.

24. M. LAMBERT, « Les "Réformes" d'Urukagina », RA, 50, 1956, p. 169.

25. A. DEIMEL, « Sumerische Tempelwirtschaft zur Zeit Urukaginas und seiner Vorgänger », AnOr, 2, 1931, p. 72.

26. Reallexikon der Assyriologie, Berlin, 1966 ; Dritter Band, Gesetze, p. 246.

27. S. YEIVIN, « The Origin and Disappearance of the Khab/piru », Actes du 25e Congrès international des Orientalistes, Moscou, 1962, T. 1, p. 439.

28. M. LAMBERT, art. cit., p. 169.

29. E. SZLECHTER, art. cit., p. 81.

30. J. DESHAYES, op. cit., p. 75.

31. M. LAMBERT, art. cit., p. 183.

aujourd'hui le musée du Louvre [32]. Beau-fils du fondateur d'une nouvelle dynastie, au pouvoir à une époque (vers la première moitié du xxiᵉ siècle [33]), où Lagash joue un rôle prédominant parmi toutes les autres villes du sud de Sumer, Gudéa est en rapports commerciaux avec presque tout le monde « civilisé » de l'époque. Et comme il remporte aussi un succès considérable sur le plan militaire, il sert d'inspiration à une œuvre importante [34] où il est dit qu'il fut élu pour « être le bon pasteur dans le pays [35] », qu'il « donna son attention aux lois de Nina et de Ningirsu » et veilla à ce que l'homme riche et puissant ne fît aucun mal à l'orphelin ni à la veuve [36]. Nous savons en plus que parmi ses instructions données au peuple certaines ont pour but la protection des esclaves [37].

Après les « réformes » d'Urukagina et de Gudéa, viennent les actes législatifs proprement dits dont certains sont assimilés à des codes.

D'après ce que nous savons jusqu'à maintenant, le plus ancien monument législatif de la Basse Mésopotamie serait représenté par le Code sumérien d'Ur-Nammu [38] dont le règne commença vers 2112 [39] et qui est le fondateur de la IIIᵉ dynastie d'Ur [40], capitale de l'empire sumérien qui à l'époque brillait d'un éclat encore plus vif que Lagash [41]. Découvert depuis plus d'un demi-siècle [42] mais

---

32. A. PARROT, *Sumer*, Paris, 1960, p. 348.

33. Reallexikon der Assyriologie, *op. cit.*, p. 246.

34. S.N. KRAMER, *The Sumerians...*, *op. cit.*, p. 66.

35. F. THUREAU-DANGIN, *Les inscriptions de Sumer et Akkad*, Paris, 1905, p. 107.

36. *Ibid.*, p. 113.

37. E. SZLECHTER, *art. cit.*, p. 81. S.N. KRAMER, *op. cit.*, p. 139. Voir aussi I. CARDELLINI, *Die biblischen « Sklaven » — Gesetze im Lichte des keilschriften Sklavenrechts*, Bonn, *BBB*, 55, 1981. Nous n'avons pu prendre connaissance de cette importante thèse de doctorat qu'après la rédaction de notre ouvrage.

38. E. SZLECHTER, *art. cit.*, p. 74.

39. *ANET.S*, 1969, p. 523.

40. T. FISH, « Aspects of Sumerian Civilisation in the Third Dynasty of Ur », *BJRL*, 22, 1938, p. 160-174. A.L. OPPENHEIM, « The Seafaring Merchants of Ur », *JAOS*, 74, 1954, p. 6-17. M. LAMBERT, « Le Destin d'Ur et les routes commerciales », *RSO*, 39, 1964, p. 89-109. M. SCHMÖKEL, « Zwischen Ur und Lothal : die Seehandelsroute von Altmesopotamien zur Induskultur », *FuF*, 40, 1966, p. 143-147.

41. L. WOOLLEY, *Ur en Chaldée*, Paris, 1949, p. 94-123.

42. J. KLIMA, « Au sujet de nouveaux textes législatifs de la Babylonie ancienne », *ArOr.*, 35, 1967, p 125.

déchiffré, traduit et publié bien plus tard[43] (par S.N. Kramer en 1952[44]), le Code d'Ur-Nammu est considéré comme un chaînon entre les « réformes » d'Urukagina et Gudéa d'une part, et les codes d'Eshnunna, de Lipit-Ishtar et de Hammurabi d'autre part. Les dispositions du prologue rappellent ce que nous trouvons dans les « réformes » des deux « princes » de Lagash[45].

Ur-Nammu, désigné par la volonté des dieux à monter sur le trône d'Ur, déclara avoir rétabli avec l'aide du dieu Nanna l'équité et la justice dans le pays. Il fixa des rapports stables entre diverses unités monétaires (de bronze et d'argent) au poids. Il écarta les fraudeurs et les prévaricateurs qui s'appropriaient les bœufs, les moutons et les ânes des citoyens. Il veilla à ce que l'homme d'un sicle ne devînt pas la proie de l'homme d'une mine (une mine valait 60 sicles[46]). Il prit des mesures efficaces pour protéger les orphelins, les veuves et les pauvres[47]. Mais le « trait le plus caractéristique du Code d'Ur-Nammu, selon Szlechter, est l'adoption du système de la composition légale comme fondement du droit pénal. Nous voyons ainsi, écrit-il, que quatre siècles avant Hammurabi dont le code est fondé sur le principe du talion[48], la composition légale était déjà connue dans le bassin mésopotamien[49] ». Rappelons que le principe du talion qui consiste à rendre la pareille, du latin *talis*, à l'offenseur est un mode de châtier qui dénote un progrès par rapport à la vengeance en vertu de laquelle le châtiment rendu est beaucoup plus grave que le mal reçu. Toutefois, écrit Cruveilhier, « le talion est une sanction brutale et inintelligente. Il satisfait l'instinct de vengeance de la victime sans lui apporter aucun dédommagement. Les codes modernes imposent au damnificateur une amende proportionnée au dommage[50] ». Notons cependant que cette façon de voir les choses

43. V. Korošec, « Le Code de Hammurabi et les droits antérieurs », *RIDA*, 8, 1961, p. 12.

44. S.N. Kramer, *L'Histoire...*, *op. cit.*, p. 89.

45. E. Szlechter, « A propos du Code d'Ur-Nammu », *RA*, 47, 1953, p. 6.

46. S.N. Kramer, *op. cit.*, p. 91.

47. E. Szlechter, « Le Code d'Ur-Nammu », *RA*, 49, 1955, p. 174.

48. En réalité, le Code de Hammurabi n'est pas fondé uniquement sur le principe du talion, puisqu'il impose aussi, comme nous le verrons, des compositions légales.

49. E. Szlechter, « Les Anciennes Codifications... », *art. cit.*, p. 75.

50. P. Cruveilhier, *Commentaire du code d'Hammourabi*, Paris, 1938, p. 196 (notes).

n'est pas partagée par tout le monde : G. Cardascia, en développant les vues exposées sommairement par A.S. Diamond [51], insiste sur le fait que c'est au contraire le système de composition légale qui représente un stade plus primitif que le talion : ce dernier a une valeur ethique supérieure car il protège mieux la vie et l'intégrité de la personne humaine [52].

Le deuxième texte législatif sumérien est le Code de Lipit-Ishtar, cinquième roi de la dynastie d'Isin qui régna au cours de la première moitié du xixᵉ siècle [53]. Il succéda à son père Ismedagan qui a été dépeint dans les œuvres littéraires de l'époque comme propagateur du droit et de la justice [54]. Le Code de Lipit-Ishtar est postérieur d'environ deux siècles au Code d'Ur-Nammu et antérieur d'une centaine d'année environ à celui de Hammurabi. Exhumé dès le début de ce siècle mais identifié et traduit seulement en 1947-1948 par F. Steele [55], en l'état actuel de nos sources, le Code de Lipit-Ishtar se compose de neuf tablettes qui forment 43 articles avec le prologue et l'épilogue [56]. Tous deux énoncent les principes généraux relatifs à l'origine du pouvoir royal et à l'excercice de celui-ci [57]. Dans le prologue il est dit que « Lipit-Ishtar, le pasteur obéissant, a été appelé par Nunamnir pour établir dans le pays l'équité, pour extirper par "la parole" la corruption, pour briser par "la force" la méchanceté et la malveillance [58] ».

Dans la première partie du code, une section importante est consacrée aux esclaves. On y trouve des dispostions concernant : 1° la fuite des esclaves ; 2° les constestations se rapportant à l'état d'esclavage ; 3° le mariage d'une esclave ; 4° l'affranchissement des enfants nés des rapports du maître avec sa concubine esclave... Il y est dit, entre autres, que « tout en considérant l'esclave comme un

---

51. A.S. DIAMOND, « An Eye for an Eye », *Iraq*, 19, 1957, p. 151-155.

52. G. CARDASCIA, « La Place du talion dans l'histoire du droit pénal à la lumière des droits du Proche-Orient ancien », dans *Mélanges Jean Dauvillier*, Toulouse, 1979, p. 176.

53. E. SZLECHTER, *art. cit.*, p. 75.

54. D.O. EDZARD, *Die zweite Zwischenzeit Babyloniens*, Wiesbaden, 1957, p. 80.

55. S.N. KRAMER, *op. cit.*, p. 88.

56. E. SZLECHTER, « Le Code de Lipit-Ištar », *RA*, 51, 1957, p. 57.

57. *Ibid.*, p. 117.

58. *Ibid.*, p. 61.

bien patrimonial», on «lui reconnaît cependant la capacité d'ester en justice dans les procès relatifs à sa liberté[59]».

Plus ou moins un siècle après le Code de Lipit-Ishtar vient le premier des codes akkadiens, celui qui provient d'Eshnunna[60], ville-Etat située dans la vallée de la Diyâla, affluent du Tigre, au nord de Bagdad et appelée aujourd'hui Tell Ashmar[61]. Les Lois d'Eshnunna semblent remonter aux débuts de l'indépendance de cette principauté soit à la période qui se situe entre la chute de la IIIe dynastie d'Ur à la fin du IIIe millénaire et le moment où elle fut conquise par Hammurabi[62]. Elles sont placées maintenant vers 1790, c'est-à-dire quelques décennies seulement avant le Code de Hammurabi selon la chronologie moyenne du règne de Hammurabi (1792-1750) qui, comme nous le verrons, est aujourd'hui le plus généralement suivie. On attribuait leur origine à Bilalama, roi d'Eshnunna mais, selon Szlechter, elles datent probablement du règne d'Ipiq Addad II ou de son fils Dadusha[63].

Découvertes successivement en 1935 et 1947 à Tell Harmal sur le territoire faisant autrefois partie de la principauté d'Eshnunna[64], composées d'un prologue et de 60 articles, les Lois d'Eshnunna comportent certains éléments qui se trouvent tantôt dans le droit sumérien (Code d'Ur-Nammu, Code Lipit-Ishtar), tantôt dans le droit assyrien (Kultépé, lois assyriennes) ou babylonien (Code de Hammurabi)[65].

Parallèlement à ce que nous retrouvons dans le Code de Hammurabi, les Lois d'Eshnunna distinguent trois classes sociales : les *awilu* (patriciens qui jouissent de la liberté et des pleins droits), les *mushkenu*, traduits «mesquins» par G. Gardascia (terme que l'on peut définir par plébéiens qui, tout en étant libres, sont soumis à certaines limitations), les *wardu* (esclaves)[66].

---

59. *Ibid.*, p. 180-182.
60. R. YARON, *The Laws of Ešnunna*, Jérusalem, 1969.
61. E. SZLECHTER, *Les Lois d'Ešnunna*, Paris, 1954, p. 12. J. DESHAYES, *op. cit.*, p. 541.
62. G. BOYER, *Mélanges d'histoire du droit oriental*, Toulouse, 1965, p. 243.
63. E. SZLECHTER, «Les Lois d'Eshnunna», *RIDA*, 25, 1978, p. 109.
64. ID., *op. cit.*, p. 5.
65. *Ibid.*, p. 12.
66. S. MOSCATI, *Histoire et civilisation des peuples sémitiques*, Paris, 1955, p. 70.

Les *mushkenu* étaient inférieurs aux *awilu* du point de vue politique et social ; ils jouissaient néanmoins d'une protection particulière du palais. L'art. 35 accorde au *mushkenum* la faculté de garder l'enfant reçu d'une esclave du palais contre indemnisation du palais. Mais plus caractéristique, l'art. 50 indique que le palais pouvait poursuivre hors des frontières d'Eshnunna les esclaves fugitifs et les bêtes égarées appartenant au palais, aux *awilu* ou aux *mushkenu*, alors qu'on ne pouvait rattacher les *mushkenu* directement au palais et cela aussi bien en tant que serviteurs que comme fonctionaires retribués par le palais. D'origine diverses (esclaves affranchis, étrangers), les *mushkenu* étaient indépendants des *awilu* et entièrement libres vis-à-vis d'eux [67].

Les Lois d'Eshnunna fixent les prix des marchandises de première nécessité, le salaire des ouvriers, les loyers des bateaux et des chariots ; elles établissent un rapport stable entre la monnaie (argent au poids) et la monnaie marchandise (orge) [68] ; elles règlent les modalités du remboursement de certaines dettes [69]. Le régime pénal des Lois d'Eshnunna, comme dans le Code d'Ur-Nammu, est fondé essentiellement sur le principe de composition légale : l'auteur d'une infraction doit verser à la victime ou à ses ayants droits une indemnité fixée par le législateur. Le taux de la composition légale est fonction de l'infraction commise et du statut juridique et social de la victime [70].

Le plus célèbre code de la Mésopotamie est dû à l'illustre représentant de la dynastie amorite, le roi Hammurabi qui abat un à un ses rivaux [71] et qui fait de Babylone la capitale politique, religieuse, économique et intellectuelle de l'Asie antérieure [72]. Les dates assignées à son règne varient selon qu'on opte pour la

---

67. E. SZLECHTER, *op. cit.*, p. 42. Pour approfondir le problème des *mushkenu*, une des questions les plus controversée de l'Assyriologie, voir F.R. Kraus, *Vom mesopotamischen Menschen der Altbabylonischen Zeit und seiner Welt*, Amsterdam-Londres, 1973, p. 103.

68. E. SZLECHTER, *op. cit.*, p. 65.

69. B.-L. ROSEN, « Some Notes on Eshnunna Laws 20 and 21 and a Legal Reform in the Law of Hammurapi », *RA*, 71, 1977, p. 35-38.

70. E. SZLECHTER, *art. cit.*,, p. 197.

71. A. FINET, *Le Code de Hammurapi*, Paris, 1973, p. 9.

72. G. BOYER, *op. cit.*, p. 271.

chronologie longue (1848-1806), moyenne (1792-1750) ou courte (1728-1686) ; à l'heure actuelle, un accord semble se généraliser en faveur de la chronologie moyenne (1792-1750) [73]. C'est dans les dernières années de son règne qu'avait été composée la stèle des lois sous la forme que nous lui connaissons. La diffusion de ce code a été au Proche-Orient si importante [74] qu'une quarantaine de copies et d'adaptations sont parvenues jusqu'à nos jours. Cependant, le texte de beaucoup le plus complet reste toujours celui de la stèle conservée au Louvre, découverte en décembre-janvier 1901-1902 et, la même année, transcrite, traduite et éditée par le père V. Scheil [75].

La renommée de ce code s'explique non seulement par le fait qu'il a été découvert relativement très tôt et dans sa presque totalité [76], mais aussi pour ce qu'il représente par lui-même. Les découvertes plus récentes de codes, que nous venons de passer en revue, ont modifié l'opinion quant à l'originalité du Code de Hammurabi [77]. On sait maintenant que Hammurabi ne fut pas le premier à avoir eu l'idée d'une rédaction systématique de la loi, mais il alla plus loin que ses prédécesseurs [78]. Son code « reste le monument le plus important du droit babylonien par le nombre des dispositions qu'il renferme ainsi que par l'étendue et la portée du prologue et de l'épilogue qui constituent un véritable traité du droit public [79] ». Ce n'est pas un code au sens moderne du mot : Hammurabi a fait recueillir en un tout une série d'édits qu'il avait promulgué lui-même ou bien emprunté soit à la tradition soit à ses prédécesseurs. L'ensemble n'a pas été parfaitement unifié, mais malgré les redites, les lacunes et les contradictions, ce code reste néanmoins un des grands classiques de la littérature babylonienne [80]. Parallèlement à l'unification politique de la région,

---

73. P. GARELLI, *Le Proche-Orient asiatique — Des origines aux invasions des peuples de la mer*, Paris, 1969, p. 229.

74. G. CARDASCIA, « La Transmission des sources cunéiformes », *RIDA*, 7, 1960, p. 43.

75. A. FINET, *op. cit.*, p. 11.

76. J. DESHAYES, *op. cit.*, p. 414.

77. S. MOSCATI, *op. cit.*, p. 69.

78. A. PARROT, *op. cit.*, p. 305.

79. E. SZLECHTER, « Les Anciennes Codifications... », *art. cit.*, p. 77.

80. A. FINET, *op. cit.*, p. 11.

ce code, rédigé en akkadien, a recueilli et unifié les traditions sumériennes et sémitiques [81]. Il n'a pas été composé de lois entièrement nouvelles mais reprenait de vieilles lois révisées et rendues opérationnelles pour le royaume tout entier [82].

Dans notre travail, il n'est évidemment pas question d'aborder l'ensemble des problèmes que pose le Code de Hammurabi et qui sont traités par une série d'ouvrages déjà très abondants ; nous désirons uniquement rappeler l'essentiel de ce qui se rapporte à notre sujet.

La stèle, sur laquelle est gravé le code, représente Hammurabi rendant hommage et recevant les insignes du pouvoir de Shamash, dieu soleil et dieu de la justice [83]. Dès les débuts du prologue nous apprenons que la vocation de Hammurabi consiste à « faire luire le droit sur Babylone et sur les régions vassales », « perdre le méchant et le pervers », « empêcher le puissant de ruiner le faible » [84]. Le « premier des rois [85] » a « soin de ses gens dans la disette [86] », il a « placé le droit et l'équité dans la bouche du peuple [87] ».

Dans l'épilogue, Hammurabi se déclare « pasteur apportant le salut [88] », législateur « pour faire droit à l'orphelin et à la veuve [89] ». Il s'adresse à « l'homme opprimé qui a une affaire » et lui recommande d'aller devant l'image du roi pour se faire lire le texte de la stèle afin « qu'il voie son jugement (la décision de son cas) » et « que son cœur respire » [90]. En s'adressant à ses successeurs, Hammurabi « exalte les mérites de ceux qui respecteraient les lois inscrites sur la stèle et profère des imprécations à l'encontre de ceux qui les modifieraient ou aboliraient. Tout en affirmant qu'il est

---

81. S. Moscati, *op. cit.*, p. 70.

82. J.M. Powis Smith, *The Origin and History of Hebrew Law*, Chicago, 1931, p. 11.

83. G.R. Driver, J.C. Miles, *The Babylonian Laws*, Oxford, 1952-1955, I, p. 28.

84. P. Cruveilhier, *op. cit.*, p. 3-5.

85. *Ibid.*, p. 29.

86. *Ibid.*, p. 31.

87. *Ibid.*, p. 41.

88. *Ibid.*, p. 255.

89. *Ibid.*, p. 257.

90. *Ibid.*, p. 261.

l'auteur des lois qu'il a édictées, Hammurabi ne manque pas pour autant d'invoquer l'autorité des dieux pour étayer la légitimité de son action ; la source du pouvoir législatif est d'origine divine, son exercice appartient au roi [91] ».

Afin de protéger le peuple contre les exactions des grands, certaines dispositions du code tendaient à prévenir la corruption des juges ou les abus des officiers. Pour améliorer le sort des catégories défavorisées, Hammurabi préconisait la distribution de parcelles non seulement aux nomades, mais aussi à ces habitants de rang inférieur qu'étaient les *mushkenu*. Il tenta également d'améliorer la situation des tenanciers en réglementant les baux [92] ; il introduisit une certaine libéralisation (par rapport aux Lois d'Eshnunna), en faveur des débiteurs pour le remboursement des dettes [93].

Mais, comme nous l'avons déjà mentionné à propos des Lois d'Eshnunna, le Code de Hammurabi institue aussi la division de la société en trois classes (*awilu, mushkenu, wardu*) et les individus qui les composent sont loin de bénéficier des mêmes droits. Cependant, contrairement au Code d'Ur-Nammu et aux Lois d'Eshnunna, le Code de Hammurabi applique la loi du talion, mais uniquement dans les rapports entre les privilégiés :

§ 196. Si un homme libre crève l'œil d'un fils d'homme libre, on crèvera son œil.

§ 197. S'il brise un os d'un homme libre, on brisera son os.

Quant aux dommages causés aux *mushkenu* et aux esclaves, le Code de Hammurabi impose au damnificateur une amende proportionnelle au dommage.

§ 198. Si un homme libre a crevé l'œil d'un *mushkenum* ou brisé l'os d'un *mushkenum*, il pèsera (paiera) une mine d'argent.

§ 199. S'il a crevé l'œil d'un esclave d'homme libre ou s'il a brisé l'os d'un esclave d'un homme libre, il pèsera la moitié de son prix.

§ 204. Si un *mushkenum* a frappé la tête (cerveau, joue) d'un *mushkenum*, il pèsera dix sicles d'argent [94].

---

91. E. Szlechter, *Codex Hammurapi*, Romae, 1977, p. 182.
92. J. Deshayes, *op. cit.*, p. 183.
93. B.-L. Rosen, *art. cit.*, p. 38.
94. P. Cruveilhier, *op. cit.*, p. 196-199.

Notons en revanche qu'aucun dédommagement n'est prévu pour le propriétaire dans le cas d'un préjudice porté par l'homme libre à l'esclave d'un plébéien.

Quoique du point de vue formel, les esclaves étaient classés dans la section du code consacrée aux personnes et non aux choses[95], en pratique il en était tout autrement. L'unique avantage de cette situation résidait dans la protection que le maître offrait à ses esclaves[96].

Si on fait une comparaison entre le Code de Hammurabi et l'Ancien Testament, il faut rappeler que, d'après le premier, un esclave peut être mis en liberté au bout de trois ans contre six ans dans le Code de l'alliance et le Deutéronome. Cependant, ces derniers ne font aucune distinction[97] de classe pourvu qu'il s'agisse d'un Hébreu, alors que la clause du Code de Hammurabi (§ 117) ne s'applique qu'à un patricien (qui par exemple a été vendu par un membre endetté de sa famille[98]).

Parmi les droits mésopotamiens, le Code de Hammurabi tient le milieu entre le sumérien, le plus clément, et l'assyrien le plus cruel[99].

Les Lois d'Eshnunna (§ 51) interdisent simplement à un(e) esclave de sortir par la grande porte d'Eshnunna, sans prévoir une sanction contre le trangresseur. En revanche, le Code de Hammurabi (§ 15) ordonne la peine de mort pour quiconque a facilité la fuite d'un esclave appartenant au palais ou à un *mushkenum*. Le recéleur d'un esclave fugitif était à Babylone passible de mort (§ 16, 19), tandis que selon le Code de Lipit-Ishtar (art. 12), il perdait son propre esclave ou à défaut payait son prix en argent ; à Eshnunna, il perdait aussi son esclave (§ 49), ou il était même considéré comme voleur (§ 50)[100].

95. A. FALKENSTEIN, *Die neusumerischen Gerichtsurkunden*, München, 1956, p. 86.
96. S. MOSCATI, *op. cit.*, p. 71.
97. J. DESHAYES, *op. cit.*, p. 210.
98. C. VAN LEEUWEN, *Le Développement du sens social en Israël avant l'ère chrétienne*, Assen, 1955, p. 84.
99. S. MOSCATI, *op. cit.*, p. 75. G. CARDASCIA, *Les Lois assyriennes*, Paris, 1969, p. 84.
100. V. KOROŠEC, *art. cit.*, p. 20.

A Babylone, la peine de mort était fréquemment prononcée pour des délits tels que le vol, la rapine, le recel, le faux témoignage, et le droit pénal était aussi appliqué aux représentants de certaines professions qui n'avaient pas eu de chance dans l'exercice de leur métier. Ainsi le Code de Hammurabi exige la punition ou la récompense de médecins chirurgiens selon le résultat de leurs opérations, tout en faisant une distinction suivant la condition du patient (§ 215-220) [101].

Parmi les textes législatifs postérieurs à Hammurabi [102], après l'édit de son fils Samsu-iluna (recueil de prévisions sociales destinées à écarter ou du moins à soulager les difficultés tout d'abord économiques) [103], mérite tout spécialement notre attention l'édit du roi de Babylone, Ammi-tsaduqa, le quatrième successeur de Hammurabi, qui régna un siècle après ce dernier, soit à la fin de la première moitié du second millénaire avant notre ère [104] (vers 1646-1624) [105].

L'édit du roi Ammi-tsaduqa, découvert déjà depuis plus d'un demi-siècle, mais très mal connu, a été publié et commenté par F.R. Kraus, dans un très important ouvrage [106], paru en 1958 (*Ein Edikt des Königs Ammi-tsaduqa von Babylon*). Sur un total maximum d'environ 230 lignes que devait comporter l'original intact, F.R. Kraus a réussi à porter à près de 180 le nombre de lignes lisibles [107].

Le but principal de cet édit visait à remédier à une situation économique dangereusement désorganisée [108]. Le désordre provenait avant tout du fait que la majorité des citoyens, les travailleurs, ne gagnaient pas assez pour vivre : ce qui les poussait à un

---

101. S. MOSCATI, *op. cit.*, p.75.
102. H. CAZELLES, «Pentateuque», *DBS*, 7, 1966, col. 753.
103. J. KLIMA, *art. cit.*, p. 127.
104. J. BOTTÉRO, «Désordre économique et annulation des dettes en Mésopotamie à l'époque paléo-babylonienne», *JESHO*, 4, 1961, p. 114.
105. R. HENTSCHKE, «Erwägungen zur israelitischen Rechtsgeschichte», *Th Viat.*, 10, 1965, p. 115.
106. J.J. FINKELSTEIN, «Ammi-saduqa's Edict and the Babylonian Law Codes», *JCS*, 15, 1961, p. 91-104.
107. J. BOTTÉRO, *art. cit.*, p. 113.
108. *Ibid.*, p. 154.

endettement désastreux et les rendait dépendants d'une minorité de possédants [109]. De plus, cet état de choses paralysait leur activité productrice ou pour le moins ne l'encourageait pas assez pour que leur rendement atteigne le niveau des besoins de l'ensemble du pays [110].

Pour faire face à cet état critique, cet édit décrétait entre autres :

1. Une *amnistie* ou *annulation* des arriérés de loyers et fermages [111] (ces arriérés, accumulés d'une échéance à l'autre, rendaient ces malheureux débiteurs pratiquement insolvables et les réduisaient à ne travailler que pour payer leurs dettes [112]).

2. Une *amnistie* de certains remboursements, à savoir ceux dits des «prêts de nécessité [113]» (compris comme résultat d'un déficit sans remède, provoqué par la charge écrasante des loyers et taxes dont l'extrême difficulté à s'acquitter était devenue la règle pour la grande masse des travailleurs [114]).

Le problème de la propriété du sol et des moyens de production n'est pas abordé dans cet édit. Il cherchait, semble-t-il, seulement à abolir pour un temps les effets nocifs du système sans le modifier le moins du monde [115].

Ce chapitre que nous sommes en train de terminer est évidemment loin d'être exhaustif. De nouvelles fouilles et recherches apporteront certainement dans l'avenir d'intéressantes données supplémentaires [116]. Mais pour le moment il est encore souvent très difficile de se prononcer d'une façon péremptoire sur certains problèmes importants qui se rapportent à la nature et à la signification des lois mésopotamiennes. Dans l'état actuel de nos connaissances, il semble impossible de répondre d'une façon décisive, par exemple, à la question qui présente pour nous un grand intérêt, à savoir est-ce le droit coutumier ou bien les vues

---

109. *Ibid.*, p. 161.
110. *Ibid.*, p. 154.
111. *Ibid.*, p. 143.
112. *Ibid.*, p. 153.
113. *Ibid.*, p. 143.
114. *Ibid.*, p. 152.
115. *Ibid.*, p. 161.
116. J. KLIMA, «Zu einigen Problemen der altmesopotamischen Gesetzgebung», Festschrift für Wilhelm Eilers, Wiesbaden, 1967, p. 120.

personnelles du souverain qui prennent le dessus dans l'élaboration de tel ou autre recueil législatif [117]. D'après R. de Vaux, les recueils que la Mésopotamie nous a légués étaient des collections de droit coutumier plutôt que des lois d'Etat édictées par le souverain [118]. En parlant de la loi dans la Mésopotamie ancienne, Szlechter « appuie sur le fait qu'on ne saurait négliger l'importance du droit coutumier et de la coutume, source du droit ». Selon lui, « les prescriptions législatives n'ont souvent pour dessein que de modifier ou d'abroger une règle coutumière, d'apporter des solutions à des cas particuliers ou plus complexes ou encore de préciser certaines règles qui ont donné lieu à une jurisprudence divergente [119] ». Mais d'autres spécialistes adoptent face à ce problème une position plus hésitante, sinon plus nuancée (W.F. Leemans, J.J. Finkelstein [120]) et le premier semble même pencher en faveur de la conception d'après laquelle les vues du souverain prendraient le dessus sur la loi coutumière, et la « loi » présenterait alors plutôt le caractère d'une réforme que d'une codification [121].

Ce que nous venons de dire au sujet du rôle joué par les souverains mésopotamiens nous amène à parler des mobiles qui étaient à la base de leurs actions. Il n'est pas toujours facile de se prononcer sur les intentions d'autrui puisqu'il s'agit d'impondérables, d'éléments insaisissables. Il est particulièrement difficile de le faire dans le cas précis puisque nous manquons de données pour connaître à fond la réalité. Il semble cependant impossible d'esquiver ici entièrement le problème en question. Tout ce qui se rapporte à l'aspect moral du phénomène étudié ne peut nous laisser indifférent et il faut au moins rappeler ce qui a été écrit à ce sujet par certains spécialistes.

---

117. J.J. Finkelstein, « On some Recent Studies in Cuneiform Law », *JAOS*, 90, 1970, p. 256.

118. R. de Vaux, *Les Institutions de l'Ancien Testament*, 2 vol. Paris, 1958-1960, I, p. 224.

119. E. Szlechter, « La Loi dans la Mésopotamie ancienne, » *RIDA*, 12, 1965, p. 75.

120. J.J. Finkelstein, *art. cit.*, p. 256.

121. W.F. Leemans, « King Hammurapi as Judge », *Symbolae juridicae et historicae Martino David dedicatae*, Leiden, 1968, p. 108.

Urukagina, par exemple, paraît avoir été un usurpateur très mal accueilli par les classes supérieures [122] qui, afin de pouvoir mieux s'opposer à ses dangereux ennemis, rechercha la sympathie et l'appui du peuple. Mais ce qui, selon Deimel, joua principalement en faveur des réformes furent les nécessités d'ordre militaire qui obligeaient le souverain de s'assurer le soutien des paysans, des pêcheurs et des pasteurs qui composaient principalement l'armée [123]. Diakonoff, au contraire, ne croit pas qu'on puisse expliquer les «réformes» d'Urukagina par la lutte entre Lagash et Girsu ; c'est plutôt l'hostilité du clergé et de l'aristocratie qui aurait incité le prince à renforcer sa position économique et politique en confisquant les biens appartenant au temple [124]. Au sujet de l'édit du roi Ammi-tsaduqa, Bottéro se demande si la proclamation d'un effacement des dettes et d'une suppression des charges n'était pas, sinon obligatoire, du moins couramment attendue au début d'un règne [125]. Il y avait à cela peut-être une raison «théologique» : le nouveau roi se trouvait en quelque sorte devant un chaos dont il devait faire un cosmos. Mais il y avait surtout une raison plus terre à terre : le souverain qui avait intérêt à se concilier le peuple devait d'abord appurer les comptes de son prédécesseur. Percevant mieux que ce dernier les défauts de l'administration, il lui était plus facile de combattre le désordre et «rétablir l'équité pour le pays [126]».

Dans une communication à l'Académie des Inscriptions et Belles-Lettres, tout en parlant spécialement des lois hammura-biennes, Klima semble très bien résumer le problème des mobiles et des intentions tel qu'il se posait pour l'ensemble des souverains mésopotamiens. Il attire l'attention sur le fait que l'intention de faire valoir le droit public, qui apparaît chez Hammurabi, a déjà été évoqué d'une manière assez semblable par le roi Ur-Nammu au

---

122. F.J. Stephens, «Notes on Some Economic Texts of the Time of Urukagina», *RA*, 49, 1955, p 129.

123. A. Deimel, *art. cit.*, p. 77. B Hruška, «Die Reformtexte Urukaginas», dans *le Palais et la royauté*, Paris, 1974, p. 160.

124. I.M. Diakonoff, «Some Remarks on the "Reforms" of Urukagina», *RA*, 52, 1958, p. 12.

125. J. Bottéro, *art. cit.*, p. 159. T. Jacobsen, «Early Political...» *art. cit.*, p. 128.

126. J. Bottéro, *art. cit.*, p. 159.

XXIIe siècle et par le roi Lipit-Ishtar au XIXe siècle. Si on ajoute à cela encore d'autres analogies, comme, par exemple, le principe de la protection des veuves, des orphelins, des pauvres... « cette ressemblance fort frappante nous suggère la conjecture d'une pratique stabilisée dans les écoles de scribes d'où provenaient les rédacteurs des œuvres législatives ; une pratique qui avait été reprise des uns par les autres tout formellement parce qu'elle exprimait le mieux l'intention du souverain inchangée à travers les siècles. Les efforts des souverains tendaient au renforcement de leur empire et de leur pouvoir personnel ; c'est pourquoi ils appréciaient et exploitaient tous les moyens qui pouvaient servir à ce but [127] ».

Un des plus importants problèmes des droits cunéiformes [128] est celui de la valeur obligatoire de la loi et de son application dans la pratique juridique [129]. Dans le cas de Hammurabi, par exemple, de nombreux assyriologues se refusent à admettre cette application en invoquant « le fait que, jusqu'ici, n'a été découvert aucun document de la pratique juridique quotidienne où serait expressément introduite une disposition concrète de la législation hammurabienne [130] ». Cette façon de voir semble trop intransigeante car « le souverain législateur de l'Antiquité orientale n'exigeait pas que les sentences ou les décisions de tribunaux, les plaintes de particuliers, etc., citent une loi concrète sur laquelle elles sont appuyées [131] », et « même de nos jours, on trouve beaucoup d'actes de la pratique juridique dépourvus du moindre renvoi à la base législative [132] ». Il ne faut pas oublier non plus que nous sommes très loin de disposer de tous les documents de la pratique juridique babylonienne ancienne, puisque la majorité de ces actes, ensevelis dans la terre, demeurent inconnus [133]. On ne

---

127. J. KLIMA, « La Perspective historique des lois hammourabiennes », Académie des Inscriptions et Belles-Lettres, Compte rendu des séances de l'année 1972, p. 308.

128. *Ibid.*, p. 316.

129. E. SZLECHTER, *art. cit.*, p. 64.

130. J. KLIMA, *art. cit.*, p. 316.

131. *Ibid.*, p. 308.

132. *Ibid.*, p. 316.

133. *Ibid.*, p. 316.

connaît en effet jusqu'à présent que deux documents de la pratique économique et juridique dans lesquels il soit fait formellement renvoi aux termes de la stèle, sans préciser cependant de quel paragraphe il s'agit. Pourtant, si on tient compte de l'ensemble de la juridiction mésopotamienne et si on analyse d'une façon scrupuleuse tous les actes de la pratique en question [134], la valeur obligatoire de la loi et son application apparaît dans de nombreux documents, surtout si on tient compte non seulement des lois royales mais aussi des décisions jurisprudentielles ou de règles du droit coutumier ayant force de « loi [135] ».

De plus, pour ce qui est du Code de Hammurabi, certains soulignent le fait que le roi a manifesté son intention de faire entrer ses lois en vigueur et que « de toute son énergie il entendait instituer un ordre juridique vivant dont les normes serviraient l'unification du pays [136] ». Il faut aussi rappeler l'hypothèse de travail, ébauchée par G. Cardascia, d'après laquelle l'extrême diffusion du code, soit dans les pays étrangers, soit en terre babylonnienne et jusqu'à mille ans après la chute de l'empire hammurabien — par exemple l'entrée de nombreuses copies de la stèle au VIIe siècle dans la fameuse bibliothèque du souverain assyrien Assurbanipal (669-627) —, ne peut être expliquée uniquement par des objectifs purements scientifiques ou scolaires, mais par un intérêt pratique : on copie le code non seulement pour préserver un modèle de valeur littéraire et linguistique, mais parce qu'il contient du droit positif [137].

Une constatation analogue semble pouvoir s'appliquer aussi à l'ensemble de recueils législatifs mésopotamiens : il serait injuste de croire que leurs auteurs cherchaient uniquement à laisser des stèles pompeuses qui présenteraient une grande valeur littéraire, mais seraient sans importance pour la pratique juridique [138].

Toutefois, quant à Hammurabi, notons que sa brillante réussite

---

134. *Ibid.*, p. 308.

135. W. Preiser, « Zur rechtlichen Natur der altorientalischen Gesetze », Festschrift für Karl Engisch, Frankfurt/M., 1969, p. 33. E. Szlechter, *art. cit.*, p. 64.

136. J. Klima, *art. cit.*, p. 316.

137. G. Cardascia, « La Transmission des sources », *art. cit.*, p. 47. W. Preiser, *art. cit.*, p. 34.

138. J. Klima, « Zu einigen Problemen... » *art. cit.*, p. 121.

qui met Babylone au centre du monde oriental est de courte durée [139]. De plus, la période finale de son règne n'est pas calme (grandes expéditions militaires contre les pays non encore pacifiés, pertubatations internes). Ajoutons aussi qu'il semble avoir publié son code à la 34ᵉ année de son règne et il ne lui restait donc au mieux que huit ans pour faire valoir le droit de sa stèle. La tâche n'était pas facile et on peut se poser la question de savoir s'il eut assez de temps et de moyens pour réaliser son intention. Or, d'après Klima, à côté des documents dans lesquels une application des lois de la stèle est hors de doute (sans que ces documents fassent aucun renvoi à la stèle), nous trouverons — dans un nombre de cas incontestablement plus grand — des documents dans lesquels les lois de la stèle n'étaient pas appliqués [140].

Si on retourne aux « réformes » d'Urukagina, on apprend qu'elles ne réussirent pas, semble-t-il, à rendre sa puissance à Lagash. Entreprises deux ans avant le renversement du prince, elles furent bientôt emportées par le vent. Comme bien d'autres réformateurs, Urukagina semble être venu « trop tard et avec un programme trop restreint [141] ». Pour ce qui est des lois promulguées par le roi Ammi-tsaduqa, J. Bottéro les assimile à ces « édits de grâce » venant d'en haut et qui n'ont jamais réussi à abolir le mal puisqu'ils s'attaquaient aux manifestations extérieures, aux conséquences et non à ses racines [142].

Si même les lois qui se rapportaient à des phénomènes concrets faisant partie de la pratique courante s'avèrent si difficilement applicables, il en sera de même, à un degré encore plus élevé, pour ce qui est moins saisissable et relève de la morale sociale, qui se situe à l'intersection de l'économie et de la morale. Le principe de la protection des veuves, des orphelins, des pauvres apparaît dans les différents prologues des lois mésopotamiennes, mais il est formulé d'une façon presque stéréotypique, et servait probable-

---

139. G. Cardascia, *Les Droits cunéiformes*, in R. Monier, G. Cardascia et J. Imbert, *Histoire des institutions et des faits sociaux des origines à l'aube du Moyen Age*, Paris, 1956, p. 40.
140. J. Klima, « La Perspective historique... », *art. cit.*, p. 307-309.
141. S.N. Kramer, *L'Histoire commence...*, *op. cit.*, p. 87.
142. J. Bottéro, *art. cit.*, p. 161.

ment tout d'abord à la propagande du souverain qui cherchait à satisfaire l'opinion publique. Ce principe est présenté comme une prescription sans aucune sanction légale et par conséquent les chances de son application dans la vie concrète paraissent très limitées [143]. W. Preiser, par exemple, se montre à cet égard moins sceptique, mais malgré son approche qui se veut « sociologique », il ne semble pas apporter à l'appui de sa thèse d'arguments concrets suffisamment convaincants [144].

---

143. J. KLIMA, *art. cit.*, p. 308.
144. W. PREISER, *art. cit.*, p. 35.

CHAPITRE II

LA MAÂT ÉGYPTIENNE

1. L'Ancien Empire

On a déjà beaucoup écrit, surtout au cours de ces dernières décades, sur le droit égyptien, mais son histoire reste mal connue [1]. Cela est dû au fait que la documentation s'y rapportant présente un caractère fragmentaire [2] ; spécialement pour ce qui précède le Nouvel Empire [3], les sources originales sont rares et insuffisantes [4]. Très peu de documents légaux, datant de l'Ancien Empire, ont été conservés dans leur forme initiale, c'est-à-dire sur papyrus [5]. De plus les rares textes, proprement juridiques, qui nous soient parvenus, sur pierre ou sur papyrus, concernent des cas d'espèces, répartis en des temps et des lieux forts divers [6]. Ajoutons encore une difficulté supplémentaire qui résulte de l'imprécision du vocabulaire employé par les Egyptiens dans les textes juridiques [7].

Néanmoins, contrairement à l'opinion très répandue jusqu'à ces

---

1. I.M. LURJE, *Studien zum altägyptischen Recht*, Weimar, 1971, p. 19.
2. A. THÉODORIDÈS, « A propos de la loi dans l'Egypte pharaonique », *RIDA*, 14, 1967, p. 109.
3. B. MENU, « Chronique des droits de l'Antiquité ; Egypte ancienne », *RHDF*, 55, 1977, p. 439.
4. E. SEIDL, *Einführung in die ägyptische Rechtsgeschichte bis zum Ende des Neuen Reiches*, Glückstadt, 1957, p. 61.
5. *Id.* « Law », in *The Legacy of Egypt*, ed. S.R.K. Glanville, Oxford, 1942, p. 198.
6. Dictionnaire de la civilisation égyptienne, G. POSENER, Paris, 1959, p. 91.
7. A. THÉODORIDÈS, *art. cit.*, p. 121.

derniers temps, il ne paraît plus possible de nier l'existence du droit[8], dès l'aube des dynasties pharaoniques, dès l'époque de l'unification de la Haute et de la Basse-Egypte, sous le roi Ménès vers 3100[9]. L'œuvre législative des rois d'Egypte n'a évidemment pas été réalisée en une seule fois et elle n'est pas demeurée uniforme. Mais dès l'Ancien Empire et surtout après l'organisation de la justice sous la Ve dynastie, le pays possédait ses tribunaux, sa cour suprême formée de magistrats de carrière, ses archives judiciaires[10], sa procédure écrite[11].

Cependant, à moins que de nouvelles fouilles ne changent l'image que nous offre l'état actuel de nos connaissances[12], pour le moment, nous ne trouvons en provenance de l'Egypte presque rien qui puisse se comparer aux codes mésopotamiens[13]. Il faudra attendre pour cela jusqu'à Boccharis (qui régnait vers 715 av. J.-C., et qui constitua à lui seul la XXIVe dynastie)[14]. Et ensuite jusqu'au « Code d'Hermopolis », datable, paléographiquement, du règne de Ptolémée II Philadelphe[15].

L'édit d'Horemheb semble difficilement assimilable aux codes mésopotamiens. Ainsi que nous le verrons par la suite, c'est un

8. S. ALLAM, « Un droit pénal existait-il *stricto sensu* en Egypte pharaonique ? », *JEA*, 64, 1978, p. 65.

9. A. THÉODORIDÈS, « Egyptian Law », *EBrit.*, 6, 1974, p. 501.

10. J. PIRENNE, A. THÉODORIDÈS, *Droit égyptien*, Introduction bibliographique à l'histoire du droit et à l'ethnologie juridique, Bruxelles, 1966, p. 75.

11. E. SEIDL, *Einführung...*, *op. cit.*, p. 204.

12. ID., « Law », *art. cit.*, p. 198.

13. A. THÉODORIDÈS, « The Concept of Law in Ancient Egypt », dans *The Legacy of Egypt*, ed. R. Harris, Oxford, 1971, p. 291.

14. Malheureusement, les sources proprement égyptiennes sont muettes sur le Code de Boccharis qui ne nous est connu que par Diodore qui écrivait au 1er siècle de notre ère. Boccharis aurait légiféré sur les contrats et aurait limité l'accumulation des intérêts, protégeant ainsi le débiteur. Il y aurait là une certaine similitude avec ce qu'on trouve dans le Pentateuque, mais dans ce dernier les buts sont plus humains et moins politiques que chez Boccharis (H. CAZELLES, *Etudes sur le Code de l'alliance*, Paris, 1946, p. 164).

15. G. MATTHA, G.R. HUGUES, *The Demotic Legal Code of Hermopolis West*, Le Caire, 1975. Ce code démotique est un document de tout premier ordre pour la connaissance du droit égyptien au lendemain de la conquête macédonienne : il contient une série de dispositions concernant le bail, la propriété immobiliaire, les rapports de voisinage, l'enregistrement des documents, les successions à cause de mort... (cf. J. MELÈZE-MODRZEJEWSKI, « Chronique des droits de l'Antiquité — Egypte gréco-romaine et monde hellénistique », *RHDF*, 55, 1977, p. 469).

document promulgué plutôt en vue de cas particuliers, tandis que les lois mésopotamiennes étaient des codifications réglant, dans l'ensemble, le statut de la société sans viser des circonstances historiques particulières [16].

Cette absence de codes légaux égyptiens est attribuée par certains au fait que l'ordre du roi régnant (*mdw, wd*) était considéré comme le droit réél et aucune loi écrite ne pouvait exister en dehors de lui. Ce n'est cependant qu'une hypothèse qui n'est pas encore démontrée [17].

Mais, dans le domaine qui nous intéresse, le leg sinon principal, du moins le plus original qui nous vient des bords du Nil, c'est Maât [18]. Dans l'ancien Panthéon égyptien, la déesse Maât, personnification des valeurs telles que l'ordre, la justice, la vérité [19] jouait un rôle central. Elle était intimement liée aux deux principaux dieux (Rê, le dieu du soleil et Osiris, le dieu de la mort) et se trouvait ainsi en rapports étroits avec le roi, qui était le représentant de l'ordre divin sur terre [20].

Considérée comme étant d'une importance analogue à la *tsedaqa* [21] israélite et au *logos* grec [22], cette notion essentielle de la sagesse égyptienne semble avoir été enseignée au peuple dès le milieu du IIIᵉ millénaire [23] et jusqu'à la fin de la civilisation égyptienne [24]. Intraduisible dans d'autres langues [25], son sens exact

16. H. Cazelles, *op. cit.*, p. 164. Notons que d'après l'auteur d'un ouvrage qui vient de paraître et dont nous avons pris connaissance après la rédaction de ce chapitre, « les dispositions édictées par Horemheb s'inséraient dans une législation déjà existante et relativement complexe ». (J.-M. Kruchten, *Le Décret d'Horemheb*, Bruxelles, 1981, p. 225.)

17. F.C. Fensham, « Widow, Orphan and the Poor in Ancient Near Eastern Legal and Wisdom Litterature », *JNES*, 21, 1962, p. 132.

18. H. Bolkestein, *Wohltätigkeit und Armenpflege in vorchristlichen Altertum*, Utrecht, 1939, p. 421.

19. S. Morenz, *La Religion égyptienne*, Paris, 1977, p. 157.

20. W. Westendorf, « Ursprung und Wesen der Maat der altägyptischen Göttin des Rechts, der Gerechtigkeit und der Weltordnung », dans *Festgabe für Dr. Walter Will*, 1966, p. 201.

21. H. Cazelles, « Les Débuts de la sagesse en Israël », in *Les Sagesses du Proche-Orient ancien*, P.U.F., Paris, 1963, p. 36.

22. L. Ramlot, « Prophétisme », *DBS*, 8, 1972, col. 822.

23. A. Moret, « La Doctrine de Maât », *RdE*, 4, 1940, p. 1.

24. S. Allam, « De la divinité dans le droit pharaonique », *BSFE*, 68, 1973, p. 18.

25. R. Anthes, « Die Maat des Echnaton von Amarna », *JAOS.S*, 14, 1952, p. 2.

n'est pas facile à dégager. Comme nous venons déjà de l'entrevoir, il correspondait à plusieurs notions dont l'importance changeait dans le temps et selon les circonstances. Sa première signification était de nature cosmologique [26] : Maât, c'était tout d'abord l'ordre du monde institué par Dieu [27]. L'idée d'équilibre symbolisée par la balance, ayant prévalu en Egypte, Maât signifiait la régularité [28], le rapport harmonieux des différents éléments de l'univers, leur nécessaire cohésion, indispensable au maintien des formes créées. En plus, comme nous le verrons ensuite, Maât était une éthique « qui consiste à agir, en toute circonstance, en accord avec la conscience que l'on a de cet ordre universel [29] ».

Durant l'époque la plus typiquement égyptienne [30], durant l'Ancien Empire, sous le règne de la monarchie absolue [31], le pharaon, comme l'empereur chinois, se croyait responsable de l'ordre cosmique, ainsi que de l'ordre social [32]. Maât était le principal attribut du roi qui était chargé d'en assurer le règne par la loi [33]. Le roi était le seul législateur mais son pouvoir n'était pas aussi arbitraire qu'il pourrait le sembler à première vue [34]. Fils des dieux il était responsable de ses actes devant eux [35]. Quoique source unique de la loi, en promulgant des lois au moment de son intronisation, il devait prendre en considération ce qui avait été fait

26. H.H. SCHMID, *Wesen und Geschichte der Weisheit. Eine Untersuchung zur altorientalischer und israelitischer Weisheitsliteratur*, BZAW, 101, 1966, p. 17.

27. A. VOLTEN, « Der Begriff der Maat », dans *Les Sagesses du Proche-Orient ancien*, P.U.F., Paris, 1963, p. 98. H. BRUNNER, « Der freie Wille Gottes in der ägyptischen Weisheit », dans *Les Sagesses du Proche-Orient ancien*, P.U.F., Paris, 1963, p. 103.

28. A. THÉODORIDÈS, « Les relations de l'Egypte pharaonique avec ses voisins », *RIDA*, 22, 1975, p. 91.

29. Dictionnaire de la civilisation égyptienne, *op. cit.*, p. 156.

30. J.A. WILSON, *Vie et mort d'une civilisation*, Paris, 1961, p. 99.

31. E. SEIDL, *op. cit.*, p. 199.

32. C. WESTERMANN, « Sacred Kingship », *EBrit.*, 16, 1974, p. 120.

33. J. PIRENNE, *La Religion et la morale dans l'Egypte antique*, Neuchâtel-Paris, 1965, p. 41.

34. J.A. WILSON, « Authority and Law in Ancient Egypt », *JAOS.S*, 17, 1954, p. 2.

35. A. THÉODORIDÈS, « A propos de la loi... », *art. cit.*, p. 137.

par ses prédécesseurs ; à moins de circonstances particulières, son
œuvre législative faisait suite à celle de ses devanciers [36].

Le roi était le centre et l'âme de l'Etat, mais vu l'étendue du pays
et les nouvelles tâches qu'imposait sa prospérité [37], ainsi que son
développement politique et culturel, il était obligé de déléguer une
partie de ses pouvoirs (par exemple aux juges) [38] et de respecter
certaines autonomies locales. Il en résulta que la période de
jeunesse et d'épanouissement, où l'absolutisme royal était à son
apogée, fut en même temps une époque de décentralisation
progressive [39], avec l'apparition d'une classe dirigeante et la
création d'une vaste administration [40] et de tout un appareil
bureaucratique. Ainsi, à partir de la IIIe dynastie, apparaît la
fonction de vizir, dont on n'exige plus l'origine princière [41] depuis
la Ve dynastie. Et ce chef de l'administration, dont les fonctions
sont parallèles à celles du roi, vit autant que ce dernier de Maât
puisqu'il lui faut tenter de la réaliser sur terre ; lui qui secondait le
roi, dans toute la force expressive du terme, devait avoir pour
objectif de toujours faire Maât, au point que le premier secrétaire
du vizir fut appelé le secrétaire de Maât, comme si le vizir était
Maât et que Maât dépendait du vizir [42]. Ce rôle attribué au vizir est
formulé d'une façon explicite dans les inscriptions que l'on trouve
sur le tombeau de Rekhmirê, descendant de la vieille noblesse [43],
vizir de Haute-Egypte sous Thoutmosis III (1490-1436) : à
l'occasion de son installation, le pharaon prononce un discours dans
lequel il insiste sur l'importance de la justice et sur le rôle qui
incombe à cet égard au vizir, qui doit être un juge impartial,
disponible pour chacun, compréhensif, pas trop sévère [44].

---

36. *Ibid.*, p. 140.

37. D.W. Thomas, ed., *Documents from Old Testament Times*, New York, 1961,
p. 156.

38. J. Pirenne, *op. cit.*, p. 42.

39. J.A. Wilson, *Vie et mort...*, *op. cit.*, p. 68.

40. A. Théodoridès, « Les Egyptiens anciens "citoyens", ou "sujets de
Pharaon" ? » *RIDA*, 20, 1973, p. 53.

41. H.H. Schmid, *op. cit.*, p. 38.

42. A. Théodoridès, *art. cit.*, p. 52-53.

43. P.E. Newberry, *The Life of Rekhmara*, London, 1900, p.13.

44. M. Lichtheim, *Ancient Egyptian Literature*, 2 vol. Los Angeles, 1975, II,
p. 22-24. Notons à cette occasion que contrairement à ce que l'on croyait jusqu'à ces
derniers temps, ce qu'on aperçoit gravé sur le tombeau de Rekhmirê, les quarante

Pendant longtemps à l'abri des périls extérieurs et des querelles intestines, l'Ancien Empire favorisa l'éclosion d'un sentiment de sécurité, d'optimisme et même d'orgueil, qui allait de pair avec une conception pragmatique et matérialiste de la vie[45]. Surtout ceux qui appartenaient aux couches supérieures de la société (par exemple les hauts fonctionnaires proches de la cour) croyaient au succès matériel ici-bas, aux bienfaits et au bien-fondé de l'ordre établi[46]. Leur façon d'envisager l'existence apparaissait dans les *Instructions*, une des premières et principales formes littéraires de l'époque, celle qui reflétait bien leurs conceptions morales et où Maât prendra une teinte plutôt utilitaire[47].

La plus ancienne parmi les *Instructions*, dont certains fragments ont été sauvegardés, est attribuée à un des fils de Chéops (en égyptien Khoufou, second roi de la IVe dynastie)[48], le prince Hardjedef (Djedefhor)[49]. Ce sage et écrivain qui vivait probablement sous la Ve dynastie, et qui laissa un souvenir durable dans la littérature égyptienne[50], fait à son fils Aouibrê une série de recommandations pratiques sur la famille, l'habitation, la propriété agricole. Il lui conseille, tout d'abord, de fonder un foyer, d'épouser une femme forte, qui lui apportera un enfant mâle.

A l'époque où vit Hardjedef, la tombe assure l'immortalité ; elle est la garantie matérielle de la survie. Face au désarroi de l'homme devant l'antinomie entre la vie et la mort, ce sage recommande à son fils de construire une maison et une tombe[51].

Par rapport au peu que nous offrent les *Instructions de Hardjedef*,

---

shesemou étalés devant le vizir, ne sont nullement des rouleaux de parchemin ou de cuir sur lesquels auraient été inscrites les lois, mais des sortes de fouets, insigne probablement du pouvoir judiciaire (cf. B. MENU, «Chronique des droits de l'Antiquité ; Egypte pharaonique», *RHDF*, 56, 1978, p. 478 ; et G. POSENER «Les quarante rouleaux de lois», *GöM*, 25, 1977, p. 63-66).

45. J.A. WILSON, *op. cit.*, p. 99.
46. H.H. SCHMID, *op. cit.*, p.56.
47. *Ibid.*, p. 58.
48. Dictionnaire de la civilisation égyptienne, *op. cit.*, p. 50.
49. J. LECLANT, «Publications récentes concernant les "sagesses" de l'Egypte ancienne», dans *Les Sagesses du Proche-Orient ancien*, PUF, Paris, 1966, p. 20.
50. G. POSENER, «Le Début de l'enseignement de Hardjedef», *RdE*, 9, 1952, p. 109.
51. *Ibid.*, p. 113.

nous trouvons bien plus de choses dans les *Instructions de Kaïrès pour Kagemni*. Ce dernier était le vizir qui servait Houni, le dernier roi de la IIIe dynastie et Snéfrou, le premier roi de la IVe dynastie. Mais l'œuvre en question semble se situer à une époque plus tardive, qui correspondrait à la VIe dynastie. Pour expliquer ce décalage, il faut rappeler que, contrairement à toutes les autres œuvres littéraires égyptiennes qui restent anonymes, les *Instructions* étaient toujours publiées comme provenant de tel ou tel autre fameux sage, mais qu'elles leur étaient généralement postérieures. Il en résulte qu'il n'y a pas aujourd'hui d'unanimité complète entre les chercheurs en ce qui concerne les attributions et la datation de certains ouvrages. Le langage de Hardjedef semble suffisamment archaïque pour le considérer comme appartenant à l'Ancien Empire, sans avoir subi d'importants changements. En revanche, les *Instructions de Kaïrès pour Kagemni* et les *Maximes de Ptahhotep*, dont il sera question un peu plus loin, semblent avoir subi de profondes altérations au cours des générations successives ; les deux très proches stylistiquement reflètent l'éloquence des inscriptions monumentales de la VIe dynastie et correspondent à l'ambiance de la fin de l'Ancien Empire, à la sagesse pragmatique du code de comportement, propre aux aspirations d'un haut fonctionnaire de la cour [52].

Dès la première ligne des fragments qui nous sont parvenus de la partie finale des *Instructions pour Kagemni*, il est question de rapports de cause à effet entre l'application d'un certain code éthique et la réussite dans sa propre vie. L'homme digne de respect est assuré de vivre bien, d'être heureux. Le sage insiste spécialement sur les avantages concrets que l'on retire de l'attitude réservée, de la retenue dans la parole. La modestie attire la sympathie et même le succès ; le silencieux trouvera devant lui les portes grandes ouvertes. Ce qui constitue aussi, selon Kaïrès, un grand atout dans les rapports humains, c'est la discipline intérieure, c'est, par exemple, la façon de se tenir à table. Celui qui est aimable et même timide prédispose favorablement envers lui-même le dur et incite les autres à lui rendre service [53].

---

52. M. Lichtheim, *op. cit.*, I, p. 6-7. H.H. Schmid, *op. cit.*, p. 45.
53. M. Lichtheim, *op. cit.*, p. 59.

Des préoccupations analogues à celles que nous venons de relever, mais plus développées, apparaissent dans les *Maximes de Ptahhotep*, le plus ancien texte littéraire égyptien qui nous soit parvenu intégralement, sans lacune [54]. Selon certains, on y retrouve des parallèles avec les *Proverbes* de l'Ancien Testament [55]. D'après les données du texte lui-même, cette œuvre aurait été rédigée par Ptahhotep, vizir sous Isesi, l'avant dernier roi de la Ve dynastie (vers 2450 ans av. J.-C.), mais en réalité elle semble dater de la VIe dynastie. Elle est connue par quatre manuscrits différents dont trois sont écrits sur des rouleaux de papyrus et le quatrième sur une tablette de scribe en bois et recouverte de stuc [56]. La seule version complète, et qui diffère des trois autres considérablement, est celle du papyrus Prisse de la Bibliothèque nationale [57], qui date du Moyen Empire (XI-XIIe dynastie, soit 2 000 ans avant notre ère) [58]. Les deux autres qui se trouvent au British Museum sont, respectivement, du Moyen et du Nouvel Empire. La tablette en bois, celle du Caire, provient aussi du Nouvel Empire.

Considérée par G. Jéquier comme « le texte littéraire égyptien le plus difficile à traduire », cette œuvre est composée de 37 maximes (comportant chacune au moins 4 et rarement plus de 12 phrases ou parties de phrases), précédées d'un prologue et suivies d'un épilogue [59]. Comme dans les *Instructions de Hardjedef*, nous y retrouvons le thème du foyer [60], et comme dans les *Instructions pour Kagemni*, il est question de la retenue dans la façon de parler et dans la façon de manger. Le vizir vieillissant donne en plus à son successeur toute une série de conseils portant, par exemple, sur les rapports avec les supérieurs, l'attitude à prendre à l'égard de l'hôte, des femmes et des enfants [61].

Mais ce qui est particulièrement intéressant, c'est l'apparition du thème de la justice. Dans la recherche de l'immortalité [62], pour

---

54. Z. ZABA, *Les Maximes de Ptahhtopep*, Prague, 1956, p. 8.
55. A.R. SCHULMAN, « *Egyptian Literature in the Bible,* » *EJ*, 6, 1971, p. 484.
56. Z. ZABA, *op. cit.*, p.7.
57. M. LICHTHEIM, *op. cit.*, p. 61.
58. Z. ZABA, *op. cit.*, p. 7.
59. M. LICHTHEIM, *op. cit.*, p. 61.
60. G. POSENER, *art. cit.*, p.114.
61. H.H. SCHMID, *op. cit.*, p. 10.
62. G. FECHT, *Der Habgierige und die Maât in der Lehre des Ptahhotep*, Glückstadt, 1958, p. 51.

valider la préparation matérielle de la survie [63], Ptahhotep se tourne vers la rectitude, vers l'équité. « Si tu es un directeur en train de donner des directives à un grand nombre de gens, tends à chaque espèce de bienfaisance, jusqu'à ce que les directives soient exemptes de mal. La justice est utile, son excellence dure ; elle n'est pas altérée depuis le temps de celui qui l'a créée et l'on punit celui qui néglige les lois. Ce qui échappe à un ignorant, c'est que jamais la bassesse n'a atteint le port (bien que) le tort conquière souvent des richesses. » La seule chose, selon Ptahhotep, qui soit indestructible, qui ne disparaisse pas avec la mort, c'est la justice : « Quand c'est la fin, la justice dure [64]. » La justice que réclame Ptahhotep doit aller de pair avec l'impartialité : « Si tu es fils d'un membre du corps judiciaire, un chargé de mission destiné à calmer la multitude, protège l'impartialité (?) de la justice (?). Lorsque tu parles, ne penche pas d'un côté [65]... »

Pourtant, malgré ces déclarations, ce qui chez cet auteur semble, sinon prendre le dessus, du moins jouer un rôle très important, c'est un individualisme pour lequel les valeurs morales de caractère social semblent compter moins que les avantages personnels. Ptahhotep pousse son fils à chercher toujours à se hisser à la première place. Tout homme qui sait s'adapter au système administratif et social, qui satisfait aux exigences de l'assiduité au travail et à la probité, gagnera des richesses, acquerra la considération et les honneurs. Dans certaines situations il faut rester silencieux puisqu'on a beaucoup de déférence pour celui qui sait se taire [66].

Au jeune fonctionnaire désirant l'avancement il est recommandé de courber le dos devant son supérieur. « Incline le dos devant ton supérieur, ton intendant au palais royal ; alors ta maison subsistera sur ses biens-fonds et ta récompense sera à sa juste place. C'est mal pour celui qui s'oppose à son supérieur — on vit aussi longtemps qu'il sera bienveillant — quand le bras destiné à saluer ne plie pas [67]. »

---

63. G. POSENER, *art. cit.*, p. 116.
64. Z. ZABA, *op. cit.*, p. 74.
65. *Ibid.*, p. 94.
66. J.A. WILSON, *op. cit.*, p. 88-90.
67. Z. ZABA, *op. cit.*, p. 96.

Nous trouvons dans cette œuvre plusieurs passages en faveur de la probité dans les affaires et ceux-ci semblent pouvoir prouver qu'il s'agissait d'une honnêteté en vue d'une politique « destinée à assurer les faveurs du roi, l'approbation d'autrui et la fortune [68] ».

A côté des *Instructions*, l'autre genre littéraire principal répandu durant l'Ancien Empire était les *Inscriptions* sur les tombes. Leurs origines remontent aux débuts de l'époque dynastique. Elles apparaissent tout d'abord sous la forme de *Listes d'offrandes* puis, surtout sous la VIe dynastie, sous la forme d'*Autobiographies* [69]. Tandis que les *Instructions* émanaient de dignitaires du plus haut rang, les *Inscriptions* provenaient souvent de personnalités d'un rang moins élevé, et elles s'adressaient aussi au simple passant. Nous y trouvons donc, selon Schmid, relativement plus d'égards envers le prochain, plus de commisération pour l'infortuné que dans les *Instructions* [70].

Nefer-Seshem Ra, surnommé Sheshi, appelé prince héréditaire et auquel on donne toute une série de titres (chef des prêtres de la pyramide de Teti, juge suprême, vizir, chef scribe des documents royaux...), dans le panégyrique gravé sur son tombeau à Saqqarah, il est déclaré entre autres : « J'ai dit le vrai, j'ai fait le vrai, j'ai dit le bon, je l'ai répété..., j'ai été l'arbitre entre les adversaires pour les pacifier. J'ai sauvé le misérable de la main du violent..., j'ai donné du pain à qui avait faim, des vêtements (à qui était nu)..., j'ai enseveli celui qui n'avait pas de fils (pour lui rendre les derniers devoirs). J'ai été la barque de celui qui n'en avait pas [71]. »

Ouni, dont la longue carrière se situe sous les règnes successifs de trois rois de la VIe dynastie (Teti, Pepi I et Mérenré) et qui devint gouverneur mais commença par des fonctions modestes, proclame dans son *Autobiographie* que, grâce à son sens de l'équité, quand il était au pouvoir, personne n'attaquait son prochain, personne ne privait le voyageur de son pain ou de ses sandales, personne ne volait une chèvre à son voisin [72].

---

68. J.A. WILSON, *op. cit.*, p. 91.
69. M. LICHTHEIM, *op. cit.*, p. 3.
70. H.H. SCHMID, *op. cit.*, p. 45.
71. J. CAPART, *Une rue de tombeaux à Saqqarah*, Bruxelles, 1907, p. 17.
72. M. LICHTHEIM, *op. cit.*, p. 20.

Dans la plus fameuse des *Autobiographies* des officiels de l'Ancien Empire, Hirkhouf[73] qui, ayant servi les rois Mérenré et Pepi II, devint, comme Ouni, gouverneur de la Haute-Egypte, non seulement décrit ses exploits guerriers mais fait état de son esprit de charité[74].

Comme nous le verrons par la suite, à l'occasion du *Livre des morts,* ces panégyriques avaient surtout pour but de s'assurer l'immortalité, ils correspondaient à des sentiments qui n'étaient pas entièrement désintéressés.

A côté de ceux qui, comme Sheshi, Ouni ou Hirkhouf, pouvaient faire leur propre éloge, à côté des représentants des classes supérieures, il y avait la grande masse du peuple, celle qui a gardé le silence[75] et qui était composée de travailleurs (artisans, paysans, ouvriers...). Certaines catégories de travailleurs étaient moins malheureuses qu'on aurait pu le penser[76]. Mais, dans l'ensemble, leurs conditions de vie étaient très pénibles. Malheureusement, la documentation d'histoire économique et sociale, spécialement celle concernant l'Ancien Empire, est fort incomplète et il est très difficile, sinon impossible, de se faire une idée plus ou moins précise de l'état des choses. Dans ce chapitre qui sert d'introduction à notre sujet principal, nous devons donc nous limiter à ce qui semble le plus caractéristique.

Dans ce pays, éminemment agricole, ce qui était, et reste toujours, essentiel, ce sont les crues fertilisantes du Nil et n'oublions pas que le Nil exigeait une lourde contrepartie pour ses cadeaux[77]. La construction de barrages et de canaux, l'aplanissement du sol des terres cultivables dépassaient les possibilités des paysans pris individuellement, ou même groupés au sein d'un village ou d'une communauté[78]. Tous ces travaux, pour être exécutés à temps, parfois entre deux crues, exigeaient un effort

---

73. J. Yoyotte, «Pour une localisation du pays de IAM», *BIFAO*, 52, 1953, p. 173.
74. M. Lichtheim, *op. cit.*, p. 23-24.
75. L. Cottrel, *La Vie au temps des pharaons*, Paris, 1959, p. 145.
76. M. Della Monica, *La Classe ouvrière sous les Pharaons*, Paris, 1975, p. 76.
77. J.A. Wilson, *op. cit.*, p. 16.
78. E. Seidl, *op. cit.*, p. 16.

collectif et bien coordonné que seul un pouvoir central fort et s'étendant à l'ensemble de la vallée du Nil pouvait imposer[79]. D'où le travail obligatoire[80], des corvées[81], de grandes masses de main-d'œuvre et d'importantes concentrations de travailleurs, qui, inévitablement, imposaient une discipline allant souvent jusqu'à la violence[82].

Notons qu'aujourd'hui la thèse du rapport existant entre les grands travaux d'irrigation et la naissance du pouvoir centralisateur et despotique est contestée par certains chercheurs, surtout en ce qui concerne l'Ancien Empire, où, d'après eux, l'irrigation artificielle n'aurait pas encore été appliquée[83]. Mais le dernier mot au sujet de ce problème très discuté n'est probablement pas encore prononcé et il est intéressant de rappeler que, par exemple, les responsables des travaux de nettoyage des canaux et de consolidation des digues étaient menacés de peine de mort si tout n'était pas fait. Le travail auquel nous empruntons ces lignes porte sur la période qui va de 332 avant jusqu'à 641 ap. J.-C. Mais son auteur écrit que l'exécution de ces travaux date de toujours et que l'organisation que suivirent les Ptolémées n'est pas leur création[84].

Quelque chose d'analogue à ce que nous venons de relever à propos de ces travaux d'irrigation apparaît aussi à l'occasion de la construction des pyramides qui étaient destinées à contenir le corps embaumé du pharaon et à lui assurer le passage dans l'au-delà. Jusqu'au début de la IIIᵉ dynastie aucune différence essentielle de conception ne semble avoir existé entre le tombeau du roi et celui d'un noble et d'un haut dignitaire, mais à partir de cette époque, et pendant des siècles, ces derniers continueront à être inhumés dans des mastabas, tandis que les rois auront leurs pyramides[85].

Les pyramides des IIIᵉ et IVᵉ dynasties éclipsent, de bien loin,

79. J. VERCOUTTER, «Bas-relief et peinture», chap. IV, in *Le Temps des pyramides*, Paris, 1979, p. 121. K. WITTFOGEL,, *op. cit.*, p. 78.

80. W. HELCK, *Wirtschaftsgeschichte des Alten Ägypten*, Leiden, 1975, p. 226.

81. A.E. BAKIR, *Slavery in Pharaonic Egypt*, Le Caire, 1953, p. 4.

82. E. SEIDL, *op. cit.*, p. 10.

83. W. SCHENKEL, *Die Bewässerungsrevolution im Alten Ägypten*, Deutsches Archeologisches Institut, Mainz, 1978, p. 73. E. ENDELSFELDER, «Zur Frage der Bewässerung im pharaonischen Ägypten», *ZÄS*, 106, 1979, p. 51.

84. D. BONNEAU, *op. cit.*, p. 53.

85. *Dictionnaire de la civilisation égyptienne*, *op. cit.*, p. 237.

quant à la perfection de la technique, celles qui leur succéderont [86].
La première et la plus durable des sept merveilles de l'Ancien
Monde [87], la pyramide de Chéops, dite Grande Pyramide qui date
des débuts de la IVe dynastie, construite à 7,5 km à l'ouest de
Gizeh, marque l'apogée de ce type d'édifice. Composée de quelque
2 300 000 blocs pesant chacun en moyenne 2,5 tonnes [88], sa
construction dura vingt ans avec la participation d'environ
100 000 hommes [89], parmi lesquels des travailleurs manuels spécialisés, assistés d'une armée d'ouvriers plus ou moins qualifiés,
prélevés tous les trois mois sur les effectifs agricoles. L'ensemble
du travail a été effectué sans aucune autre aide que celle des
machines simples de la mécanique classique (le plan incliné et le
levier) ; les grosses pierres étaient tirées sur des traîneaux à travers
les sables du désert, sur glacis de boue, par des bataillons
d'hommes [90]. Entraînés à la plus stricte obéissance, simples
exécutants des ordres venant du roi à travers toute une hiérarchie
bureaucratique, privés pendant la durée de leur travail de tout
semblant d'autonomie ou d'initiative, les ouvriers étaient rivés
comme des esclaves à l'exécution de leur tâche. On exigeait d'eux,
toujours selon Mumford, une soumission absolue et toute
désobéissance était punie par la torture, la mutilation ou la mort [91].
Cette façon de voir les choses est probablement exagérée. Le travail
en question auquel étaient astreints les ouvriers ne s'accomplissait
pas, semble-t-il, dans des conditions tellement effroyables comme
on l'a très souvent prétendu, mais elles étaient loin d'être
idylliques [92]. Selon certains, les « pyramides n'ont pas été
construites sous la contrainte et la peur, mais comme un acte de foi
et d'amour [93]. Mais, d'après d'autres, cette œuvre ne peut être

86. J.A. WILSON, *op. cit.*, p. 55.
87. L. MUMFORD, « La Première Mégamachine », *Diog (F)*, 55, 1966, p. 7.
88. I.E.S. EDWARDS, *The Pyramids of Egypt*, London, 1961, p. 87.
89. W. HELCK, *op. cit.*, p. 99.
90. L. MUMFORD, *art. cit.*, p. 7.
91. *Ibid.*, p. 9-10. Selon certains, la construction des pyramides correspond à une
politique de plein emploi.
92. G. GOYON, *Les Secrets des bâtisseurs des grandes pyramides*, Paris, 1977,
p. 45-47.
93. M. DELLA MONICA, *op. cit.*, p. 20.

considérée comme une réalisation « exceptionnelle, effectuée dans la fièvre et l'enthousiasme de tout un peuple en action [94] ». En tout cas, d'après Hérodote, les Egyptiens de son temps détestaient encore Chéops et Chephren au point d'éviter de prononcer leurs noms : ils les accusaient d'avoir opprimé le peuple en le forçant à élever des pyramides royales [95].

Quand on passe à l'analyse d'autres catégories d'abus ou d'injustices, celles qui sont plus spécialement liées à la formation de tout un appareil bureaucratique, il faut rappeler qu'au début, le travail au service du roi était un devoir et qu'en échange les fonctionnaires étaient nourris et qu'on subvenait à leurs besoins. Avec le temps, le roi commencera à les récompenser au moyen de donations. Comme suite à l'importance accordée à la survie qu'on croyait être calquée sur l'existence d'ici-bas, le roi se mettra à offrir aux fonctionnaires favoris, non seulement de quoi payer la sépulture, mais leur attribuera des terres dont les revenus devaient servir à assurer le culte funéraire, pour un long laps de temps. Ces donations étaient parfois considérables et les terres semblent avoir été exemptes d'impôts ou du moins d'un nombre important de charges [96]. Certains fonctionnaires de l'Ancien Empire se sont ainsi transformés en grands propriétaires fonciers et leurs descendants, sans remplir nécessairement une fonction, sans rendre forcément des services publics, jouissaient de grands avantages [97]. Ce favoritisme jouait d'une façon peut-être particulièrement poussée au profit du clergé. Les domaines appartenant aux temples s'agrandissaient grâce aux donations et aux fondations [98] ; en plus ils étaient exempts de charges telles les redevances ou les corvées [99]. Sous la Vᵉ dynastie, le clergé royal devint une noblesse héréditaire

94. G. GOYON, op. cit., p. 18.
95. G. POSENER, Littérature et politique dans l'Egypte de la XIIᵉ dynastie, Paris, 1956, p. 10.
96. E. DRIOTON et J. VANDIER, L'Egypte, Paris, 1938, p. 181.
97. E. MEYER, Histoire de l'Antiquité, 3 vol., Paris, 1912-1926, II, L'Egypte jusqu'à l'époque des Hyksos, 1914, p. 217-218. N. KANAWATI, The Egyptian Administration in the Old Kingdom, Warminster, 1978, p. 78.
98. G. DYKMANS, Histoire économique et sociale de l'Ancienne Egypte, 3 vol., Paris, 1936-1937, III, p. 171.
99. E. MEYER, op. cit., p. 219-220.

dont le « bénéfice », rente d'abord puis domaine, était aussi héréditaire [100].

Cette formation d'une oligarchie était accompagnée d'une évolution du droit privé. Les « bénéfices », indivisibles, inaliénables, ne pouvaient être partagés entre les enfants, comme le veut le droit successoral, et comme ils ne cessèrent de croître de la IVe à la VIe dynastie, la richesse, la propriété, se concentraient toujours de plus en plus entre les mains de la noblesse. Le régime seigneurial s'instituait, le pays se couvrait de biens, figés dans une immobilité totale [101].

Ce favoritisme, ces inégalités étaient encore aggravés par « la décadence de la vieille administration judiciaire, impériale et homogène », qui n'était pas sans dangers pour la sécurité des gens et des biens. L'avènement de multiples justices féodales détruisit l'unité jurisprudentielle de jadis, rigoureuse et procédurière, mais sûre [102]. Ceux qui devaient veiller à ce que les lois soient respectées se comportaient de façon contradictoire avec les principes élémentaires de justice. Le tribunal trichait au lieu d'aider le pauvre [103]. Les hauts fonctionnaires se conduisaient comme des pillards. Ainsi que l'exprimera le *Conte de l'Oasien,* « celui qui doit réprimer le mal commet lui-même l'iniquité, celui qui doit montrer le chemin des lois commande le vol [104] ».

2. La Première Période Intermédiaire
Le Moyen Empire

L'état des choses que nous venons d'esquisser, les méfaits sociaux semblent avoir joué un rôle très important, sinon décisif, dans l'effondrement de l'Ancien Empire [105]. A l'exception des

---

100. J. PIRENNE, « Introduction à l'histoire du droit égyptien. Les trois cycles de l'histoire juridique et sociale de l'ancienne Egypte », *AHDO,* 2, 1938, p. 20.

101. *Ibid.,* p. 21.

102. G. DYKMANS, *op. cit.,* p. 243.

103. *ANET,* 1950, p. 380.

104. G. LEFEBVRE, *Romans et contes égyptiens de l'époque pharaonique,* Paris, 1949, p. 54.

105. J. SPIEGEL, *Soziale und weltanschauliche Reformbewegungen im Alten Ägypten,* Heidelberg, 1950, p. 7.

mouvements d'immigration [106], des invasions étrangères, celle des bédouins à la fin du long règne de Pépi II [107], tous les facteurs qui contribuèrent à la chute de l'Ancien Empire semblent avoir été d'origine intérieure. Il s'agissait non d'une contamination, mais d'une maladie organique [108] qui commença déjà sous l'Ancien Empire [109] et qui sapait les assises mêmes de tout l'édifice [110].

Les excès des abus, l'injustice dans la répartition des charges, la brutalité des collecteurs d'impôts, etc., suscitèrent un mécontentement [111] qui aboutit à une violente révolution à la fin du règne de Pépi II ou sous un de ses successeurs. Les contrecoups de ce que l'on considère comme la première révolution sociale de l'Antiquité se firent sentir à travers tout le pays, mais le soulèvement populaire éclata, semble-t-il, autour de Memphis et Héliopolis, dans cette région de forte concentration urbaine où les prêtres et les artisans avaient gagné en force et en dignités. Les « petits » entraînèrent les « pauvres » et s'attaquèrent aux riches et à l'administration [112]. L'ancienne hiérarchie sociale s'effondra et la plèbe arriva au pouvoir [113]. Les nobles et les riches furent assaillis, dépossédés, exécutés et leurs serviteurs prirent leurs places. Les petits fonctionnaires firent cause commune avec le peuple et se livrèrent au pillage des offices publics; ils détruisirent les registres du cadastre et de l'état civil [114].

D'après J. Spiegel, ce mouvement révolutionnaire dura une trentaine d'années (2270-2240) [115] et eut comme chef un personnage

---

106. J.A. WILSON, *op. cit.*, p. 105.

107. E. DRIOTON et J. VANDIER, *op. cit.*, p. 214.

108. J.A. WILSON, *op. cit.*, p. 105.

109. G. POSENER, *op. cit.*, p. 8.

110. J. YOYOTTE, *Egypte ancienne*, Encyclopédie de la Pléiade, *Histoire universelle* I, Paris, 1960, p. 144.

111. M. DELLA MONICA, *op. cit.*, p. 21.

112. J. YOYOTTE, *op. cit.*, p. 144-145.

113. E. DRIOTON et J. VANDIER, *op. cit.*, p. 214.

114. M. DELLA MONICA, *op. cit.*, p. 21.

115. J. SPIEGEL, *op. cit.*, p. 7. Cette période (2270-2240) ne semble pas coïncider avec la fin du règne de Pépi II, époque à laquelle, comme nous venons de le voir, la révolution est située par d'autres historiens. Ce décalage dans le temps nécessiterait en principe des explications, mais elles nous mèneraient peut-être assez loin et, pour notre travail, elles ne semblent pas indispensables.

qu'il nomme « Régent », mais dont le nom véritable est inconnu. L'œuvre sur laquelle Spiegel se fonde principalement, les *Admonitions d'Ipouer*, « peint magnifiquement l'ampleur tragique des faits [116] » se rapportant à la révolution, mais elle nous est parvenue avec beaucoup de lacunes [117], et c'est probablement le début manquant qui contient le véritable nom du « Régent » [118]. Pour faire face à ces insuffisances, pour combler ces lacunes, Spiegel puise encore dans d'autres œuvres (les *Instructions à Merikarê*, le *Dialogue du désespéré avec son âme*). L'auteur des *Admonitions*, qui exprime les récriminations des classes supérieures dépossédées après la chute de l'Ancien Empire [119], se montrera très critique à l'égard du mouvement révolutionnaire, mais c'est précisément en prenant le contre-pied de l'attitude d'Ipouer que Spiegel fait l'apologie du « Régent ». Il le considère comme le premier grand « Réformateur » [120] qu'ait connu non seulement l'Egypte, mais l'histoire de l'humanité en général. Il introduisit le principe des droits égaux pour tous et chercha à l'appliquer en pratique, sous forme de communauté absolue des biens et de l'abolition de toute différence de classe. Son programme de réformes sociales découlait de sa conception de la vie, entièrement imprégnée d'un amour universel des hommes. Cela l'empêchait de recourir à n'importe quelle forme de violence dans l'accomplissement de sa fonction de « Régent ». Son message d'amour du prochain, toujours d'après Spiegel, était fondé sur sa foi en un Dieu bienveillant, qui créa le monde et toutes les créatures par amour des hommes dont il ne cessera jamais de satisfaire les besoins. Cette foi se rapportait à Rê, le dieu du soleil, et, au centre de sa conception du monde, résidait la justice, conçue dans un sens profondément éthique [121]. Mais le

---

116. J. Yoyotte, *op. cit.*, p. 145.

117. W.K. Simpson ed., *The Literature of Ancient Egypt : An Anthology of Stories, Instructions and Poetry*, New Haven, London, 1972, p. 210.

118. J. Spiegel, *op. cit.*, p. 45.

119. G. Posener, *op. cit.*, p. 43.

120. Rappelons que ce même qualificatif a été attribué à Urukagina ; l'évaluation comparative des mérites que représentent ces deux personnages n'est pas facile à établir, mais le *ensi* de Lagash semble bénéficier certainement d'une priorité d'environ un siècle au minimum puisque son règne se situerait au XXIVe siècle au plus tard.

121. J. Spiegel, *op. cit.*, p. 44.

«Régent» n'était pas le seul, l'unique porte-parole de cet esprit nouveau.

Le mouvement populaire tourné contre le régime [122] met fin à la période de stabilité et de prospérité ; l'effondrement de l'Ancien Empire marque le début de quelque cent cinquante années de temps difficiles, à savoir la Première Période Intermédiaire, que l'on situe en général aux environs de 2200 à 2050 [123-124]. L'entrée des classes moyennes dans la vie politique [125], l'atmosphère de conflits, d'insécurité qui caractérisaient la Première Période Intermédiaire, incitaient les gens à repenser maintes questions d'une façon plus approfondie [126], à réfléchir sur des problèmes moraux, comme ils ne l'avaient jamais fait avant [127]. Les malheurs nationaux engendrèrent une forme de piété qui manquait à l'Ancien Empire [128].

L'ébranlement de l'ordre statique dégageait la voie à des conceptions plus ouvertes, plus dynamiques [129], à une nouvelle interprétation de Maât, au prophétisme [130]. Tandis qu'auparavant Maât était presque exclusivement le symbole de l'ordre cosmique immuable, avec la désagrégation de l'Ancien Empire elle va signifier plutôt le droit [131] et devenir un idéal de justice, d'humanitarisme [132].

L'œuvre qui semble assez bien refléter ce changement et présenter un pas en avant par rapport aux *Instructions* de l'Ancien Empire, ce sont les *Instructions à Merikarê*. Le texte qui nous est parvenu se trouve dans les fragments de trois papyrus (de Léningrad, de Moscou et de Carlsberg) qui datent de la XVIIIe dynastie. Malheureusement, celui qui est le plus complet

---

122. G. Posener, *op. cit.*, p. 9.

123. J.A. Wilson, *op. cit.*, p. 318.

124. G. Posener, «Literature», in *The Legacy of Egypt*, Oxford, 1971, p. 9.

125. J. Yoyotte, *op. cit.*, p. 153.

126. F. Daumas, «La Naissance de l'humanisme dans la littérature de l'Egypte ancienne», *OrAnt*, 1, 1962, p. 170.

127. D.W. Thomas, *op. cit.*, p. 156. G. Posener, *Littérature et politique...*, *op. cit.*, p. 9.

128. J.A. Wilson, *op. cit.*, p. 113.

129. G. Lanczkowski, *Altägyptischer Prophetismus*, Wiesbaden, 1960, p. 41.

130. *Ibid.*, p. 75.

131. H.H. Schmid, *op. cit.*, p. 61.

132. J.A. Wilson, *op. cit.*, p. 116.

(celui de Leningrad) est aussi le plus altéré. Cette œuvre était attribuée à un des quelques rois de la IXe/X^e dynastie, qui tous portaient le même nom de Khéti. En réalité, nous sommes dans l'impossibilité d'identifier son auteur ; en tout cas, elle ne semble pas avoir été rédigée déjà par un des rois Khéti, mais durant le règne du roi Mérikarê, vers 2100 [133].

L'œuvre en question apparaît sous forme d'un enseignement prodigué par un vieux roi à son fils et successeur. Comme dans les *Instructions* de l'Ancien Empire, on y exalte aussi la couronne et les principes dynastiques, mais en des termes plus personnels et en y mettant plus de cœur [134]. Par rapport aux *Maximes de Ptahhotep*, on y trouve une conception morale plus subtile, et allant plus en profondeur [135]. Le père expose à son fils comment il faut exercer le pouvoir, pour être à la fois un roi puissant et vertueux [136].

Après des conseils concernant la répression des révoltes, la sécurité de la population, la protection des frontières du pays, une importance particulière semble être attachée au comportement fondé sur la bonté, la sagesse, l'équité et qui suscite l'amour et la reconnaissance [137]. Dans la section qui renferme des conseils sur la façon de traiter les nobles et les gens du peuple [138], il est dit : « Pratique la justice et tu dureras sur terre, apaise celui qui pleure, n'opprime pas la veuve ; ne chasse point un homme de la propriété de son père, ne porte point atteinte aux grands dans leurs possessions. Garde-toi de punir injustement [139]. » L'auteur des *Instructions* se prononce en faveur des grands, des riches, quand il s'agit du choix de magistrats, puisque dans leurs jugements ils offrent plus de garanties d'objectivité que les pauvres [140]. Mais quand il s'agit du travail proprement dit, il ne faut pas faire de

133. M. Lichtheim, *op. cit.*, p. 97.
134. J. Yoyotte, *op. cit.*, p. 147.
135. M. Lichtheim, *op. cit.*, p. 97.
136. J. Pirenne, « Une nouvelle interprétation des "Instructions" du roi Khéti à son fils Merikarê », *RdE*, 3, 1938, p. 5.
137. D.W. Thomas, *op. cit.*, p. 157. W.K. Simpson, *op. cit.*, p. 182.
138. M. Lichtheim, *op. cit.*, p. 98.
139. F. Daumas, *La Civilisation de l'Egypte pharaonique*, Paris, 1965, p. 131. W.K. Simpson, *op. cit.*, p. 183.
140. *Ibid.*, p. 182.

distinction au profit de l'homme bien né par rapport à celui du peuple ; le choix doit être accompli d'après leurs capacités [141].

Vers la fin des *Instructions à Merikarê*, il est aussi question de la survie, problème qui préoccupe tellement les Egyptiens, mais ici l'aspect moral du problème prend plus d'importance qu'auparavant [142]. Alors qu'autrefois l'immortalité s'achetait, surtout avec des tombeaux gigantesques et des offrandes perpétuelles, l'accent est mis maintenant sur les valeurs morales plus que sur les biens matériels. Le souvenir dure, non grâce au mémorial de pierres, mais grâce à l'amour qu'on garde pour nous, grâce à la bonne réputation qu'on laisse de soi. Cette évolution, cette spiritualisation apparaît avec netteté dans un passage où il est dit clairement, comme le feront ensuite, avec une force particulière, les prophètes israélites, que Dieu préfère aux offrandes matérielles, au « bœuf du pécheur », les vertus, le caractère que présente un homme intègre [143].

Rédigé, semble-t-il, durant le règne et sur l'initiative de Sésostris I (1970-1936) [144], mais sous le nom de son prédécesseur Amménémès I, l'*Enseignement d'Amménémès I* est, comme les *Instructions à Mérikarê*, un testament royal qui décrit les expériences du vieux roi afin d'instruire son fils et successeur pour qu'il ait un règne heureux [145]. Mais tandis que l'on conseille à Mérikarê de s'entourer de personnes compétentes, le roi Amménémès recommande à son fils de se méfier de ses sujets qui sont tous des traîtres potentiels. Pourtant, tout de suite après cet avertissement imprégné de scepticisme, nous trouvons des déclarations en faveur de la justice et de la bienveillance : « J'avais donné au pauvre, j'avais élevé l'orphelin. J'avais donné audience à celui qui n'était rien, comme à celui qui était quelque chose [146]. »

Mais c'est dans le *Conte de l'Oasien* qu'apparaît le mieux la prise de conscience en faveur de l'égalité sociale et l'exigence de réaliser Maât ici-bas au profit de son prochain plutôt qu'envers les dieux [147].

---

141. *Ibid.*, p. 184.
142. D.W. Thomas, *op. cit.*, p. 157.
143. J.A. Wilson, *op. cit.*, p. 113. W.K. Simpson, *op. cit.*, p. 191.
144. M. Lichtheim, *op. cit.*, p. 135.
145. G. Posener, *op. cit.*, p. 63.
146. F. Daumas, *op. cit.*, p. 401. W.K. Simpson, *op. cit.*, p. 136.
147. J.A. Wilson, *op. cit.*, p. 114.

Cette œuvre, connue sous divers noms (*Plainte du paysan (ou du fellah), le Paysan éloquent, le Fellah plaideur*)[148], compte plus de 430 lignes et avec *Horus et Seth* est le plus long de tous les textes littéraires égyptiens[149]. Les quatre papyrus qui contiennent les copies de ce récit proviennent du Moyen-Empire[150], mais l'original est antérieur et porte sur des événements qui ont eu lieu vers la fin du IIIe millénaire[151], sous le dernier roi de la Xe dynastie hérakléopolitaine[152]. Autrefois étudié surtout, sinon uniquement, au point de vue littéraire et esthétique, il est reconsidéré depuis un certain temps, comme un précieux document d'histoire sociale[153]. On le cite parmi les œuvres dont s'est inspiré la pensée biblique[154]. On établit des parallèles entre le *Conte de l'Oasien* et les grands prophètes israélites avec Amos en tête[155].

Ce récit est un témoignage de solidarité humaine, un plaidoyer en faveur du pauvre et de l'opprimé. On y conte les mésaventures d'un pauvre paysan, Khounanoup de l'Oasis du sel[156], qui, transportant des marchandises pour les échanger contre des vivres, fut dépossédé par un homme jouissant de forts appuis à la cour. Mais le fellah ne se laissa pas décourager par toutes les difficultés rencontrées et chercha avec persévérance à ce que justice lui soit rendue. L'intendant en chef du palais, Rensi, auprès duquel le fellah porta plainte, charmé par l'éloquence de ce dernier, le laissa plaider sa cause pendant neuf séances. L'oasien demandait Maât comme un droit à celui qui était préposé pour dispenser Maât[157]. Le conte se termine par un jugement très sévère : l'agresseur non seulement devra rendre ce qu'il a volé, ainsi que tous ses propres biens, mais encore sera lui-même livré en tant qu'esclave au paysan[158].

---

148. G. LEFEBVRE, *op. cit.*, p. 41.
149. *Ibid.*, p. 45.
150. M. LICHTHEIM, *op. cit.*, p. 169.
151. A. ERMAN, *Die Literatur der Aegypter*, Leipzig, 1923, p. 158.
152. G. LEFEBVRE, *op. cit.*, p. X.
153. G. LANCZKOWSKI, *op. cit.*, p. 51.
154. H. CAZELLES, «Les Débuts de la sagesse...», *art. cit.*, p. 33.
155. G. LANCZKOWSKI, *op. cit.*, p. 51.
156. G. LEFEBVRE, *op. cit.*, p. 47.
157. J.A. WILSON, *op. cit.*, p. 114.
158. G. LEFEBVRE, *op. cit.*, p. 69.

Ce jugement est approuvé par le narrateur puisque dans le conte toutes les sympathies vont à l'Oasien. La morale qui en découle, c'est que le plus humble peut toujours réclamer son dû et que la Maât véritable exige l'application de la justice effectivement. Ce très long récit fait apparaître que « Maât-justice n'était pas une survivance formelle de l'ordre ancien », mais bien la recherche positive d'une valeur nouvelle. Ce qui est cependant significatif pour l'évolution des idées sur la justice en Egypte, c'est que ce conte, qui a joui d'une certaine popularité sous le Moyen Empire, perdit toute vogue par la suite [159].

Rappelons d'ailleurs, à propos de ce que nous venons de dire, que le mouvement révolutionnaire même fut relativement de courte durée. La noblesse reprit le dessus [160] et le retour à l'ancien état de choses se manifesta aussi sur le plan spirituel.

A côté de cette attitude favorable au changement dans le sens de l'égalité qu'exprime l'Oasien, il y a celle qui déjà sous le Moyen-Empire lui est hostile et que l'on retrouve, comme nous l'avons déjà vu, dans les *Admonitions d'Ipouer*.

Le manuscrit de cette œuvre dont nous disposons actuellement date probablement du temps de la XIXᵉ dynastie, mais il s'agit d'une copie d'un ouvrage plus ancien dont la rédaction originale pourrait se situer aux débuts de la XIIᵉ dynastie (soit au début du IIᵉ millénaire) quand les souvenirs des calamités de la révolution et des guerres civiles restaient encore vifs dans la mémoire de la nation [161]. Ajoutons néanmoins, entre parenthèses, que certains font remonter les origines des *Admonitions* aux débuts de la Première Période Intermédiaire [162] et d'autres à la Deuxième Période Intermédiaire [163].

Ipouer est de ceux qui sont de cœur avec les notables, avec les gens bien qui vitupèrent contre les révolutionnaires. Il est ennemi du chaos qu'il oppose à la vie heureuse des temps anciens [164]. La

---

159. J.A. Wilson, *op. cit.*, p. 114-116.

160. J. Spiegel, *op. cit.*, p. 7.

161. W.K. Simpson, *op. cit.*, p. 210.

162. G. Posener, *op. cit.*, p. 28.

163. J. Van Seters, « A Date for Admonitions in the Second Intermediary Period », *JEA*, 50, 1964, p. 13-23.

164. G. Posener, *op. cit.*, p. 28.

révolution, selon lui, au lieu de la justice et de l'amour du prochain, apporte la misère et la haine [165]. Partisan de l'idéal patriarcal propre à l'aristocratie de l'Ancien Empire, il réclame avec passion le retour à l'ordre ancien [166].

Une attitude aussi extrêmement critique à l'égard des effets de la révolution apparaît dans le *Dialogue du désespéré avec son âme* [167]. Paru, semble-t-il, à la même époque que les *Admonitions* [168], aussi sous la XIIe dynastie [169], cet ouvrage dénonce la cupidité qui a envahi les cœurs, l'orgueil qui a pris la place de la douceur. Dans ces conditions, le bon est abaissé et le méchant prend le dessus ; les justes disparaissent ; celui auquel on a fait confiance se montre un malfaiteur et celui avec lequel on vivait en frère devient un ennemi [170].

L'anarchie générale qui bouleversa les rapports entre les différentes classes sociales, qui ruina la noblesse et favorisa le brusque enrichissement des petites gens est décrite dans *la Prophétie de Néferty* [171]. L'œuvre est préservée dans un seul manuscrit qui date du XVIIIe siècle, mais elle a été écrite, selon Lichtheim, deux décades après l'*Enseignement d'Amménémès I* [172] donc au XXe siècle.

Le prophète Néferty, convoqué à la cour du pharaon [173], dépeint la révolution qui bouleversa l'Egypte, les malheurs qui s'abattirent sur le pays [174] en des termes qui font non seulement penser à Ipouer [175] mais aussi aux diatribes des grands prophètes israélites (Amos, Isaïe, Jérémie, Ezéchiel) [176]. Le pays est ruiné, la haine et la

---

165. J. Spiegel, *op. cit.*, p. 52.
166. *Ibid.*, p. 36-38.
167. G. Posener, *op. cit.*, p. 43.
168. J. Spiegel, *op. cit.*, p. 48.
169. M. Lichtheim, *op. cit.*, p. 163.
170. *Ibid.*, p. 166-167.
171. G. Posener, *op. cit.*, p. 125.
172. M. Lichtheim, *op. cit.*, p. 139.
173. Dans cette œuvre, il est question du roi Snéfrou, fondateur de la IVe dynastie, mais en réalité il s'agit de la Première Période Intermédiaire qui est la seule à offrir des analogies frappantes avec le tableau tracé par Néferty.
174. G. Posener, *op. cit.*, p. 22.
175. F. Daumas, *op. cit.*, p. 405.
176. A.R. Schulman, *art. cit.*, p. 485.

violence règnent partout, les gens ne sont préoccupés que de leurs propres affaires, ne pensent plus à leur prochain [177].

3. Le Nouvel Empire

Durant le Nouvel Empire, la troisième principale période de l'histoire de l'Egypte, l'expansion du pays en une puissance mondiale, sous la XVIIIᵉ dynastie, avait de beaucoup renforcé, sinon engendré, le concept d'un dieu universel, le Soleil ; comme il surveillait toute la terre et comme il était le seigneur de tous les pays, il pouvait prendre ainsi, dans les colonies étrangères de l'Egypte, une signification plus universelle qui manquait aux anciens dieux anthropomorphes ou zoomorphes. Déjà sous Aménophis III, l'ancien nom du soleil Aton ou le « Disque » était couramment utilisé, mais c'est quand Aménophis IV succéda, vers 1375, à son père, que le culte de cette divinité s'est rapidement répandu [178], menaçant d'éliminer des conceptions religieuses respectées pendant des siècles.

Le zèle manifeste du jeune pharaon en faveur de la foi nouvelle était loin d'être approuvé et partagé par le riche et puissant clergé d'Amon qui devint une sérieuse menace pour l'autorité et la stabilité du trône [179]. Aménophis IV avec ses partisans se mit donc à combattre Amon, le vieux dieu de Thèbes [180], qui d'ailleurs représentait aussi une certaine conception universaliste [181]. Il n'empêche qu'Aménophis fit proscrire son nom, ferma les temples, confisqua leurs biens et leur personnel au profit de la maison royale [182]. La sixième année de son règne, il changea son nom d'Aménophis (« Amon est satisfait [de cette personne] ») en Akhenaton (« Celui qui est utile à l'Aton [183] »). En plus il abandonna

---

177. G. POSENER, *op. cit.*, p. 42-43.
178. C. ALDRED, *Akhenaton le pharaon mystique*, Paris, 1969, p. 64.
179. D.W. THOMAS, *op. cit.*, p. 143.
180. J.H. BREASTED, *Development of Religion and Thought in Ancient Egypt*, London, 1912, p. 318.
181. J.A. WILSON, *op. cit.*, p. 199.
182. J. YOYOTTE, *op. cit.*, p. 196.
183. J.A. WILSON, *op. cit.*, p. 203.

Thèbes, la « Cité d'Amon », et installa sa capitale près de cinq cents kilomètres plus au nord, dans la province d'Hermopolis où il avait fait construire une nouvelle cité Akhet-Aton, « la place du repos d'Aton [184] », appelée aujourd'hui El-Amarna [185]. Ainsi Amon, entité invisible et omniprésente, dont le sanctuaire ne pouvait être approché que par quelques élus, sera remplacé par Aton, l'éclatant disque solaire que rien ne pouvait masquer [186], et dont l'action vivifiante de la chaleur deviendra le symbole de la nouvelle conception rationaliste de l'Univers [187].

L'idée centrale de la foi nouvelle était représentée par Maât [188]. La propagande révolutionnaire était centrée sur Maât. Aton fut appelé « celui qui est satisfait de Maât », qui accepte Maât, comme la plus sublime des offrandes. Akhenaton se nommait officiellement « celui qui vit de Maât [189] ». Cependant Maât qui caractérisait le prosélytisme de la révolution amarnienne ne signifiait pas « rectitude » ou « justice » mais « vérité » qu'il fallait entendre comme « adoration des forces de la nature et non l'activité artificielle et lointaine des anciens dieux [190] ». Il s'agissait de vérité subjective, celle des sens, et non de vérité objective dans la ligne traditionnelle du terme [191].

Le roi ajoutait toujours à son nom l'expression « vivant de vérité » et son comportement prouvait qu'il ne s'agissait pas de pure théorie, mais de l'acceptation des faits de la vie quotidienne d'une façon se voulant simple et non conventionnelle. Sa vie de famille n'était pas cachée aux yeux du public [192]. Il prenait plaisir à se montrer en public, entouré de ses proches [193], à se faire représenter dans des attitudes les plus prosaïques, dans des tenues qui n'avaient rien de protocolaire [194].

---

184. G. ALDRED, *op. cit.*, p. 64.
185. J. YOYOTTE, *op. cit.*, p. 196.
186. J.A. WILSON, *op. cit.*, p. 205.
187. J. SPIEGEL, *op. cit.*, p. 61.
188. D.W. THOMAS, *op. cit.*, p. 144.
189. J.A WILSON, *op. cit.*, p. 206.
190. *Ibid.*, p. 214.
191. D.W. THOMAS, *op. cit.*, p. 144.
192. J.H. BREASTED, *A History of Egypt from the Earliest Times to the Persian Conquest,* London, 1948 (2e édition), p. 377.
193. C. ALDRED, *op. cit.*, p. 165.
194. J.A. WILSON, *op. cit.*, p. 206.

L'auteur auquel nous avons eu déjà recours, J. Spiegel, insiste sur certains des liens de parenté idéologiques qui existaient, selon lui, entre Akhenaton et le protagoniste du mouvement révolutionnaire de la fin de l'Ancien Empire. Dans les deux cas, Maât et l'homme sont au centre de leurs préoccupations. Mais il y a entre celui que Spiegel nomme le « Régent » et Akhenaton la différence qui existe entre l'original et la copie. Ce qui correspond chez le premier à un besoin naturel, spontané, prend chez le second un caractère forcé, subjectif : ce qu'il entreprend, c'est une révolution par en haut. L'idéal du « Régent », d'un dieu bienveillant qui créa le monde par amour de l'humanité, est remplacé chez Akhenaton par une conception esthétique : il fait l'éloge du monde en tant qu'œuvre d'art créée par dieu sans vraiment prendre au sérieux le devoir éthique de l'amour du prochain qui est au centre de l'idée que le « Régent » se fait de la vie [195].

Sous le règne d'Akhenaton, beaucoup de gens d'origine modeste semblent avoir eu la possibilité d'atteindre des situations importantes [196]. Le haut personnel administratif comptait, paraît-il, alors plus d'hommes nouveaux que de parents de l'ancienne aristocratie, mais les cadres administratifs n'avaient pas été changés [197]. Il n'y a eu rien de révolutionnaire dans la politique sociale d'Akhenaton [198]. Nous n'avons pas l'impression que les mesures adoptées par ce dernier soient à l'origine de l'arrivée au pouvoir d'une large couche populaire. Les ruines d'Amarna nous montrent une ville pleine de villas et de palais où les protégés du roi jouissaient d'un luxe et de plaisirs qui étaient le contraire de l'esprit d'égalité. On jouait à Amarna à la révolution, comme on jouait à l'amour de la nature [199]. D'ailleurs déjà peu de temps après la mort d'Akhenaton, il ne restait pas grand-chose de son œuvre : ni les masses ni les grands ne furent touchés par la grâce de l'Aton [200].

---

195. J. Spiegel, *op. cit.*, p. 77.
196. K. Pflüger, « The Edict of King Haremhab », *JNES*, 5, 1946, p. 268.
197. J. Yoyotte, *op. cit.*, p. 199.
198. C. Aldred, *op. cit.*, p. 255.
199. J. Spiegel, *op. cit.*, p. 78.
200. J. Yoyotte, *op. cit.*, p. 199. Notons cependant que, d'après Ch. Desroches-Noblecourt, il ne faut pas oublier que l'expérience d'Akhenaton « avait dû servir de levier aux grandes réformes de Ramsès et avait influencé son comportement » (« Ramsès II, l'homme et le dieu », *BTS*, 185, 1976, p. 15).

Notre connaissance des enseignements d'Akhenaton provient surtout du grand hymne à Aton[201] qui se trouve inscrit sur les ruines de certaines tombes à El-Amarna. Dans ses séquences, son contenu et ses formes d'expression, il est souvent comparé au Psaume 104[202]. Comme suite au parallèle de fond et de forme existant entre ces deux œuvres, on a prétendu qu'il existait nécessairement entre elles un rapport de filiation et que les psalmistes hébreux devaient avoir connu l'hymne au soleil[203]. Il semble cependant que ces ressemblances soient plutôt le résultat de similitudes génériques entre les hymnes égyptiens et les psaumes bibliques qu'une interdépendance directe[204]. D'après P. Auffret, l'influence possible de l'hymne à Aton sur la structure littéraire d'ensemble du Psaume 104 laisse place à une influence cananéenne largement prédominante au plan des structures de détail, représentations, images, moyens d'expression du Psaume[205]. J.H. Breasted et les égyptologues de sa génération ont vu dans l'hymne à Aton une source du monothéisme hébraïque[206] et, par son intermédiaire, des religions modernes[207]. Mais cette thèse semble définitivement rejetée depuis que l'on s'est rendu compte que la religion d'Akhenaton était plutôt une forme de la monoidolatrie que du monothéisme[208]. Une forme d'adoration de soi-même d'un mégalomane égocentrique (qui ne voyait la divinité que comme l'ombre géante du pharaon)[209], un culte personnel auquel la masse n'avait pas accès. Notons en plus, et c'est capital, que l'on ne trouve dans les hymnes à Aton aucune préoccupation éthique, aucune insistance rigoureuse sur la norme morale, qui est si typique pour le monothéisme hébraïque. Les bienfaits d'Aton étaient éminemment

201. A. BARUCQ et F. DAUMAS, *Hymnes et prières de l'Egypte ancienne*, Paris, 1980, p. 482.

202. C. ALDRED, *op. cit.*, p. 185-187.

203. J.H. BREASTED, *The Dawn of Conscience*, New York, 1933, p. 367. J.A. WILSON, *op. cit.*, p. 215.

204. M. LICHTHEIM, *op. cit.*, p. 100.

205. P. AUFFRET, *Les Deux Grands Hymnes à Aton et à Yahvé créateurs*, Ecole pratique des Hautes Etudes, V section, mémoire, 1979, p. 171.

206. J.H. BREASTED, *op. cit.*, p. 369.

207. J.A. WILSON, *op. cit.*, p. 213.

208. A.R. SCHULMAN, *art. cit.*, p. 484.

209. C. ALDRED, *op. cit.*, p. 259.

matériels. Les fidèles étaient invités à se sentir reconnaissants pour ses présents, mais aucun texte ne les encourageait à exprimer leur gratitude par une vie intérieure et un comportement exemplaires. L'universalisme d'Aton aurait pu implicitement conduire à la reconnaissance de l'égalité entre tous les hommes, et pourtant, cela n'apparaît dans aucun texte[210].

Déjà sous Aménophis III la stabilité et la permanence de la puissance égyptienne commencèrent à ne plus être entièrement assurées, mais le processus de décomposition s'accentuera surtout sous Akhenaton[211]. Exalté par ses idées religieuses et absorbé par ses grands projets de construction d'El-Amarna, il négligea les affaires de l'Etat[212] et comprit trop tard combien la situation du pays était devenue critique. La zone la plus éloignée et la plus étroitement attachée à la couronne, la Syrie, était prise par le roi hittite, et sa perte entraîna rapidement celle de la Phénicie et de la Palestine. Nous possédons moins de renseignements sur l'Empire d'Afrique mais ses fondations étaient, semble-t-il, aussi ébranlées. Ces pertes provoquèrent très probablement la désorganisation de l'économie, avec comme corrolaire le chômage et la misère, ce qui à son tour créait un certain état de désordre[213].

Les effets de la révolution amarnienne[214], la débâcle et le laisser-aller de la XVIIIe dynastie vont être combattus par le célèbre général Horemheb, déjà tout-puissant sous Tout-ankh-amon et ensuite sous Aï auquel il succéda semble-t-il entre 1350 et 1340[215]. Ce dernier pharaon de la XVIIIe dynastie (certains le considèrent plutôt comme le premier pharaon de la XIXe dynastie[216]), en quinze à vingt ans de sa carrière préroyale[217], en vingt-cinq à trente ans[218] d'un règne bien rempli, aura suscité une véritable

210. J.A. WILSON, *op. cit.*, p. 214.

211. *Ibid.*, p. 218.

212. C. ALDRED, *op. cit.*, p. 66.

213. J.A. WILSON, *op. cit.*, p. 219.

214. C. ALDRED, *Egypt : The Amarna Period and the End of the Eighteenth Dynasty*, The Cambridge Ancient History, 1975, chap. XIX, p. 53.

215. J.H. BREASTED, *A History of Egypt...*, *op. cit.*, p. 58.

216. A.K. PHILIPS, « Horemheb, Founder of the XIXe Dynasty ? », *Or*, 46, 1977, p. 121.

217. R. HARI, *Horemheb et la reine Moutnedjemet*, Genève, 1964, p. 433.

218. J.R. HARRIS, « *How Long was the Reign of Horemheb ?* » *JEA*, 54, 1968, p. 95. J. VON BECKERATH « Nochmals die Regierungsdauer des Haremhab », SAK, 6, 1978, p. 49.

renaissance égyptienne [219]. Parmi les différentes mesures qu'il prit afin de remettre de l'ordre dans le pays [220], celle qui semble particulièrement significative et importante, c'est l'édit qu'il a été convenu d'appeler le « Décret d'Horemheb [221] ».

Le texte de ce décret figure sur une stèle en granit noir découverte en 1882 à Karnak par Maspéro [222]. Les dimensions originales devaient être de 2,80 mètres de largeur sur 3 mètres de hauteur. C'est la plus grande stèle épigraphique de l'Egypte classique [223].

Horemheb cherchait surtout à réorganiser l'appareil administratif [224], créer des tribunaux à travers tout le pays [225], nommer des juges [226]. Mais le Décret avait aussi pour but de prévenir des délits précis ; il était dirigé contre les administrateurs et les dépositaires de la force publique corrompus, coupables non seulement de détournements de biens, mais aussi d'exactions envers les simples citoyens [227].

Il est dit dans le prologue que « Maât est venue en se joignant » à Horemheb et que celui-ci « envisagea un plan dans son cœur pour protéger le pays », pour « abattre le mal et annuler le mensonge » [228]. Ensuite, dans la première partie du Décret, il est fait état de toute une série d'injustices et de mesures ordonnées par le roi pour y faire face : mesures prises pour empêcher qu'on ne s'empare des bateaux de transport qui servaient à des livraisons en guise d'impôts ; pour venir en aide aux propriétaires de bateaux auxquels on a volé des cargaisons destinées au roi ; contre ceux qui entravaient des livraisons en guise d'impôts pour le harem et pour les offrandes

219. R. Hari, *op. cit.*, p. 433.
220. C. Aldred, *art. cit.*, p. 76.
221. B. Van de Walle, « Le Décret d'Horemheb », *CEg*, 43, 1947, p. 230.
222. U. Bouriant, « La Stèle de Horemheb », *RTPE*, 6, 1885, p 50.
223. R. Hari, *op. cit.*, p. 305.
224. J.A. Wilson, *op. cit.*, p. 226.
225. R. Hari, *op. cit.*, p. 316.
226. G. Roeder, *Der Erlass des Königs Horemhab über die Wiederhestellung der Gerechtigkeit*, dans *Der Ausklang der ägyptischen Religion mit Reformation, Zauberei und Jenseitsglauben*. Die ägyptische Religion im Text und Bild, Band IV, Zürich und Stuttgart, 1961, p. 91.
227. J.A Wilson, *op. cit.*, p. 227.
228. R. Hari, *op. cit.*, p. 311-312.

divines ; pour réprimer les réquisitions des plantes *Kt* (probablement oléagineuses) [229] ; pour empêcher qu'on extorque des peaux d'animaux aux paysans ; contre les extorsions et contre la corruption dans l'administration des revenus ; contre ceux qui ont recueilli indûment des céréales, des légumes ; pour empêcher qu'on utilise de façon injuste le travail des esclaves [230].

Le Décret prévoyait des peines extrêmement sévères pour les coupables (les juges prévaricateurs, les soldats pillards, les fonctionnaires infidèles) qui, après ablation du nez, étaient envoyés en exil, dans la forteresse de Silé [231] où régnait une discipline de fer [232]. Dans le cas des soldats qui s'emparaient indûment auprès des paysans des peaux d'animaux qui ne leur revenaient pas, on appliquait au coupable « la loi sous forme de cent coups de bâton et de cinq blessures, et on confisquera les peaux qu'il s'est appropriées illégalement [233] ».

Ces mesures draconiennes, selon Hari, ne durent pas être dictées seulement par d'impérieuses raisons économiques ou politiques, ou afin de faire respecter à nouveau l'autorité royale, si longtemps bafouée : on sent dans le décret un désir manifeste de venir en aide aux pauvres et aux humbles, taillables et corvéables [234].

Henri Cazelles qui, comme J.H. Breasted [235], traduit le terme égyptien (*nmh*) par « pauvre [236] », établit à propos de l'attitude à l'égard des pauvres un parallèle entre le décret d'Horemheb et le Code de l'alliance, mais il rappelle que si le premier « est avant tout

---

229. W. Helck, « Das Dekret des Königs Haremheb », *ZÄS*, 80, 1955, p. 119.
230. B. Van de Walle, *art. cit.*, p. 231-234.
231. R. Hari, *op. cit.*, p. 433.
232. J.A. Wilson, *op. cit.*, p. 227.
233. R. Hari, *op. cit.*, p. 314.
234. *Ibid.*, p. 433.
235. J.H. Breasted, *Ancient Records of Egypt*, 5 vol., Chicago, 1906-1907, III, p. 26.
236. U. Bouriant : « malheureux » ; J.H. Breasted : *poor man* ; K. Pflüger : *commoner* ; Van de Walle : « bourgeois » ; W. Helck : *Freier*, qui ne signifie pas exactement pauvre, mais qui en tout cas se situe très bas dans la hiérarchie sociale ; G. Roeder : *Bürger* ; R. Hari : « homme libre » dont le sens est tiré de H. Tompson, *JEA*, 1940, 26, p. 76 *sq.* (cf. R. Hari, *op. cit.*, p 312.) D'après B. Menu, le *nmh* est un individu non (encore) intégré dans les rouages de l'administration laïque ou religieuse.

préoccupé d'assurer le rendement des impôts et le bon fonctionnement de son administration », ces considérations « sont tout à fait en
dehors des perspectives » du second [237].

En un sens, comme dans le cas des codes mésopotamiens, il n'est
pas facile de se faire une idée exacte des mobiles qui constituaient le
point de départ du décret d'Horemheb. Aussi les commentaires à
cet égard sont loin d'être unanimes : à côté, par exemple, de
l'opinion de Hari, que nous venons de citer et qui semble proche de
celle de J.H. Breasted (d'après lequel il s'agit de *sane and
philantropic reforms and human government*), d'autres sont beaucoup
moins élogieuses.

Ce serait une erreur, selon Pflüger, de croire qu'Horemheb était
mû par des mobiles humanitaires. C'est la nécessité de rendre son
règne populaire, afin qu'il soit stable, et la révolution d'Amarna,
qui fut un avertissement, qui le poussèrent à améliorer le sort des
travailleurs. Cependant, quoique mû par un esprit de restauration,
ce qu'il entreprit n'était pas un simple retour en arrière mais
l'incorporation d'éléments révolutionnaires dans un moule
traditionnel [238].

C'est dans la version de Roeder qui a été revue par le
professeur Helck [239] que nous trouvons après le § 23 qui traite de
l'interdiction de confisquer le pain dans les demeures des
particuliers, le § 24 dont le titre même stipule que les pauvres
doivent être protégés par les fonctionnaires [240]. Pourtant, d'après
cet auteur, la morale qu'Horemheb propose à ses sujets est de
nature essentiellement pratique : il s'agit tout d'abord de l'acquitte-
ment des impôts [241].

Le commentaire de J.A. Wilson va dans le même sens, mais il est
encore plus sévère. Selon lui, en dépit de la sollicitude dont « le
pauvre homme » était l'objet, les mesures prises en sa faveur étaient
étrangères à toute idée de justice sociale : le législateur se souciait
avant tout de protéger les sources des revenus nationaux. Ainsi le

---

237. H. CAZELLES, *Etudes..*, *op. cit.*, p. 165.
238. K. PFLÜGER, *art. cit.*, p. 268.
239. G. ROEDER, *op. cit.*, p. 95.
240. *Ibid.*, p. 105.
241. *Ibid.*, p. 93.

décret interdit aux fonctionnaires de réquisitionner le bateau que le
contribuable utilisait pour transporter ses redevances, aux soldats
de saisir les peaux destinées aux percepteurs, de s'emparer de
certaines plantes tinctoriales devant être remises au fisc. Il est
interdit aussi aux collecteurs d'impôts de falsifier à leur profit la
mesure servant à la réquisition du grain. La propriété du menu
peuple, conclut Wilson, n'était protégée que pour autant que l'Etat
y trouvait son compte [242].

A côté des œuvres qui sont rattachées à de grands noms
(Akhenaton, Horemheb), il y a celles qui émanent de personnages
moins connus, ou bien même, d'autres qui sont anonymes. Elles
méritent aussi notre attention puisqu'elles nous aident à mieux
percevoir ce qui caractérise le Nouvel Empire et le distingue de la
Première Période Intermédiaire et du début du Moyen Empire. La
différence, à laquelle nous venons de faire allusion, semble
consister en une certaine éclipse de l'idéal de justice sociale qui,
avec le retour à la stabilité et à la prospérité [243], cède sa place
prioritaire à des préoccupations visant le succès personnel, une vie
heureuse ; mais par rapport à l'Ancien Régime, il s'agira
maintenant d'un « utilitarisme » plus nuancé, atténué par une
certaine piété personnelle, une spiritualité intérieure, et des
sentiments d'humilité, de modestie [244].

Nous commençons par deux écrits appartenant à la littérature
sapientielle, par deux *Instructions* : la *Sagesse d'Ani* et la *Sagesse
d'Aménémopé*. Dans la première, qui a été écrite presque
certainement sous la XVIIIe dynastie [245], Ani, scribe du palais de la
reine Nefertari (femme du roi Ahmès), recommande à son fils
Khousouhotep d'être généreux pour celui qui est dans sa maison,
de faire du bien, de tendre la main à son prochain, de ne pas punir
l'esclave d'un autre lorsqu'il est en défaut [246].

Comme nous le voyons, cet enseignement ne manque pas de

242. J.A. Wilson, *op. cit.*, p. 227.

243. *Ibid.*, p. 294.

244. *ANET, op. cit.*, p. 420. M. Lichtheim, *op. cit.*, II, p. 7 et 146.

245. A. Volten, *Studien zum Weisheitsbuch des Anii*, Copenhague, 1937-1938,
p. 62.

246. E. Suys, *La Sagesse d'Ani, AnOr.*, 11, 1935, p. XVI.

noblesse, de générosité, il semble cependant tendre surtout à donner au jeune scribe les moyens de réussir dans la vie avec la dose exacte de vertu nécessaire et suffisante à cette fin [247]. Née au sein de la classe moyenne, la *Sagesse d'Ani* paraît traduire dans l'ensemble une sagesse terre à terre qui correspond à l'idée qu'on se fait de la société égyptienne : très douce dans ses formes extérieures, avec une politesse raffinée et superficielle, pitoyable à l'égard des malheureux mais épicurienne et imprégnée d'égoïsme [248].

La *Sagesse d'Aménémopé*, qui est postérieure à la *Sagesse d'Ani* [249], est composée d'un prologue et de trente chapitres contenant trente préceptes que l'intendant du blé et du cadastre destinait à son fils afin qu'il devienne aussi un jour un fonctionnaire juste et débonnaire [250].

La *Sagesse d'Ani* est peut-être plus variée et plus évocatrice, en revanche, la *Sagesse d'Aménémopé* semble plus profonde et plus morale [251]. Son prologue peut être comparé à celui de la *Sagesse d'Ani* [252], mais ensuite nous y trouvons bien plus d'éléments se rapportant à notre sujet que dans l'autre ouvrage. On pense en général que cette œuvre fut composée lors de la XXe [253] ou de la XXIe [254] dynastie (vers le xie s.), quand les tribus israélites devenaient une nation et où une grande part de la connaissance qu'elles avaient de l'Egypte, et qui apparaît dans la Bible, provenait des rapports que ces deux peuples entretenaient précisément en ces temps [255]. La preuve tangible de ces contacts est fournie par de frappants et indubitables parallèles entre la *Sagesse d'Aménémopé* et les Proverbes de l'Ancien Testament [256], surtout dans la section des

---

247. *Ibid.*, p. XIII.
248. *Ibid.*, p. XII.
249. G. POSENER, «Une nouvelle tablette d'Aménémopé», *RdE*, 25, 1973, p. 251. B.J. PETERSON, «A New Fragment of the Wisdom of Amenemope», *JEA*, 52, 1967, p. 121.
250. A. ERMAN, *L'Egypte des pharaons*, Paris, 1952, p. 58.
251. F. DAUMAS, *op. cit.*, p. 412.
252. E. SUYS, *op. cit.*, p: XII.
253. I. GRUMACH, *Untersuchungen zur Lebenslehre des Amenemope*, Berlin, 1972, p. 3 et 9.
254. B.J. PETERSON, *art. cit.*, p. 120.
255. M. LICHTHEIM, *op. cit.*, II, p. 147.
256. R.J. WILLIAMS, «The Alleged Semitic Origin of the Wisdom of Amenemope», *JEA*, 47, 1962, p. 106. H. CAZELLES, «Les Débuts de la sagesse en Israël», *art. cit.*, p . 33.

chapitres 22, 17 à 24, 22, qui contiennent, comme en résumé, en une trentaine de versets, l'essentiel de l'écrit égyptien [257]. Juxtaposons les passages qui paraissent particulièrement intéressants pour notre sujet :

La Sagesse d'Aménémopé [258]	*Les Proverbes* [258]
« Prête l'oreille, écoute ce qui est dit, applique ton cœur à les comprendre ; il est utile de les mettre dans ton cœur... » (I, 5.)	Prête l'oreille et écoute mes paroles, applique ton cœur à les connaître, car il est bon que tu les gardes dans ton cœur... » (Pr 22, 17-18.)
Garde-toi de dépouiller un misérable et d'être fort contre un faible... » (IV, 4-5.)	« Ne dépouille pas le pauvre parce que c'est un pauvre et n'accable pas le malheureux à la porte (de la ville)... » (Pr 22, 22.)
« N'enlève pas la borne à la bordure du champ, et ne change pas la position du cordeau. » (VII, 12-13.)	« Ne déplace pas la borne ancienne que tes pères ont posée. » (Pr 22, 28.)
« Ne convoite pas une coudée de terre et ne t'attaque pas aux bornes d'une veuve. » (VII, 14-15.)	« Ne déplace pas la borne de la veuve et n'empiète pas sur le champ des orphelins. » (Pr 23, 10.)
« Ne peine pas pour gagner davantage (quand) tu possèdes intact ce dont tu as besoin.	

---

257. F. MICHÆLI, *Textes de la Bible et de l'Ancien Orient*, Neuchâtel, 1961, p. 120. P. MONTET, *L'Egypte et la Bible*, Neuchâtel, 1959, p. 8.
258. F. MICHÆLI, *op. cit.*, p. 120-122.

Si des richesses te sont ve-
nues par la rapine, elles ne
passent pas la nuit chez toi... »
(IX, 14.)

« La richesse disparaîtra de ta
maison. Si tu fixes ton regard
sur elle, déjà elle n'est plus. »
(Pr 23, 4.)

« Ne fausse pas la balance et
n'altère pas les poids. » (XVII,
17-18.)

« La balance fausse est en
horreur à l'Eternel, mais le
poids juste lui est agréable. »
(Pr 11, 1.)

On est évidemment impressionné par la noblesse de ces
préceptes, il ne faut cependant pas oublier que, dès le début du
prologue, il est dit que ces instructions ont pour but d'atteindre le
bien-être, la prospérité ici-bas [259] et qu'un des principaux thèmes de
cet écrit est représenté par le contraste, l'opposition entre l'homme
immodéré, impétueux, et l'homme paisible, silencieux [260], qui
recherche avant tout la tranquillité [261].

Comme l'Ancien Empire avait les textes de pyramides et le
Moyen Empire ceux des sarcophages, le Nouvel Empire avait son
Livre des morts [262]. Ce que les premiers égyptologues appelaient la
Bible des anciens Egyptiens, le plus ancien livre illustré du monde,
est la réunion en un tout plus ou moins cohérent de plusieurs
textes, d'inégale longueur, chacun ayant son titre et son illustra-
tion, sa « vignette ». Ecrit presque toujours sur papyrus et portant
le nom et les titres du mort, il accompagnait celui-ci dans la tombe
comme un livre de prières [263] et avait pour but de lui assurer le
bonheur éternel [264].

Le *Livre des morts* tire sa substance d'un bon nombre de textes
remontant à la Première Période Intermédiaire et au Moyen
Empire, s'échelonnant donc de 2200 à 1700 environ. Il apparaît

---

259. M. Lichtheim, *op. cit.*, II, p. 148.
260. W.K. Simpson, *op. cit.*, p. 241.
261. D.W. Thomas, *op. cit.*, p. 173.
262. T.E. Peet, *Contemporary Life and Thought in Egypt*, The Cambridge
Ancient History, 1924, vol. II, p. 202.
263. P. Barguet, *Le Livre des morts des anciens égyptiens*, Paris, 1967, p. 8.
264. *ANET*, *op. cit.*, p. 34.

comme formant déjà un ensemble à la XVIIIe dynastie (vers 1500)[265], mais il subira par la suite d'importants changements surtout au temps de la XXIe dynastie[266] et de la XXVIe dynastie (vers 650). Si certains papyrus étaient stockés dans les librairies où l'acheteur pouvait éventuellement s'adresser, d'autres étaient écrits sur commande et le demandeur pouvait choisir dans la masse des « formules » celles qui lui paraissaient les plus appropriées pour lui ouvrir les portes du paradis et sauvegarder son âme et son corps[267].

Le 125e chapitre du *Livre des morts*, le plus important, le plus connu et le plus intéressant, commente un dessin représentant l'âme du défunt qui assiste à la pesée de son cœur sur une balance devant Osiris. Le poids c'est Maât, à la fois vérité, justice, équilibre, équité. La vignette contient une déclaration d'innocence, une énumération des fautes que le défunt se défend d'avoir commises[268]. La liste étant très longue, nous n'en citerons qu'une partie, représentant les fautes qui nous semblent les plus caractéristiques :

Je n'ai pas commis d'iniquité contre les hommes.
Je n'ai pas maltraité les gens.
Je n'ai pas commis de péchés dans la place de vérité.
Je n'ai pas appauvri un pauvre dans ses biens.
Je n'ai pas desservi un esclave auprès de son maître.
Je n'ai pas triché sur les terrains.
Je n'ai pas ajouté au poids de la balance[269].

On avait d'abord vu dans ces déclarations d'innocence l'expression d'une éthique élevée. Puis on a discerné une grossière intention magique. Selon certains, tout le 125e chapitre n'est rien d'autre qu'une formule magique qui permet au mort d'éviter les conséquences du jugement. En réalité, sans qu'on puisse vraiment le démontrer à l'aide de documents, la vérité semble se situer entre les deux extrêmes[270]. Le texte du *Livre des morts* accompagnant la

265. P. Barguet, *op. cit.*, p. 9.
266. C. Maystre, *Les Déclarations d'innocence* (*Livre des morts*, chap. 125), Le Caire, 1937, p. 7.
267. P. Barguet, *op. cit.*, p. 12.
268. F. Daumas, *op. cit.*, p. 265.
269. P. Barguet, *op. cit.*, p. 159.
270. F. Daumas *op. cit.*, p. 265. T.E. Peet, *op. cit.*, p. 202.

momie n'était qu'un appoint supplémentaire et suffisant à la magie des rites, même s'il était incomplet[271]. L'intéressé n'avait même pas besoin de connaître le texte par cœur ; il suffisait qu'un rouleau de papyrus, sur lequel étaient inscrits les mots, se trouve à côté de lui dans sa tombe[272].

Ce genre d'apologie de soi-même, faite par le défunt, présente donc peu de valeur si nous voulons apprécier l'individu même, mais elle montre ce que l'opinion attendait d'un fonctionnaire ou d'un propriétaire, et comment il devait se conduire pour mériter de bonnes funérailles et une survie heureuse. Pour le reste, si l'on voulait faire son chemin et réussir dans la vie, il fallait observer les préceptes du savoir-faire et se comporter avec tact et délicatesse dans les rapports avec ses supérieurs et ses égaux[273].

Cette esquisse que nous venons de tracer est évidemment très loin d'être exhaustive, cependant elle nous permet peut-être de tirer une certaine vue d'ensemble, pas trop éloignée de la réalité.

Nous retrouvons très tôt en Egypte ancienne, les traces d'une organisation juridique, des notions de droit et un sens de l'équité. Mais dans cette société si fortement hiérarchisée où la pyramide, en plus de sa forme architecturale, est aussi le symbole d'une certaine structure sociale, ce qui se rapporte à la justice sociale semble procéder selon les lois de la dichotomie, jouer en faveur de couches sociales distinctes et superposées. Il y eut la solution imprégnée d'un désir d'égalité, d'un esprit communautaire, celle qui se traduisit par le soulèvement populaire de la fin de l'Ancien Empire. Idéalisée par les uns, violemment réprouvée par d'autres, elle semble d'une portée très limitée aussi bien dans le temps que dans l'espace. Elle n'aboutit à des résultats concrets que dans les villes, là où il y avait déjà certains précédents. Ailleurs, où ce soulèvement signifiait une rupture quasi totale avec toutes les institutions du passé, elle sera vouée à l'échec. Ce qui reprendra le dessus, c'est la tendance qui est à l'extrême opposé et qui, tout en suivant une évolution sous forme de spirale, s'inscrira dans la ligne d'un certain déterminisme géographique, propre à la configuration du pays.

---

271. P. Barguet, *op. cit.*, p. 12.
272. T.E. Peet, *op. cit.*, p. 202.
273. E. Meyer, *op. cit.*, p. 221.

La riche vallée du Nil protégée par le désert [274], avec peu de voies d'intrusion [275], offrait des avantages mais aussi des dangers : le risque de l'isolement [276] et de la permanence d'un monde sans changements. De plus, les crues fertilisantes, qui garantissaient un minimum de prospérité [277], engendraient une conception de l'éternel retour favorisant une attitude statique [278], qui dans le domaine de la morale sociale se traduisit par une préférence pour la tranquillité, la sauvegarde de l'état existant des choses, le maintien des biens et des privilèges acquis. Maât, dans ces conditions, correspondait plutôt au concept de l'ordre (parfois dans le sens très large du mot) qu'à celui de la justice.

---

274. H. FRANKFORT, *La Royauté et les dieux*, Paris, 1951, p. 18.

275. G. DYKMANS, *Histoire économique et sociale de l'ancienne Égypte*, *op. cit.*, I, p. 215.

276. Notons cependant que, d'après A. Théodoridès, l'histoire de l'Egypte ne s'est absolument pas faite en vase clos (« Les Relations de l'Egypte »..., *art. cit.*, p. 87).

277. H. FRANKFORT, *op. cit.*, p. 19. D. BONNEAU, *op. cit.*, p. 64.

278. J.A. WILSON, *op. cit.*, p. 296.

DEUXIÈME PARTIE

LA JUSTICE SOCIALE
ET LA SOCIOLOGIE BIBLIQUE
(ESSAI HISTORIOGRAPHIQUE)

CHAPITRE III

LA JUSTICE VÉTÉROTESTAMENTAIRE VUE PAR LES EXÉGÈTES

Notre sujet, traité surtout du point de vue de l'exégèse biblique, a déjà fait l'objet de toute une série de travaux dont le nombre va croissant à partir de la moitié du XIXᵉ siècle. Outre la place importante qui lui est réservée dans différents instruments de travail (dictionnaires, encyclopédies, lexiques bibliques...)[1], de nombreuses études lui sont consacrées sous forme de livres et d'articles. Ces derniers sont souvent cités dans les différentes bibliographies mais d'une façon assez incomplète. La liste que nous avons établie et que nous incorporons dans notre bibliographie générale, à la fin de l'ouvrage, n'est pas exhaustive non plus ; elle semble néanmoins comprendre les principaux travaux sur la justice dans l'Ancien Testament, écrits depuis plus d'un siècle dans les langues modernes de notre aire culturelle et dont les titres mêmes sont déjà, à quelques exceptions près, explicites.

---

1. H. Cremer, « Gerechtigkeit — Der alttestamentliche Begriff », Biblisch-theologisches Wörterbuch der neutestamentlichen Gräcität, 7ᵉ ed., Gotha, 1893, p. 272-280. J. Skinner, « Righteousness in OT », DB (H), 4, 1902, p. 272-281. E.G. Hirsch, « Right and Righteousness », JE, 10, 1905, p. 419-424. A. Descamps, « Justice et justification dans l'Ancien Testament », DBS, 4, 1949, col. 1417-1460. K. Koch, « Gerechtigkeit im A. Testament », BHH, 1962, p. 548. F. Nötscher, « Gerechtigkeit im A. Testament », BThW, 1962, p. 453-461. E.R. Achtemeir, « Richteousness in the O.T. », IDB, 4, 1962, p. 80-85. S.S. Schwarzschild, « Justice », EJ, 10, 1971, col. 476-477. L. Jacobs, « Righteousness », EJ, 14, 1971, col. 180-184.

Certaines de ces études confirment ce que nous ont déjà fait entrevoir les précédents chapitres, à savoir que grâce aux découvertes de ces deux derniers siècles il est possible de prouver par les textes l'existence d'une aspiration générale à la justice répandue à travers les diverses régions de l'ancien Proche-Orient[2]. La recherche de justice qui apparaît en Israël présente des analogies avec ce qui se manifestait chez ses voisins. La notion hébraïque de justice peut être comparée avec Maât[3], la déesse, fille du dieu soleil, Rê, symbole du bon ordre, de l'état juste de la nature et de la société tel que l'a fixé l'acte créateur[4]. Quant au binôme biblique *mishpat/tsedaqa* qui n'est pas une formule abstraite, mais une notion profondément liée à la vie concrète du peuple d'Israël[5], on lui trouve des antécédents lointains à Babylone et chez les Sémites de l'Ouest. Dans le premier cas il s'agit du binôme *kittu/mêsharu*. Le premier terme provient de la racine *kânu* et ce verbe en son sens premier évoque l'idée de solidité, de stabilité[6] ; mais *kittu* est traduit, selon les cas, par des termes aussi variés que vérité, justice, procédure correcte, loyauté, fidélité, correction, état normal[7]. *Mêsharu* est issu de la racine *eshêru*, un verbe qui évoque tout d'abord le bon ordre, mais qui recouvre également toute une gamme de significations relatives à la bonne croissance des moissons, à la prospérité des animaux et des hommes, à la paix et à la sécurité du royaume[8]. Dans le cas de ces deux verbes il s'agit donc de catégories fort éloignées de la stricte justice pour nous mener vers des objectifs d'un caractère bien plus pragmatique[9].

---

2. H. CAZELLES, «Aspirations à la justice dans le monde prébiblique et la réponse de Dieu à ces aspirations par la révélation biblique», p. 1 (à paraître).

3. H. BRUNNER, «Gerechtigkeit als Fundament des Thrones», *VT*, 8, 1958, p. 426-428. L. CRENSHAW, «Popular Questioning of the Justice of God in Ancient Israël», *ZAW*, 82, 1970, p. 383.

4. M. CHALON, *Le Binome hébreu mispat-sedaqah et la notion biblique de justice*, mémoire présenté pour la licence en théologie à l'Institut Catholique de Paris, 1973 (polycopié), p. 5.

5. *Ibid.*, p. 2.

6. *Ibid.*, p. 8.

7. The Assyrian Dictionary, Chicago, vol. 8, 1971, p. 468-472. H. CAZELLES, «De l'idéologie royale orientale», The Gaster Festschrift, 1973, p. 61.

8. M. CHALON, *op. cit.*, p. 9.

9. H. CAZELLES, *art. cit.*, p. 61.

Dans le domaine Ouest-Sémitique, dans sa phase phénicienne [10], qui correspond au milieu immédiat de la Bible [11], le binôme *kittu/mêsharu* devient *sdq/m(y)shr* et le changement de terminologie ne semble pas entraîner d'importante modification idéologique [12].

On trouve la première attestation de ce dernier binôme au XIVᵉ siècle av. J.-C., dans la *Légende de Keret*, qui est une des œuvres majeures de la littérature ugaritique [13]. *Tsdq* correspond là surtout à «une idée de plénitude et d'abondance, de vie heureuse où tout est à sa place et où rien ne manque»; «elle traduit avant tout un idéal de concorde, de bien être sociaux [14]». Ce n'est que dans la Bible et surtout, semble-t-il, grâce au mouvement prophétique [15], que *tsdq* sera rattaché à la fidélité envers la loi et la morale. Les auteurs bibliques ont aussi profondément modifié la notion de justice sociale quand ils ont substitué *mishpat* à *m(y)shr* [16]. Tandis que, dans ce dernier cas, il s'agit pour le roi d'assurer à son peuple l'aisance et la facilité de vie [17], avec la *mishpat* est introduite la notion d'un gouvernement soumis à une norme; grâce à la révélation le peuple connaît la volonté de son Dieu [18]. Née en partie dans le milieu cananéen, la Bible y puisera mais aussi corrigera ce qu'elle y a recueilli [19].

Mishpat, le premier terme du binôme biblique, est le mot hébreu le plus souvent employé pour droit [20], mais il peut vouloir dire aussi simplement justice [21]. Il dérive de la racine *shapat* [22] qui est en général traduit par le verbe juger. Il ne faut pas entendre cependant ce «juger» comme nous le prenons actuellement, c'est-à-dire,

10. *Ibid.*, p. 60.

11. ID., «A propos de quelques textes difficiles relatifs à la justice de Dieu dans l'Ancien Testament», *RB*, 58, 1951, p. 185.

12. ID., «De l'idéologie royale», *art. cit.*, p. 63.

13. *Ibid.*, p. 62.

14. ID., «A propos de quelques...», *art. cit.*, p. 186.

15. M. CHALON, *op. cit.*, p. 27.

16. H. CAZELLES, «Aspirations à la justice...», *art. cit.*, p. 9.

17. ID., «De l'idéologie...», *art. cit.*, p. 73.

18. ID., «Aspirations à la justice...», *art. cit.*, p. 9.

19. ID., «De l'idéologie...», *art. cit.*, p. 73.

20. J. VAN DER PLOEG, «Shapat et Mishpat», *OTS*, 2, 1943, p. 144.

21. E. BERKOVITS, «The Biblical Meaning of Justice», *Jdm*, 18, 1969, p. 189.

22. J. VAN DER PLOEG, «Studies in Hebrew Law», *CBQ*, 12, 1950, p. 248.

comme « prononcer un jugement, une sentence ». L'idée primitive de *shapat* était plus vaste : elle comprenait toutes les actions qui accompagnaient ou suivaient immédiatement le procès primitif qui avait lieu quand deux parties opposées se présentaient devant l'autorité compétente pour revendiquer chacune son droit[23].

Etant donné que dans les sociétés primitives la loi correspondait avant tout au droit coutumier, *mishpat* signifie souvent coutume ou loi et ce n'est que par un développement ultérieur qu'il désignera le complexe des lois, donc le droit tout court. De toute façon, *mishpat* est à la fois plus complexe et plus vague que nos notions de droit et de jugement[24]. Ce terme évolua surtout chez les prophètes où il passa de son sens juridique à une signification éthique et religieuse[25]. Mais toujours, même dans les sens dérivés (sort, religion), *mishpat* a représenté quelque chose d'obligatoire, de nécessaire[26], un ensemble de règles religieuses conformes à la volonté divine[27].

Tsedeq ou *tsedaqa*, issu de la racine *tsdq*, est un terme d'une importance hors pair, surtout dans notre ouvrage et il a fait l'objet de très nombreux travaux. Sur environ 80 études qui traitent spécialement de la justice dans l'Ancien Testament et qui composent notre liste, il y en a 22 qui, comme leurs titres l'indiquent explicitement, portent plus spécialement sur la racine *tsdq* et ses dérivés[28], cinq sur *mishpat*[29] et deux sur l'un et l'autre

---

23. ID., « Shapat... », *art. cit.*, p. 146.

24. *Ibid.*, p. 153.

25. H.W. HERTZBERG, « Die Entwicklung des Begriffes mishpat im A.T. », *ZAW*, 40, 1922, p. 274.

26 J. VAN DER PLOEG, *art. cit.*, p. 155.

27. ID., « Studies », *art. cit.*, p. 250.

28. A. ORTLOPH, « Ueber den Begriff von tsdq und den wurzelverwandten Wörtern im zweiten Theile des Propheten Jesaja », *ZLThK*, 1860, p. 401-426. E. KAUTZSCH, *Die Derivative des Stammes tsdq im alttestamentlichen Sprachgebrauch*, Tübingen, 1881. G. WILDEBOER, « Die älteste Bedentung des Stammes tsdq », *ZAW*, 22, 1902, p. 167-169. K. CRAMER, « Der Begriff tsedaqa bei Tritojesaia », *ZAW*, 27, 1907, p. 79-99. K.H. FAHLGREN, *Sedākā, nahestehende und gegengesetzte Begriffe im Alten Testament*, Uppsala, 1932. F. ROSENTHAL, « SEDAKA-CHARITY », *HUCA*, 23, 1950-1951, pp. 411-430. K. KOCH, *Sdq im Alten Testament. Eine traditions geschichtliche Untersuchung*, Theol. Dissertation, Heidelberg, 1953 (Maschinenschrift). R. MACH, *Der Zaddik in Talmud und Midrash*, Leiden, 1957. D. MICHEL, *Begriffsuntersuchung über sädäq-sedaqa und ämät-ämuna*, Habilitation

termes à la fois[30]. *Tsedeq*, généralement traduit par justice, signifie beaucoup plus que l'équité dans le jugement[31] et le vocable est très difficile à rendre dans nos catégories modernes[32]. Certains biblistes (A. Jepsen, O. Procksch, J.J. Scullion[33]) font une distinction entre *tsedeq* et sa forme féminine *tsedaqa* : dans le premier cas on souligne davantage le principe, l'ordre juste ; dans le second, plutôt le comportement juste. *Tsedeq* semble plus ancien mais *tsedaqa* gagnera dans le vocabulaire biblique une certaine prépondérance (118 *tsedeq* pour 158 *tsedaqa*)[34]. Mais peu importe ces distinctions, tous les commentateurs sont d'accord pour admettre que *tsedeq/ tsedaqa* représente de beaucoup le plus important concept éthique se rapportant à la vie sociale et légale du peuple de Dieu[35].

Analogiquement à *mishpat*, mais à un degré encore plus élevé, le

---

Schr., Heidelberg, 1964 (Maschinenschrift). J.P. Justesen, «On the Meaning of Sādāq», *AUSS*, 2, 1964, p. 53-61. A. Jepsen, «Tsdq und Tsedaqa im Alten Testament», dans *Gottes Wort und Gottes Land*, H.W. Hertzberg Festschrift, Göttingen, 1965, p. 78-89. R.A. Rosenberg, *art. cit.* J.Swetnam, «Some Observations on the Background of tsdyq in Jeremias 23 : 5a», *Bib*, 46, 1965, p. 28-40. W.E. Read, «Further Observations on Sādāq», *AUSS*, 4, 1966, p. 29-36. E. Toaff, «Evoluzione del concetto ebraico di zedāqa», *AStE*, 1968-1969, p. 111-122. E. Berkovits, *Man and God. Studies in Biblical Theology*, Detroit, 1969, 377 p. (Specialement chap. 7, *Sedeq* and *S'daqah*). J.J. Scullion, «Sedeq-Seda qah in Isaiah c c 40-66», *UF*, 3, 1971, p. 335-348. C.F. Whitley, «Deutero-Isaiah's Interpretation of Sedeq», *VT*, 22, 1972, p. 469-475. H. Ringren, «The Root SDQ in Poetry and the Koran», G. Widengren Festschrift, Leiden, 1972, p. 134-142. H. Bianchi, «Tsedeka-Justice», *Bijdr.*, 34, 1973, p. 306-318. Id., «Das Tsedeka-Modell als Alternative zum Konventionellen Strafrecht», *ZEE*, 18, 1974, p. 89-110. F. Crüsemann, «Jahwes Gerechtigkeit (sedāqā/sädäq) im Alten Testament», *EvTh*, 36, 1976, p. 427-450.

29. H.W. Hertzberg, *art. cit.*, J. Van der Ploeg, «Shapat et Mishpat», *art. cit.*, H.C. Thomson, «Shopet and Mishpat in the Book of Judges», *Glasgow University Oriental Society Transactions*, 19, 1963, p. 74-85. W.A.M. Beuken, «Mishpat. The First Servant Song and its Context», *VT*, 22, 1972, p. 1-30. J. Jeremias, «Mishpat im ersten Gottesknechtslied», *VT*, 22, 1972, p. 31-42.

30. M. Chalon, *op. cit.* D. Cox «Sedaqa and Mishpat. The Concept of Righteousness in Later Wisdom», *SBFLA*, 27, 1977, p. 33-50.

31. H. Cazelles, *Le Messie de la Bible*, Paris, 1978, p. 65.

32. Id., «De l'idéologie», *art. cit.*, p. 64.

33. A. Jepsen, *art. cit.*, p. 80. O. Procksch, *Theologie des Alten Testaments*, Gütersloh, 1950, p. 569. J.J. Scullion, *art. cit.*, p. 336.

34. H. Cazelles, *art. cit.*, p. 69.

35. O. Procksch, *op. cit.*, p. 568.

sens attribué aux dérivés de la racine *tsdq* varia et subit des
changements dans le temps qui présentent pour nous un intérêt
particulier.

Conformément aux tendances qui se manifestent depuis un
certain temps dans les recherches vétérotestamentaires[36], le terme
tsedeq/tsedaqa, au lieu de continuer à être traité comme un concept
de nature essentiellement religieuse — synonyme de grâce[37], de
fidélité à l'alliance[38], de salut[39] — ou juridique — conforme à une
norme[40], ou impliquant une démarche punitive[41] —, sera de plus
en plus abordé aussi comme phénomène social concernant les
rapports entre deux parties[42]. On commencera à s'apercevoir que
dans l'ancien Israël le comportement n'a pas été jugé d'après une
norme abstraite et absolue, mais en fonction du concret, des
relations humaines (par exemple de l'alliance non seulement avec
Dieu mais entre les hommes[43]). Les théologiens chrétiens, penchés
pendant deux millénaires sur les textes sacrés sans contacts
suffisants avec les penseurs juifs, commencent à se rendre compte
que le concept *tsedeq/tsedaqa*[44] est un concept de « relation réelle

36. H.M. Orlinsky, «Whither Biblical Research», *JBL,* 90, 1971, p. 1-14.

37. L. Diestel, «Die Idee der Gerechtigkeit, vorzüglich im AT, biblisch-
theologisch dargestellt», *JDTh,* 1860, p. 196-199. A. Ritschl, *Die Christliche
Lehre von der Rechtfertigung und Versöhnung II : Der Biblische Stoff der Lehre,* Bonn,
1874, p. 101-106. H. Fuchs, *Das alttestamentliche Begriffsverhältniss von Gerechtigkeit und Gnade in Prophetie und Dichtung, Christentum und Wissenchaft,* Dresden,
1927. A. Dünner, *Die Gerechgtigkeit nach dem Alten Testament,* Bonn, 1963,
p. 71 sq. E. Beaucamp, «La Justice en Israël», dans *Studi in onore del Card.
A. Ottaviani,* I, Roma, 1969, p. 205 sq.

38. K.H. Fahlgren, *op. cit.,* p. 79.

39. P. Dacquino, «La formula "Giustizia di Dio" nei libri dell'Antico
Testamento», *Riv Bib.,* 17, 1969, p. 105. L.J. Kuyper, «Righteousness and
Salvation», *SJTh,* 30, 1977, p. 233-252.

40. E. Kautzsch., *op. cit.,* p. 59. F. Nötscher, «Die Gerechtigkeit Göttes bei
den vorexilischen Propheten», *ATA,* 6, 1915, p. 4.

41. J. Monnier, *La Justice de Dieu d'après la Bible,* Paris, 1878, p. 23.

42. H. Cremer, *Die Christliche Lehre von den Eigenschaften Gottes* (Chap. III,
§ 2, *Die Gerechtigkeit Gottes*), Gütersloh, 1897, p. 58.

43. K.H. Fahlgren, *op. cit.,* p. 117. G. von Rad, *Theologie des Alten
Testaments,* 2 vol., München, 2ᵉ ed. 1958-1960, I, p. 368-380 (*Jahwes und Israels
Gerechtigkeit*). J.A. Ziesler, *The Meaning of Righteousness in Paul,* chap. I : *The
Old Testament — The Nature of Hebrew Justice,* Cambridge, 1972. F. Crüsemann,
art. cit., p. 428 et 432.

44. H. Bianchi, «Tsedeka-Justice», *art. cit.,* p. 306.

entre deux êtres et non entre une idée et un objet soumis à un jugement de valeur [45] ».

H.H. Schmid a fait apparaître le côté large, le sens communautaire qu'implique la racine *tsdq* et montre son utilisation dans une série de cas relativement distincts, notamment dans six domaines différents : le droit, la sagesse, la nature/fertilité, la guerre/victoire sur l'ennemi, le culte/sacrifice et la royauté [46]. Une démonstration analogue est faite dans une autre thèse de doctorat récemment soutenue dont l'auteur (qui a reçu l'ouvrage de H.H. Schmid trop tard pour l'utiliser d'une manière adéquate, comme il le mentionne lui-même) a fait ressortir les multiples significations des substantifs *tsedeq/tsedaqa* ainsi que de l'adjectif *tsadiq* qui apparaissent à 481 reprises dans le texte hébreu de l'Ancien Testament dans l'édition de Kittel, et qu'il compare avec la nomenclature grecque de la Septante [47].

Ainsi, grâce à tous ces travaux, on perçoit l'extrême diversité de sens que la notion de justice prend dans l'Ancien Testament. Selon André Neher, elle « signifie à la fois la vénération, le respect, la légalité, l'amour et la charité. Elle symbolise la vertu sainte et l'honnêteté profane. Elle est non moins l'équité et le bon droit que le droit strict et la sévérité. Elle englobe la clémence et la rigueur. Elle représente surtout la sincérité, l'intégrité, la pauvreté et l'innocence [48] ».

Cette caractérisation est probablement trop diffuse pour satisfaire un esprit rigoureux, mais elle fait justement bien entrevoir les difficultés contre lesquelles bute la recherche d'une définition plus concise ; en même temps elle donne une idée de la richesse sémantique, du côté pluraliste, ouvert et, *ipso facto,* déjà social qui est si typique pour la justice vétérostestamentaire.

Pourtant malgré l'apport très important de tous ces travaux, le type d'investigations, prédominant dans la plupart d'entre eux, ne

---

45. G. VON RAD, *op. cit.,* p. 369 (trad. franç. 1963, p. 321).

46. H.H. SCHMID, *Gerechtigkeit als Weltordnung. Hintergrund und Geschichte des alttestamentliches Gerechtigkeitbegriffes,* Tübingen, 1968, p. 185.

47. J.A. ZIEGLER, *op. cit.,* p. 39.

48. A. NEHER, *La Justice dans l'Ancien Testament,* discours de rentrée à l'audience solennelle du 16 septembre 1955 à la cour d'appel de Colmar, p. 10.

correspond pas entièrement à nos préoccupations. Il est question là surtout de l'aspect philologique, de l'esprit théologique ou philosophique des termes se rapportant à la justice divine[49] ainsi qu'aux effets de la providence et du secours surnaturel assurant la bonne marche et la paix, mais par contre relativement peu des vertus humaines d'équité, de respect du droit, rattachées à leur milieu social.

Rappelons aussi que la plupart des auteurs de ces travaux abordent le problème de la justice, comme d'ailleurs presque tout ce qui concerne l'Ancien Testament, en tant que phase préliminaire et d'une importance secondaire par rapport à ce que nous enseigne le message du Nouveau Testament[50].

En plus des études dont il vient d'être question, il existe une autre catégorie importante de travaux qui leur sont parfois étroitement apparentés : ceux où le problème de la justice est abordé surtout du point de vue juridique. Leur nombre augmentera sensiblement à partir du moment où, grâce aux fouilles archéologiques et à la découverte des différents codes mésopotamiens, on commencera à croire moins aux origines surnaturelles du Pentateuque et au rôle joué à cet égard par Moïse[51]. Ces travaux qui sont en partie cités, entre autres, dans certains instruments de travail spécialisés[52], constituent un apport précieux pour la

---

49. B. BAUER, « Der Begriff der Göttlichen Gerechtigkeit im zweiten Teile des Propheten Jesaja », *Zeitschrift für spekulative Theologie*, Berlin, 1837, p. 478. J. MARTIN, *La Notion de justice de Dieu dans l'Ancien Testament*, Montauban, 1892. W.W. BAUDISSIN, « Der Gerechte Gott im Altsemitischer Religion », Harnack-Festschrift, Tübingen, 1921. W.F. LOFTHOUSE, *The Righteousness of Jahweh*, London, 1939. E. JACOB, « La Justice de Dieu » dans *Théologie de l'Ancien Testament*, Neuchâtel, Paris, 1955, p. 75 sq. W. EICHRODT, *Die Gerechtigkeit Gottes*, dans *Theologie des Alten Testament*, Stuttgart, 1957, p. 155 sq. J. VELLA, *La giustizia forense di Dio*, Brescia, 1964.

50. H. SCHULTZ, « Die Lehre von der Gerechtigkeit aus dem Glauben im alten und neuen Bunde », *JDTh*, 1862, p. 568.

51. A. JEPSEN, *Untersuchungen zum Bundesbuch*, Stuttgart, 1927, p. 100. J.M. POWIS SMITH, *The Origins and History of Hebrew Law*, Chicago, 1931. E. GERSTENBERGER, *Wesen und Herkunft des "apodiktitschen Rechts"*, WMANT, 20, 1965, p. 1 sq.

52. H. CAZELLES, « Loi israélite », *DBS*, 5, 1957, col. 498-530 ; « Pentateuque », *DBS*, 7, 1966, col. 728-850. Z.W. FALK, *Current Bibliography of Hebrew Law*, Jerusalem, 1966-1968.

connaissance du droit israélite dans son ensemble et présentent aussi un intérêt considérable pour notre sujet, d'autant plus que l'approche comparative y semble gagner de plus en plus de poids. Nous nous en servirons surtout dans la dernière partie de notre travail.

L'Ancien Testament constitue la principale source de renseignements et il faut y puiser en premier lieu. Mais, comme nous nous intéressons au problème de la justice sociale surtout du point de vue historique et sociologique, il nous semble sage de commencer par un bilan de ce qui a été fait dans ce domaine par une série de spécialistes qui abordent le problème en question dans notre optique. De plus il semble intéressant de jeter auparavant un bref coup d'œil sur l'étude rationnelle de la Bible [53] qui, par un lent cheminement, mena entre autres à l'approche sociologique.

53. R. POPKIN, « Bible Criticism and Social Science », *Boston Studies in the Philosophy of Science*, 1969-1972, vol. 14, p. 339-355.

CHAPITRE IV

L'ÉTUDE RATIONNELLE DE LA BIBLE ET LA JUSTICE VÉTÉROTESTAMENTAIRE ABORDÉE D'UN POINT DE VUE SOCIOLOGIQUE

1. L'étude rationnelle de la Bible

Une des figures les plus importantes de l'histoire juive depuis Moïse, celui qui a réalisé la synthèse de l'esprit scientifique avec l'esprit du judaïsme rabbinique[1], Maïmonide (1135-1204)[2], obligé de quitter son pays natal et ayant mené une existence compliquée dans les différentes parties du bassin méditerranéen, eut l'occasion d'étudier et d'observer les multiples aspects sous lesquels apparaissait la justice ou plutôt l'injustice ; il lui a réservé une place importante dans son œuvre.

Les deux derniers chapitres du *Guide des égarés* sont consacrés en grande partie à l'explication du sens des mots *hesed*, *tsedaqa* et *mishpat*[3]. Après avoir exposé le sens qui leur a été attribué par les « docteurs », Maïmonide se réfère à Jérémie (9, 23) et rappelle que d'après le prophète « la plus noble des fins » ne se limite pas à la connaissance de Dieu mais vise la connaissance et la compréhension

---

1. G. VAJDA, *Introduction à la pensée juive au Moyen Age*, Paris, 1947, p. 129.

2. J. MAIER, *Geschichte der jüdischen Religion*, Berlin-New York, 1972, p. 284 sq.

3. M. MAÏMONIDE, *Le Guide des égarés*, Paris, 1979, p. 628.

de ses attributs : il faut connaître ses voies, prendre pour modèle ses actions qui sont *hesed* (la bienveillance), *mishpat* (la justice) et *tsedaqa* (l'équité). Il ajoute ensuite ce qu'il considère comme une idée essentielle, comme le pivot de la religion, à savoir que ces attributs divins doivent être appliqués « sur terre ». A l'encontre de ce que « soutiennent les mécréants qui croient que la Providence divine s'arrête à la sphère de la lune et que la terre, avec tout ce qui s'y trouve, est négligée par Dieu », la terre est aussi, à certains égards, l'objet de la Providence. En déclarant que l'Eternel prend plaisir à exercer la bienveillance, la justice et la vertu, Jérémie veut dire, d'après Maïmonide que l'homme, « après avoir acquis cette connaissance », se conduira, en imitant les actions de Dieu, « toujours de manière à viser à la bienveillance, à l'équité et à la justice » [4].

Mais, quoique considéré comme apôtre de la religion rationnelle, conformément à ce qui caractérise la pensée morale à un certain stade de son évolution, Maïmonide aborde le problème en question d'un point de vue où le précepte semble prendre le dessus sur le fait, la règle sur la constatation. Comme nous le savons, l'attitude normative prédominera très longtemps dans les divers domaines de la pensée humaine. Néanmoins elle s'atténuera au cours des grandes étapes que traversa notre civilisation (la Renaissance, la Réforme, les Lumières...). Ce changement sera en général lent et souvent difficilement perceptible mais il procèdera aussi par bonds et se traduira alors par les prises de positions particulièrement marquantes.

Dans une optique un peu semblable à celle de Maïmonide, le problème de la justice est aussi abordé par Spinoza qui a lu le *Guide des égarés* [5]. Dans le *Tractatus theologico-politicus* (1670) il est question de l'alliance que les Hébreux conclurent avec Dieu et de ses conséquences morales. Sortis d'Egypte, libérés de l'insupportable oppression, ayant « retrouvé leur droit naturel », les Hébreux décidèrent de transférer tous ensemble leur droit non point à une autorité mortelle mais uniquement à Dieu. Seul Dieu, écrit

---

4. *Ibid.*, p. 634-635.
5. H.A. WOLFSON, *The Philosophy of Spinoza*, Harward, 1934. H. SÉROUYA, *Maïmonide, sa vie, son œuvre*, Paris, 1964, p. 63.

Spinoza, fut désormais leur chef politique et seul l'Etat ainsi constitué eut le droit de porter le nom de Royaume de Dieu. Dans cette organisation, « les articles de la foi n'étaient pas des enseignements mais un code juridique et une liste de commandements ; la pratique religieuse était qualifiée de justice et les infractions religieuses à la fois de crime et d'injustice [6] ».

Les difficultés que présente l'interprétation de la Bible ne touchent en rien, selon Spinoza, aux fondements de la foi [7], qui consiste à croire en un « être suprême aimant la justice et la charité auquel tous, pour être sauvés, sont dans l'obligation d'obéir [8] ».

La foi, d'après Spinoza, laisse à chacun la liberté totale de philosopher. Elle ne condamne comme hérétiques et schismatiques que ceux qui professent « des croyances susceptibles de répandre la haine, les querelles et la colère » mais elle considère comme croyants « les hommes qui prêchent autour d'eux la justice et la charité » [9].

Ce qui est aussi intéressant, c'est que Spinoza a été en contact avec Isaac La Peyrère, qu'il connaissait *Prae-Adamitae* [10], et qu'il donna une impulsion puissante à la critique biblique. Il déclare que la méthode appliquée à l'interprétation de la Bible ne diffère en rien de celle que l'on suit dans l'étude de la nature [11]. Selon lui, la Bible et son monde peuvent être traités non en tant que révélation ou histoire providentielle, mais comme une phase primitive de l'évolution humaine. Utilisant la psychologie et la sociologie de l'époque (surtout l'analyse de Hobbes), Spinoza interprète le monde de la Bible et plus tard, dans son *Ethique,* tout le domaine de la religion en termes de peur et de superstition humaines. Contrairement à La Peyrère pour lequel tout le monde chrétien peut être décrit en des termes séculiers et naturels, mais pour lequel le monde juif reste encore providentiel, Spinoza recourt à une métaphysique d'après laquelle le monde judéo-chrétien fait partie

---

6. B. SPINOZA, *Œuvres complètes,* Bibl. de la Pléiade, Paris, 1954, p. 848 sq.
7. *EJ*, 15, col. 283.
8. B. SPINOZA, *op. cit.,* p. 809.
9. *Ibid.,* p. 812.
10. Ainsi qu'en témoigne le titre du livre, selon l'auteur, déjà avant Adam il y eut des hommes, et l'on se trompe en attribuant les principaux textes sacrés à Moïse.
11. B. SPINOZA, *op. cit.,* p. 702.

intégrale de tout l'univers humain qui doit être étudié comme toute chose en y appliquant les termes de la nouvelle science de l'homme [12].

Considéré à l'époque comme le plus grand spécialiste de la Bible, sinon d'une manière générale, du moins au sein du monde chrétien, fortement influencé par La Peyrère [13] et aussi par Spinoza [14], le père Richard Simon dans l'*Histoire critique du Vieux Testament* (1678), première tentative sérieuse d'histoire de la Bible conçue d'une manière scientifique, cherche à démontrer combien il est difficile de se rendre compte de ce que Dieu a dit ou ce qu'il voulait dire ; il s'efforce par conséquent de trouver la meilleure façon de reproduire fidèlement et d'évaluer à son époque les événements du passé [15]. Il estime que Rachi et les commentateurs juifs, grâce à leur meilleure connaissance de la langue originelle, étaient souvent plus précis, plus proches de la vérité que la tradition chrétienne, fondée sur la Vulgate [16].

En Grande-Bretagne, comme suite à la situation politique, grâce à l'affinité existante entre le puritanisme anglo-saxon et le judaïsme [17] (les puritains étaient obsédés par leur désir de s'assimiler à l'ancien peuple élu [18]), l'attitude à l'égard des Juifs évolue et stimule les recherches. John Weemse alias Wemyss de Lothoquar, en Ecosse (élève de Jean Buxtorf, père), publie en 1620 *The Christian Synagogue* avec de nombreuses citations du Talmud dont les auteurs lui semblent aussi dignes de foi et compétents que les Pères de l'Eglise [19]. John Selden, juriste, auteur d'un bref

---

12. R. POPKIN, *art. cit.*, p. 346 sq.

13. M. YARDENI, « La Vision des Juifs et du judaïsme dans l'œuvre de Richard Simon », *REJ*, 79, 1970, p. 191.

14. P. AUVRAY, « Richard Simon et Spinoza », dans *Religion, érudition et critique à la fin du XVIIᵉ et au début du XVIIIᵉ*, Paris, 1967, p. 201-204.

15. R. POPKIN, *art. cit.*, p. 347-350.

16. J. PARKES, « *Jewish-Christian Relations in England* », dans *Three Centuries of Anglo-Jewish History*, Cambridge, 1961, p. 164. J. STEINMANN, *Richard Simon et les origines de l'exégèse biblique*, Paris, 1960, p. 129 sq.

17. J.G. DOW, « Hebrew and Puritan », *JQR*, 3, 1891, p. 77. M.M. LARÈS, *Bible et civilisation anglaise. Naissance d'une tradition, (Ancien Testament)*, Paris, 1974.

18. O. LUTAUD, *Winstanley. Son œuvre et le radicalisme « digger »* (*Puritanisme révolutionnaire et utopie sociale*), service de reproduction des thèses, Lille, 1973.

19. J. PARKES, *art. cit.*, p. 155.

Treatise on the Jews in England (1617) et dont les ouvrages importants sur les Juifs paraissent à partir de 1631 (*De Successionibus*)[20], cherche à prouver que l'idée et l'application de la justice formulée et exigée par le rabbinisme est la continuation de ce qu'on trouve dans le Pentateuque[21]. L'évêque de Chester, Brian Walton, qui est à la tête des recherches sur la littérature rabbinique aussi bien dans les milieux ecclésiastiques que laïques, publie en 1657, la *London Polyglot Bible* dont la richesse d'informations et la précision sont d'un niveau exceptionnel[22]. Vingt-neuf ans après la réadmission des Juifs, soit en 1685, paraît à Cambridge l'œuvre capitale de John Spencer, *De Legibus Hebraeorum Ritualibus*, considérée comme le point de départ de la science religieuse comparée[23].

En se fondant sur des indices déjà signalés par Spinoza, La Peyrère et Richard Simon, en reprenant, sans le savoir, une idée déjà émise par son précurseur allemand H.B. Witter (*Jura Israelitarum in Palestinam...*, 1711), mais appliquée seulement à deux chapitres de la Genèse, Jean Astruc (*Conjonctures*, 1753) cherche à démontrer que la Genèse a été composée par Moïse à partir des «mémoires» empruntés à différents auteurs. Quoique Astruc n'a «pas eu la largeur de coup d'œil historique d'un Spinoza», ni l'érudition d'un Richard Simon, «sa découverte précise et solidement appuyée a fait faire à la critique biblique plus de progrès que les ingénieuses mais fragiles hypothèses de ses illustres devanciers sur le même sujet»[24]. Il avait jeté les bases d'une critique littéraire qui trouva sa forme dans la théorie dite «Reuss-Graf-Kuenen-Wellhausen» d'après laquelle le Pentateuque résulterait de la fusion de quatre documents : le Yahviste, l'Elohiste, le Deutéronome et le Code Sacerdotal[25].

---

20. *EJ*, 14, 1971, col. 1120.

21. J. Parkes, *art. cit.*, p. 163.

22. R. Loewe, «*Jewish Scholarship in England*», dans *Three Centuries of Anglo-Jewish History*, p. 140.

23. J. Parkes, *art. cit.*, p. 163.

24. A. Lods, «Jean Astruc et la critique biblique au XVIIIe siècle», *CRHPhR*, 11, 1924, p. 57.

25. J. Steinmann, *Les Plus Anciennes Traditions du Pentateuque*, Paris, 1954, p. 9.

La laïcisation, la désacralisation de la morale qui allait en croissant au cours de la période située entre le xvi⁰ et le xviii⁰ siècle, prendra encore plus d'ampleur au siècle suivant. On se mettra alors à étudier le monde de la Bible en se libérant de l'emprise de la sainteté conventionnelle et cette façon de voir ne sera plus considérée forcément comme un outrage à la religion. En plus cette attitude sera accompagnée d'efforts visant à ajouter, sinon à substituer, à la critique biblique dans l'abstrait (soit théologique et philosophique, soit littéraire et linguistique) celle qui se situe dans le temps et qui porte un caractère historique [26].

Ce qui a été accompli par D.G. Niebuhr, père de l'histoire moderne, pour Rome (*Römische Geschichte*, 1811-1832) (grâce à sa critique pénétrante des sources), sera entrepris par d'autres pour le monde de la Bible : par Joseph Salvador et Renan en France ; W.M.L. De Wette, W. Vatke, H. Ewald (successeur de J.G. Eichhorn) en Allemagne [27] ; H.H. Milman et A. Penrhyn Stanley en Grande-Bretagne ; A. Kuenen aux Pays-Bas. Quant aux historiens juifs, il faut mentionner surtout Leopold Zunz, Abraham Geiger, Isaac Markus Jost, Heinrich Graetz..., les fondateurs de la science moderne du judaïsme (*Wissenschaft des Judentums*) [28].

Mais la plupart de ces historiens examinent surtout les événements dans leur déroulement chronologique, s'intéressent plutôt aux exploits individuels, aux grands chefs religieux et moins à ce qui était typique, ce qui se rapportait au groupe, ce qui constituait les fondements sociaux de l'Ancien Testament. Cette lacune sera en partie comblée par John Fenton (qui dans *Early Hebrew Life : a Study in Sociology*, 1880, dédié à son maître H. Ewald, se propose, à l'encontre de l'école historique et littéraire, d'examiner l'Ancien Testament du point de vue du fond et non de la forme), par l'anthropologue écossais, William Robertson Smith [29] (considéré comme le précurseur de J.G. Frazer

---

26. H.F. HAHN, *The Old Testament in Modern Research*, Philadephia, 1966, p. 3.
27. J. KRAUS, *Geschichte der historish-kultischen Erforschung des Alten Testaments*, 1969, p. 174-208.
28. J. MAIER, *op. cit.*, p. 548. M. ROTENSTREICH, *Tradition and Reality*, New York, 1972, p. 21.
29. J.S. BLACK, G. CHRYSTAL, *The Life of William Robertson Smith*, London, 1912, p. 181.

et un des principaux sinon le principal initiateur de la méthode sociologique appliquée à l'étude de l'Ancien Testament) et par un groupe d'exégètes, surtout allemands et scandinaves qui attachaient une importance particulière à ce qu'on nomma le *Sitz im Leben*[30] (le premier parmi eux, Hermann Gunkel, insiste, dès 1906, sur le fait que la littérature en Israël fait partie intégrale de la vie du peuple, et pour en saisir l'essentiel ce sont moins les auteurs, les individualités mais le typique qui compte[31]). Certains représentants de ce groupe, par exemple G. von Rad[32] et son élève K. Koch[33], manifestent un très vif intérêt pour le problème de la justice (le premier plutôt à l'égard d'une période postérieure à ce que nous étudions), mais les autres, ainsi que J. Fenton et W. Robertson Smith, ne semblent pas s'en préoccuper beaucoup. Il y aura cependant une lignée de sociologues-historiens qui, même s'ils traitent de la justice vétérotestamentaire d'une façon marginale ou fragmentaire, sera d'un apport particulièrement précieux.

2. La justice vétérotestamentaire et l'approche sociologique

Nous commençons par Louis Wallis, économiste, sociologue et théologien[34], dont l'œuvre est presque entièrement inconnue en dehors des Etats-Unis et dont les ouvrages sont en général introuvables, même dans les grandes bibliothèques européennes, sauf au British Museum.

Il est assez sévèrement critiqué et on lui reproche entre autres d'avoir repris les idées de Max Weber sans même l'avoir cité[35]. Or,

30. E. Jacob, « L'Etat actuel des études vétérotestamentaires en Allemagne », *ETR*, 4, 1969, p. 297.

31. H. Gunkel, « Die Grundprobleme der israelitischen Literaturgeschichte », *DLZ*, 27, 1906, p. 1798-1799, 1862-1866.

32. G. von Rad, « "Gerechtigkeit" und "Leben"... in der Kultsprache der Psalmen », *Festschrift Alfred Bertholet*, Tübingen, 1950, p. 418-437.

33. K. Koch, « Die drei Gerechtigkeiten. Die Umformung einer hebräischen Idee im aramäischen Denken nach Jesajatargum », dans *Rechtfertigung*, 1976, p. 266.

34. E. Troeltsch, C.r. de « Wallis Louis : *Sociological Study of the Bible* », *ThLZ*, 15, 1913, p. 454.

35. H.F. Hahn, *op. cit.*, p. 173.

comme il apparaîtra par la suite, ses premiers écrits marquants sur le judaïsme verront le jour avant les études analogues du sociologue allemand.

L'interprétation purement historique de la Bible est, selon cet auteur, insuffisante et doit être complétée à l'aide de la sociologie. La trop grande séparation qui règne entre les différentes disciplines scientifiques empêche les savants d'apprécier les acquis à leur juste valeur. Ils ne profitent pas mutuellement des résultats respectifs de leurs recherches. Si l'histoire, selon Wallis, n'est qu'une biographie de la société humaine, la sociologie cherche elle à décrire la structure de cette société et son fonctionnement, elle tâche de relier entre eux les différents faits et les divers courants afin de les examiner et les présenter sous forme d'un ensemble [36].

L'importance que Wallis attache à la méthode sociologique le conduit à des vues intéressantes d'un caractère global sur le fond même des phénomènes étudiés.

Dans *The Capitalization of Social Development* (publié dans l'*American Journal of Sociology* de mai 1902, en tant que partie de l'ouvrage *An Examination of Society,* paru en 1903), il traite des rapports entre les religions sémites et l'Eglise chrétienne en retraçant certains aspects de l'évolution sociale à partir de la préhistoire jusqu'à l'époque contemporaine. Ce qui le frappe particulièrement c'est le passage du genre humain vivant par petits groupes disséminés, nomades, vers des unités bien plus grandes et sédentaires. Ces communautés en voie de formation, afin de satisfaire leurs multiples et croissants besoins, sont à la recherche de moyens matériels, de capitaux dont l'importance ira en augmentant. Ne pouvant se les procurer à l'aide des méthodes employées à un stade primitif, elles devront recourir à des moyens qui vont engendrer un clivage, une division de la société entre deux classes opposées [37].

Des idées analogues à celles que nous venons de relever, surtout quant à la méthode, apparaissent dans une étude suivante dont le titre même indique déjà l'idée force : *Egoism, a Study in the Social Premises of Religion* (1905). Ainsi que bien d'autres avant lui,

---

36. L. WALLIS, *Sociological Study of the Bible,* 1922, p. XXIII.
37. ID., «The Capitalization of Social Development», *AJS,* 7, 1902, p. 766.

Wallis considère l'égoïsme comme le mobile principal de l'activité humaine. Ce qui est neuf, c'est l'idée que la Bible nous met, selon lui, en contact le plus direct[38], avec cette « force » exceptionnelle qui anime le mécanisme social[39]. Si la Bible a gagné une incomparable prééminence, c'est précisément grâce au fait qu'elle renferme la meilleure description historique de l'égoïsme[40].

Comme ce mobile présente un caractère éminemment social et comme c'est au sein des expériences séculières du peuple d'Israël que sont nées les conceptions bibliques[41], la Bible ne peut être comprise correctement que si elle est abordée du point de vue sociologique[42].

Wallis insiste sur le fait que dans la religion primitive les dieux constituaient une partie intégrale de la société, qu'on ne faisait pas, comme cela se produira ultérieurement, de distinction entre les aspects humains et divins des phénomènes. Il cite à ce propos Robertson Smith (d'après lequel le corps social n'était pas composé uniquement d'hommes mais aussi de dieux). Il fait remarquer aussi que la religion dans la Bible est le produit des conceptions communes à tout l'ancien monde : ce qui se rapporte à la religion d'Israël à ses débuts doit être étudié en liaison avec l'ensemble d'idées propres à cette région du monde[43].

Mais c'est dans *Sociological Study of the Bible*, ouvrage publié pour la première fois dans l'*American Journal of Sociology* (sept. 1908-nov. 1911), que Wallis traite de ce qui est particulièrement intéressant pour notre sujet. Il se réfère à Kuenen et Marti[44], à Budde, Kittel et Winckler[45] qui ont soulevé le problème de l'opposition entre ce qui caractérise la vie des nomades d'une part et des sédentaires de l'autre. Mais ce qui a été abordé plutôt en passant par les historiens que nous venons de citer prend plus d'importance dans l'œuvre de Wallis. D'après lui, l'élément

---

38. Id., *Egoism : a Study in the Social Premises of Religion*, Chicago, 1905, p. V.
39. *Ibid.*, p. 3.
40. *Ibid.*, p. 1.
41. *Ibid.*, p. V.
42. *Ibid.*, p. 14.
43. *Ibid.*, p. 16.
44. Id., *Sociological Study,... op. cit.*, p. 117.
45. *Ibid.*, p. 93-94.

dominant de l'histoire de l'Ancien Testament est précisément représenté par la longue lutte entre ces deux groupes dont un qui a déjà atteint un certain niveau de culture matérielle et l'autre encore nomade mais bien plus dynamique[46].

Le premier groupe était représenté par les Amorites qui, quoique implantés déjà bien avant dans le pays, ne possédaient ni organisation politique ni religion à caractère national. Cette société était formée par une série de villes, un ensemble d'Etats indépendants dont chacun adorait son propre Dieu nommé Baal. La façon dont on se les représentait correspondait à la conception économique et sociale propre à une société sédentaire et déjà plutôt statique : ils étaient considérés comme les maîtres, les propriétaires divins du peuple, de même que les principaux représentants des classes supérieures étaient aussi appelés baals et qu'ils étaient les propriétaires humains de ce même peuple[47].

L'homme du peuple était traité dans ce régime avec peu d'égards, et tandis que la majorité était soumise à une certaine forme d'esclavage, une petite minorité de privilégiés se servait de la machine gouvernementale et de la religion pour renforcer encore cette emprise[48]. Ces tendances étaient violemment combattues par les Israélites qui étaient attachés au nomadisme (mode de vie fondé sur l'exploitation de la terre en commun)[49] où il n'y avait pas de place pour la propriété individuelle. Et comme de plus la vie normale d'un clan migrateur dépendait de la façon dont était traité chacun de ses membres, l'idéal de fraternité devait y jouer un rôle très important[50]. En conclusion Yahvé, le Dieu national israélite, est en même temps le symbole de lutte contre Baal et contre l'injustice[51]. On retrouve des idées analogues dans son dernier livre dans lequel il déclare, entre autres, comme nous l'avons mentionné, que l'histoire des Hébreux est une série de réactions contre l'injustice économique[52].

---

46. *Ibid.*, p. 88.
47. *Ibid.*, p. XXVI.
48. *Ibid.*, p. XXVII.
49. Id., *The Bible is Human, A Study in Secular History*, New York, 1942, p. 31.
50. Id., *Sociological Study...*, *op. cit.*, p. 89.
51. *Ibid.*, p. XXVI.
52. Id., *Young Peoples Hebrew History*, *op. cit.*

Comme Wallis s'intéresse aussi à la diffusion de la Bible à travers les âges et en dehors d'Israël, il étudie la Réforme. Il remarque à cette occasion une analogie entre les conditions sociales qui prédominaient en Europe à la fin du Moyen Age et celles qui régnaient chez les anciens Hébreux. La collision qui s'est produite entre le protestantisme et le catholicisme était, selon lui, exactement de la même nature que chez les Hébreux la lutte entre les partisans de Yahvé et ceux de Baal. Ainsi que les premiers, les partisans de Yahvé se révoltaient contre le règne despotique des classes supérieures, contre l'extension du droit amorite et son emprise sur les clans primitifs installés sur les hauteurs [53], de même la Réforme, ce mélange du laïc et du religieux, était du point de vue social une révolte de classes moyennes contre la noblesse, une protestation contre les privilèges spéciaux de l'Eglise catholique [54].

En plus des ouvrages que nous avons traité, Louis Wallis publia *God and Social Process* (1935) et *The Bible and Modern Belief* (1949) où, surtout dans le premier, il consacre beaucoup de temps au problème de la justice sociale à l'époque biblique.

Une étape très importante dans la sociologie des religions, en général et dans l'étude des problèmes sociaux à l'époque biblique est présentée par certains écrits de Max Weber. Son principal ouvrage sur la question, *Das antike Judentum* (publié en 1917-1919 dans *Archiv für Sozialwissenschaft und Sozialpolitik* et, en 1921, sous forme de livre), commence par une déclaration d'après laquelle on saisit mieux l'essence du judaïsme, examiné d'un point de vue historique et sociologique, quand on le compare au système des castes qui règne en Inde. Quoique les Juifs aient vécu dans un monde sans castes, ils sont considérés par Max Weber comme un peuple de parias, c'est-à-dire vivant en marge de la société, séparé d'elle pour des raisons rituelles, formelles ou pratiques [55]. Pour expliquer le phénomène, il commence par une caractéristique du cadre géographique : les contrastes que présente la configuration du pays. Les plaines fertiles d'une part et les régions montagneuses et désertiques de l'autre créent de grandes différences économiques

---

53. ID., *Sociological Study, op. cit.*, p. 270.
54. *Ibid.*, p. 265.
55. Max WEBER, *Das antike Judentum*, Tübingen, 1921, p. 3.

et sociales[56] : à un extrême, le patriciat des villes, à l'autre des bédouins nomades, entre les deux des paysans vivant à la montagne et des pasteurs semi-nomades[57].

Max Weber, ainsi que Wallis, connaît les ouvrages de Rudolf Kittel, de Hugo Winckler et s'intéresse vivement aux rapports qui se sont établis entre ceux qui vivaient encore comme au stade de l'organisation tribale et les représentants de la société urbaine. Il rappelle qu'à l'époque canaanéenne les Israélites appartenaient à la première catégorie et qu'ils s'unirent pour mieux se défendre et lutter contre ceux du second groupe. Ce combat 1° visait le contrôle des grandes routes qu'utilisaient les caravanes et la mainmise sur les avantages qu'elles représentaient ; 2° il avait pour but de se libérer des impôts et des corvées ; 3° il visait aussi à s'emparer des villes afin de les détruire ou bien s'y installer à la place des anciens occupants.

Cette lutte, que Max Weber compare à ce qui s'est passé dans l'antiquité gréco-romaine ou à une époque plus récente (en Suisse, par exemple, où les paysans ont cherché à mettre la main sur la route du Gothard), correspondrait surtout à un conflit entre les habitants de la montagne et ceux des plaines. Cette forme d'opposition imposée par la nature, résultant de la configuration géographique, prendra fin à l'époque des rois, mais une nouvelle division s'y substituera : celle où le patriciat des villes, composé cette fois-ci d'Israélites, se trouvera en face d'une classe plus diversifiée qu'auparavant, formée d'Israélites prolétaires (paysans endettés ou ceux qui ont déjà perdu leur terre, artisans salariés, etc.) et d'une certaine catégorie d'étrangers[58].

La *berith* et le lévitisme constituent, selon Max Weber, les traits particulièrement caractéristiques de l'Israël antique[59]. Centre de religion juive[60], la *berith* joua un rôle déterminant dans la formation de la confédération israélite. Elle n'est nullement comparable aux

---

56. *Ibid.*, p. 13.
57. *Ibid.*, p. 63.
58. *Ibid.*, p. 63-66.
59. F. RAPHAËL, « Max Weber et le judaïsme antique », *AES*, 11, 1970, p. 309.
60. J. SÉGUY, « Max Weber et la sociologie historique des religions », *ASRel*, 33, 1972, p. 77.

alliances conclues par des particuliers et des groupements prenant Dieu comme témoin du contrat ; c'était une alliance contractée avec Dieu lui-même qui devient ainsi le partenaire d'Israël, qui veillait au respect des clauses du pacte [61]. Mais le lévitisme passe par des périodes d'éclipse où la *berith* paraît remise en cause, où des ennemis redoutables menacent le pays, où l'injustice sévit. Apparaissent alors des hommes exceptionnels, les prophètes pré-exiliques, d'Amos jusqu'à Jérémie et Ezéchiel, qui dénoncent les méfaits d'Israël et qui déclarent que son châtiment est mérité [62]. Les prophètes appartenaient, insiste Weber, à des couches sociales extrêmement diverses, et il est faux de prétendre qu'ils soient en majorité issus de milieux prolétariens incultes. Pourtant, malgré la variété de leurs origines, leurs attitudes, leurs exigences de morale sociale étaient identiques. Weber l'explique par le fait que, ni en matière de politique intérieure ni de politique extérieure, leur position n'était déterminée par des considérations d'ordre politique ou social mais découlait de la *berith* et était dictée par des motifs purement religieux. Les prophètes ne cessent de réclamer passionnément l'obéissance aux commandements de charité et de justice sociale en faveur des petites gens, et ils s'élèvent avec véhémence contre les riches et les grands. Mais nul parmi eux ne se fit champion d'un « idéal démocratique » ; le peuple selon eux avait besoin d'être guidé et c'étaient les qualités du guide qui comptaient avant tout. Aucun n'invoqua le droit à la révolte des masses opprimées par les grands. Toute idée de cette nature leur serait apparue comme le comble du sacrilège. Ezéchiel excepté, qui durant l'exil conçu les fondements théologiques d'un état idéal pour les temps futurs, nul n'élabora selon Weber un programme social et politique [63]. S'ils dénoncent, avec violence, l'esclavage pour dettes, la saisie des vêtements et la violation des prescriptions destinées à protéger les petites gens, c'est parce que de tels actes constituaient une rupture de l'alliance conclue avec Yahvé. L'idéal nomade qu'ils préconisent avec force, à partir du VIIIe siècle avant notre ère, constitue précisément une mise en garde, une réaction

---

61. M. WEBER, *op. cit.*, p. 86.
62. F. RAPHAËL, *art. cit.*, p. 309.
63. M. WEBER, *op. cit.*, p. 291.

contre les réalisations politiques et sociales de l'époque au nom de l'alliance conclue dans le désert[64].

Mais n'oublions pas que si les prophètes ne font pas de politique, leurs exigences de la *berith* se rapportent autant aux domaines sociaux, politiques et économiques, qu'à ceux de la religion[65]. Les prophètes, selon Weber, ne s'inquiètent jamais du «sens» du monde et de la vie[66]. Leur horizon se limite strictement à ce monde-ci. La prophétie israélite, même si elle se rattachait à la préoccupation lévitique du salut des âmes, ne s'intéresse, écrit Weber, qu'au destin collectif du peuple[67]. Aux échecs et aux malheurs du présent ils opposent l'espérance de l'avenir lorsque le peuple et ses dirigeants redeviendront fidèles à l'alliance. Israël sera gouverné alors dans la justice par un roi de la lignée de David. La promesse des prophètes porte sur un avenir politique terrestre, et non pas sur un au-delà[68].

Les écrits de Max Weber sur le judaïsme, ainsi que d'autres parties de son œuvre, restent inachevés. Et même *Das antike Judentum,* publié sous forme de livre, manque d'une mise au point : il renferme certaines erreurs et la disposition laisse à désirer ; il en résulte que la lecture n'en est pas aisée et qu'il n'est pas facile d'en dégager les idées principales[69].

A côté de ces réserves sur la forme on a aussi soulevé quelques objections sur le fond :

1° De même que pour la thèse sur les conséquences économiques du puritanisme protestant, on ne peut partager entièrement les vues de Max Weber sur les rapports de l'économique et du religieux dans le judaïsme. Le fait que les paysans et les semi-nomades, deux groupes dont les intérêts étaient distincts, se soient unis pour combattre le patriciat, prouverait que l'économique dépendait du religieux. Il donne aussi une interprétation analogue du rôle que jouèrent les prophètes : leurs critiques et

64. F. RAPHAËL, *art. cit.*, p. 314.
65. J. SÉGUY,, *art. cit.*, p. 84.
66. M. WEBER, *op. cit.*, p. 328.
67. *Ibid.*, p. 322.
68. J. SÉGUY, *art. cit.*, p. 87.
69. J. GUTTMANN, « Max Webers Soziologie des antiken Judentums », *MGWJ*, 69, 1925, p. 197.

attaques contre l'injustice et les méfaits des grands seraient dictés uniquement par des mobiles éthiques et religieux et non par des raisons politiques ou économiques[70]. Or cette interprétation ne semble pas correspondre aux faits et, même si elle était partiellement exacte, elle ne justifierait pas les conclusions générales applicables à l'ensemble de la société[71].

2° Max Weber n'échappe pas à cette tentation si fréquente qui consiste à vouloir reconstruire d'une façon artificielle ce qui est mort. En traitant les Juifs comme un peuple de parias, il transpose dans le passé lointain ce qui a été valable surtout à une époque postérieure[72].

3° Il n'aurait pas réussi en plus à se libérer de cette prévention, de cette idée injustement enracinée dans les esprits, de la soi-disant double morale juive qui jouerait en faveur des coreligionnaires et au détriment des autres[73].

L'œuvre de Max Weber dans son ensemble, et sur le judaïsme en particulier, est plus volumineuse, plus importante que celle de Wallis, mais peut-être aussi plus imprégnée d'idées préconçues, de partis pris — ce qui, spécialement dans un sujet comme le nôtre, présente de graves dangers. Toutefois il faut reconnaître que Max Weber a fait tout de même un grand effort d'objectivité et que ses conclusions sont bien moins partiales que celles de Marx[74] ou de son contemporain, W. Sombart[75].

---

70. H.F. Hahn, *op. cit.*, p. 164.

71. I. Schiper, « Max Weber on the Sociological Basis of the Jewish Religion », *JJSoc*, 1, 1959, p. 259.

72. A. Causse, *Du groupe ethnique à la communauté religieuse. Le problème sociologique de la religion d'Israël*, Paris, 1937, p. 9. D.W. Caspari, « Die Gottesgemeinde von Sinai und das nachmalige Volk Israel ; Auseinandersetzungen mit Max Weber », *BFChTh*, 27, 1923, p. 7. H. Liebeschütz, « Max Weber's Historical Interpretation of Judaism », *YLBI*, 9, 1964, p. 52. E. Shmueli, « The "Pariah-People" and its "Charismatic Leadership", a Revaluation of Max Weber's "Ancient Judaism" », *PAAJR*, 36, 1968, p. 167-247. A. Momigliano, « A Note on Max Weber's Definition of Judaism as a Pariah Religion », *HTh*, 19, 1980, p. 315.

73. J. Guttmann, *art. cit.*, p. 222.

74. K. Marx, *A propos de la question juive (Zur Judenfrage)* (1843-1844), éd. bilingue, Paris, 1971.

75. W. Sombart, *Die Juden und das Wirtschaftsleben*, Leipzig, 1911. T. Oelsner, « The Place of Jews in Economic History as viewed by German Scholars », *YLBI*, 7, 1962, p. 183-212. H. Liebeschütz, *art. cit.*, p. 46.

Dans les pays de langue allemande paraît toute une série d'études dont certaines précèdent celles de Max Weber et d'autres leur succèdent ; les titres mêmes de certaines sont déjà très prometteurs[76], mais comme il s'avèrera en partie par la suite, aucune d'elles ne présente l'importance de *Das antike Judentum*.

Adolphe Lods[77], professeur à la faculté de théologie protestante de Paris, le principal continuateur de Renan aux débuts du xxe siècle[78], ainsi que Wallis et Weber, s'intéresse vivement à l'opposition entre les formes d'existence traditionnelles et celles que les Israélites trouvèrent au pays de Canaan[79]. Tandis que chez les nomades, les paturages et les sources appartiennent d'une manière indivise à la communauté tout entière, quand les Israélites deviennent paysans et sédentaires, les plus habiles, à la suite de la sécurité croissante, peuvent conserver leurs gains et accroître leurs

E. BAUMGARTEN, *Max Weber, Werk und Person*. Documente ausgewählt und kommentiert, Tübingen, 1964. S. ANDRESKI, « Method and Substantive Theory in Max Weber », *BJS*, 15, 1969, p. 1-18. H. LIEBESCHÜTZ, *Das Judentum im deutschen Geschichtsbild von Hegel bis Max Weber*, Tübingen, 1967, p. 328.

76. F.E. KÜBEL, *Die soziale und volkswirtschaftliche Gesetzgebung des Alten Testaments unter Berücksichtigung moderner Auschaungen dargestellt*, Wiesbaden, 1870. F. BUHL, *Die soziale Verhältnisse der Israeliten*, Berlin, 1899. F. WALTER, *Die Propheten in ihren sozialen Beruf und das Wirtschaftsleben ihrer Zeit. Ein Beitrag zur Geschichte der Sozialethik*, Freiburg a/Brisg., 1900. P. KLEINERT, *Die Propheten Israels in sozialer Beziehung*, Leipzig, 1905. M. WIENER, *Die Auschaung der Propheten von der Sittlichkeit*, dans Schriften der Lehranstalt für die Wissenschaft des Judentum, Berlin, 1909. J. HERMANN, *Die soziale Predigt der Propheten*, BZSF, Berlin, 1911. E. TROELTSCH, « Das Ethos der hebräischen Propheten », *Log.*, 6, 1916, p. 1-28. B. KELLERMANN, *Der Ethische Monotheismus der Propheten und seine Soziologische Würdigung*, Berlin, 1917. A. EBERHARTER, *Die soziale und politische Wirksamkeit des altestamentlichen Prophetentums*, Salzburg, 1924. B. BALSCHEIT und W. EICHRODT, *Die soziale Botschaft des Alten Testament für die Gegenwart*, Basel, 1944. O. WEINBERGER, *Die Wirtschafts-philosophie des Alten Testament*, Wien, 1948. H. DONNER, « Die soziale Botschaft der Propheten im Lichte der Geselschaftsordnung in Israel », *OrAnt*, 2, 1963, p. 229-249.

77. A. LODS, *Histoire de la littérature hébraïque et juive*, Paris, 1950 (avec préface d'André Parrot qui donne quelques indications biographiques concernant A. Lods).

78. Entre temps paraît le livre intéressant de Lehman Kahn Amitaï (*La Sociologie juive appliquée à l'époque moderne*, Paris, 1905) qui cite Henry George et attire l'attention sur l'importance du livre de H. Galandauer (*Der Socialismus in Bibel und Talmud*, Mainz, 1891).

79. A. LODS, *Israël des origines au milieu du VIIIe siècle*, 1930, p. 461.

domaines. Ces changements d'ordre économique sont accompagnés de transformations sociales : le principe d'égalité parmi les membres du clan disparaît et les différences vont s'accentuer. Chez les nomades, tous disposent de la même nourriture très simple, des mêmes vêtements grossiers, du même logement rudimentaire — la tente — ; la richesse se traduit par le privilège d'exercer plus largement l'hospitalité mais n'assure ni influence ni puissance. Avec la scission de la société en catégories toujours plus différenciées, les grands adoptent un mode de vie de plus en plus distinct de la simplicité primitive. Et pour satisfaire leurs besoins brusquement accrus, ils vont employer « avec une dureté de moins en moins scrupuleuse les armes que leur richesse même leur mettait entre les mains ». Ils profitent de leurs situations de juges et de notables pour dépouiller ceux qui se trouvent dépourvus de défenseurs naturels — en premier lieu les veuves et les orphelins. Ils tirent avantage des situations difficiles dans lesquelles se trouvent les petits paysans pour leur accorder des prêts : ils exigent des gages ruineux et s'approprient finalement les terres des débiteurs insolvables en les vendant avec les enfants comme esclaves [80].

Antonin Causse qui s'est efforcé d'appliquer les théories de l'école sociologique française (surtout celles de Lucien Lévy-Bruhl [81]) à l'étude de l'Ancien Testament et qui connaissait l'œuvre de Max Weber [82], profita des conseils de son maître A. Lods, et s'intéressa aussi à la crise sociale et morale qu'a traversé Israël à la suite de la nécessité de s'adapter à la civilisation cananéenne et à la vie urbaine [83]. Les deux premières parties de son principal ouvrage, *Du groupe ethnique à la communauté religieuse*, sont consacrées à ce phénomène. Causse rappelle qu'au début Israël répugne à la civilisation des villes, mais dès le commencement de l'époque royale il s'initie progressivement aux mœurs des Cananéens et subit

---

80. *Ibid.*, p. 462.
81. S.T. KIMBROUGH, « Une conception sociologique de la religion d'Israël : l'œuvre d'Antonin Causse », *RHPhR*, 49, 1969, p. 313-320 (avec une bibliographie complète des publications de Causse).
82. A. CAUSSE, *op. cit.*, p. 9.
83. *Ibid.*, p. 37.

l'influence de leur culture. Les clans des villages perdent leur indépendance et leur importance diminue. Le centre de gravité de la société israélite se déplace vers la ville où il n'y aura plus l'équilibre et la stabilité des anciens groupes : l'accumulation des richesses entre les mains des privilégiés et le luxe qui s'ensuit crée une tension et engendre des conflits [84]. Les institutions primitives n'ont pas disparu, elles sont cependant menacées dans leurs fondements mêmes.

Ces conditions nouvelles augmentent la mobilité sociale, d'où un affaiblissement des liens de parenté qui permet à l'individu de s'affranchir des obligations et des restrictions que lui impose le groupe familial. L'ancienne solidarité se relâche forcément [85], la loi de l'entraide et de protection familiale n'est plus observée de la même façon [86], et dans la législation c'est le système individualiste qui commence à prendre le dessus [87].

Causse termine cette partie de son analyse en déclarant qu'il s'agit d'une crise très grave, d'une atteinte portée à la notion même de l'alliance, un affaiblissement de la *berith*, « ce rapport mystique, plus puissant que tous les liens physiques qui peuvent exister entre les hommes [88] ».

Parmi les réactions que provoque cette crise, la plus frappante apparaît sous forme de l'attitude qu'adoptent les prophètes. Et comme leurs critiques, presque toujours d'une sévérité et souvent d'une violence extrêmes, semblent constituer les premiers témoignages par écrit de cet état de choses, il est naturel qu'ils soient devenus le point central des ouvrages dont les auteurs abordent le problème de la justice. Mais, comme nous le verrons, la façon dont les spécialistes de la question décrivent et interprètent ce phénomène n'est pas toujours la même.

Lods est plus proche de Weber que ne l'est Causse : son interprétation du rôle des prophètes est plus idéaliste que celle de son disciple. En réagissant contre la civilisation cananéenne, les

---

84. *Ibid.*, p. 39-42.
85. *Ibid.*, p. 47-48.
86. *Ibid.*, p. 51.
87. *Ibid.*, p. 50.
88. *Ibid.*, p. 53.

prophètes, selon lui, ne cherchaient pas uniquement à revenir au passé, à défendre l'idéal nomade[89], ils n'étaient pas de simples réformateurs sociaux : ils aspiraient à une réforme morale[90], à une nouvelle conception religieuse ; ils réclamaient la justice, une justice absolue[91], celle qui serait au-dessus des intérêts de la nation[92].

Causse adopte une attitude plus sociologique. Dans son premier ouvrage, dans sa thèse présentée à la faculté de théologie protestante de Montauban pour obtenir le grade de bachelier en théologie, comme son titre l'indique déjà en partie, *Le Socialisme des prophètes* (1900), il les présente comme des collectivistes[93], des « révolutionnaires sociaux, qui au nom de Jehovah, le Dieu de justice, viennent annoncer la destruction d'un monde fondé sur l'égoïsme et sur l'iniquité ». Il attire aussi l'attention sur le fait que les prophètes hébreux ne font « jamais appel aux sanctions d'outre tombe », qu'ils sont affamés de « justice terrestre », de justice qui doit se réaliser ici-bas[94]. Avec le temps, les opinions de Causse subissent un certain changement, qui apparaît déjà dans sa thèse de doctorat, présentée à la faculté de théologie protestante à Genève[95], et les ouvrages qui suivront[96], surtout dans *Du groupe ethnique* (...) où il cherche à démontrer que les attaques des prophètes contre l'influence désagrégante de la civilisation cananéenne seraient l'expression de l'attitude conservatrice des paysans israélites qui désiraient maintenir leur culture primitive et leur organisation patriarcale[97].

---

89. A. LODS, *Les Prophètes d'Israël et les débuts du judaïsme*, Paris, 1935, p. 72.

90. *Ibid.*, p. 74.

91. ID., « Recherches récentes sur le prophétisme israélite », *RHR*, 104, 1931, p. 314.

92. ID., *Israël, op. cit.*, p. 565. H.F. HAHN, *op. cit.*, p. 167-169.

93. A. CAUSSE, *Le Socialisme des prophètes*, Montauban, 1900, p. 57.

94. *Ibid.*, p. 82.

95. ID., *Les Prophètes d'Israël et les religions de l'Orient. Essai sur les origines du monothéisme universaliste*, Paris, 1913.

96. ID., « La législation sociale d'Israël et l'idéal patriarcal », *RThPh*, 7, 1919, p. 189-215 ; 237-256. ID., *Les « Pauvres » d'Israël*, Strasbourg, Paris, 1922. A. LODS, « Les "Pauvres" d'Israël d'après un ouvrage récent », *RHR*, 85, 1922, p. 190-201. A. CAUSSE, *Israël et la vision de l'humanité*, Strasbourg, Paris, 1924.

97. ID., *Du groupe ethnique..., op. cit.*, p. 75.

Etant donné que Causse tiendra compte de l'évolution historique, son interprétation se rapprochera en définitive de celle de
Lods. Malgré leurs tendances conservatrices, l'effort des prophètes
a abouti à une « transformation profonde de la mentalité et de la
conception sociale primitives ». Tout en voulant « restaurer
l'ancienne solidarité familiale et tribale », ils proclamaient « le
caractère monolâtrique du yahvisme » [98]. Ils puisaient dans le fond
même de la religion populaire mais ils ne concevaient plus la
solidarité entre Dieu et le groupe comme un lien mystico-magique ;
ils le feront reposer sur une base éthique, sur la justice. « Yahvé est
le Dieu juste, Israël, peuple de Yahvé, doit accomplir la justice [99]. »
En moralisant et rationalisant le culte, les prophètes ouvraient
ainsi, toujours selon Causse, la voie à une conception individualiste
de la religion [100], et cette apparition de l'élément personnel signifiait
que, dans les rapports entre Dieu et les fidèles, les institutions de la
vie collective n'avaient qu'une importance secondaire [101].

Dans l'ensemble, l'œuvre des prophètes du VIIIe et du VIIe siècle
marque, d'après Causse, un effort hardi pour rationaliser la
tradition relgieuse et l'institution sociale. « Avec eux s'accomplit le
passage du collectivisme primitif à l'individualisation morale. » Ils
peuvent être comparés aux philosophes grecs de la période
socratique, mais avec cette différence que chez ces derniers le
principe réformateur est une raison théorique, « tandis que chez les
prophètes d'Israël il s'agit de raison pratique et non de
spéculation [102] ».

Les travaux de Louis Wallis, de Max Weber ainsi que ceux de
l'école sociologique française (de L. Levy-Bruhl en particulier)
sont connus de J. Van der Ploeg, et nous lui devons une précieuse
vue d'ensemble sur les travaux traitant de l'aspect économique et
social d'Israël avant la royauté [103]. En 1943 paraît son article intitulé

---

98. *Ibid.*, p. 96-97.
99. *Ibid.*, p. 100-101.
100. *Ibid.*, p. 106.
101. *Ibid.*, p. 110
102. *Ibid.*, p. 112.
103. J. Van der Ploeg, « Sociale en economische vraagstukken uit de geschiedenis van Israel tijd der Koningen », *JEOL*, 7, 1940, p. 390-399.

« Shapat et mishpat » ou, comme d'autres, il rappelle que la notion de *mishpat* ne correspond exactement à aucune de nos idées à nous[104]. En 1948, il publie *Les Pauvres d'Israël* où il passe en revue ce qui a été déjà dit sur cette question et il attire l'attention sur le fait capital : dans l'Ancien Testament « le riche comme tel n'était pas considéré comme l'ennemi naturel du pauvre » puisque « l'opposition normale n'était pas faite entre le riche et le pauvre, mais entre le pauvre et le méchant ». Les prophètes et les pauvres considèrent la richesse comme un grand bien qu'ils ne veulent pas abolir ; c'est la pauvreté qu'ils traitent comme un mal[105].

Elève de W. Brandt (qui en 1899, dans ses cours à l'université d'Amsterdam, a examiné la religion d'Israël sous l'angle socio-économique), F. Dijkema, en se référant à J. Van der Ploeg, se prononce décidément en faveur de l'approche sociologique[106]. Ce « moderniste » ne partage pas non plus les vues des wellhausiens quant à l'attitude des prophètes à l'égard du culte ; cela se manifeste dans sa première étude (1905) et dans ses autres travaux publiés surtout entre les deux guerres[107]. L'article qui se rapporte plus précisément à notre sujet, « Le Fond des prophéties d'Amos », est de 1943. Ainsi que le titre en donne déjà une certaine idée, Dijkema cherche à y décrire la conjoncture historique, la structure économique et sociale qui expliquent l'attitude d'Amos : sa campagne menée contre l'injustice sociale qui prend la forme d'attaques contre « les puissants propriétaires fonciers qui s'arrogent le pouvoir de juridiction, contre les marchands qui exploitaient la population rurale, contre les guerres perpétuelles portant profit à l'un mais nuisant à l'autre[108] ».

Ainsi que les auteurs que nous avons cités précédemment, Dijkema est très attentif aux effets sociaux et moraux qu'entraînent les nouvelles formes de vie économique et politique : il s'agit de « la société agricole (...) affaiblie par le capitalisme croissant », de la dégénérescence que représentait le remplacement de Saül roi-

---

104. Id., « Shapat et mishpat », *art. cit.*, p. 152.
105. Id., « Les Pauvres d'Israël et leur piété », *OTS*, 7, 1950, p. 268.
106. F. Dijkema, « Le Fond des prophéties d'Amos », *OTS*, 2, 1943, p. 18.
107. S.J. De Vries, *Bible and Theology in Netherland*, Wageningen, 1968, p. 121.
108. F. Dijkema, *art. cit.*, p. 33.

paysan et de David roi-soldat, par Salomon roi-marchand-diplomate [109].

Faisant suite à la politique menée par Salomon, aux contacts établis avec l'extérieur, « des éléments qui n'existaient pas autrefois commençaient à dominer la vie sociale : une armée permanente et modernisée, une classe organisée de fonctionnaires, le commerce international, la nouvelle division du royaume, le régime financier ». Mais il y avait aussi une crise, un appauvrissement de la population rurale [110].

Le roi, l'armée permanente, les grands propriétaires profitaient le plus de la guerre, tandis que la population rurale recueillait « les fruits amers des corvées, des impôts et des dévastations ». Les contacts entre le roi et le peuple disparut et le sort du pays n'était plus entre ses mains, il devint « de plus en plus exclus de toute immixtion dans le gouvernement [111] ».

Les paysans, auparavant pauvres mais tout de même indépendants, deviennent la proie des prêteurs et des commerçants qui l'exploitent. Un abîme se creuse entre la vie somptueuse qui apparaît en ville et celle qui règne à la campagne [112].

Ce qui va de pair avec cet état de choses et qui indigne spécialement Amos, c'est la malhonnêteté, la corruptibilité des juges. Les représentants des vieilles familles et des tribus sont mis de côté par la bureaucratie nouvelle, nommée directement par le roi et la cour, sans qu'il soit tenu compte de la capacité et de la probité. Un des fondements les plus essentiels de la société est représenté par l'impartialité des juges. Or les plaintes constamment répétées par Amos et par d'autres prophètes nous prouvent que cette base était minée. Les juges ne sont pas soumis aux lois et les puissants sont libres de faire ce qu'ils veulent [113].

Israël n'est aux yeux d'Amos que corruption, que reniement de Dieu. Le châtiment viendra : le jour du Seigneur n'amènera pas la lumière mais des ténèbres [114]. Pourtant Dijkema insiste sur le fait

---

109. *Ibid.*, p. 20.
110. *Ibid.*, p. 22.
111. *Ibid.*, p. 24.
112. *Ibid.*, p. 27.
113. *Ibid.*, p. 25.
114. *Ibid.*, p. 32-33.

qu'Amos n'est pas uniquement l'annonciateur du désastre, le prophète du malheur. La justice de Dieu c'est la fidélité à la parole donnée et par conséquent le mauvais sera certainement châtié, tandis que les pieux, les opprimés seront protégés et récompensés[115].

Dans sa thèse de doctorat (*Le Développement du sens social en Israël avant l'ère chrétienne*) soutenue et publiée (1955) en Hollande, mais rédigée en français, C. Van Leeuwen se réfère entre autres à Robertson Smith, Max Weber, Van der Ploeg, mais surtout et très souvent à Causse. Ainsi qu'il le déclare dans l'introduction, il désire tenir compte de la « structure sociale » que revêt la foi à laquelle appelle la Bible ; il essaye de dégager les « facteurs sociologiques » de la lutte que les législateurs, les prophètes et les psalmistes mènent au profit de la justice sociale. Le principe de justice qu'il va étudier « surpasse, selon lui, de beaucoup le rôle des conditions historiques » et par justice sociale il n'entend pas une « justice égale » pour tous, mais une justice « spéciale pour les pauvres et les faibles »[116]. En se fondant sur les principaux travaux, consacrés au problème de l'esclavage parus au cours des dernières décades, Van Leeuwen tâche de donner une vue d'ensemble du phénomène en question : il l'examine aussi par rapport à ce qui s'est passé dans d'autres pays du Proche-Orient ancien. Il s'occupe cependant surtout des cas de l'esclavage le plus fréquent dans l'Ancien Testament : celui qui résulte de la misère économique qui contraignait les hommes libres à vendre leurs enfants ou à se vendre soi-même[117].

Cette opposition entre les deux modes d'existence, entre les deux types de civilisation, propres à l'ancien Israël, est aussi prise en considération par J. Pedersen, le chef de file de la célèbre école vétérotestamentaire scandinave[118]. Comme Causse, il cite à ce propos des passages de Jérémie où il est question du contraste entre l'ancienne Jérusalem, siège de justice, et le nouvel état des choses

---

115. *Ibid.*, p. 34.
116. C. VAN LEEUWEN, *op. cit.*, p. 11.
117. *Ibid.*, p. 58.
118. H. RINGREN, « Les Recherches d'Ancien Testament en Scandinavie », *ETR*, 46, 1971, p. 419.

où certains amassent des richesses, vivent dans le luxe tout en laissant le pauvre mourir de faim[119]. Mais anthropologue plutôt qu'historien, dans l'ensemble Pedersen aborde les problèmes qui nous intéressent d'une façon un peu différente que les auteurs que nous avons cités avant lui.

Dans deux longs chapitres, intitulés *Righteousness and Truth* et *Maintenance of Justice*, de son célèbre ouvrage *Israël, its Life and Culture* (en danois en 1920), il insiste sur le fait que la justice représente pour les Israélites le problème essentiel de l'existence[120]. Tandis que pour les Arabes, selon lui, la principale valeur culturelle et morale est représentée par l'honneur, ce qui compte avant tout pour la majorité des Israélites, c'est la justice. Elle réside au centre même de l'être humain, dans les recoins les plus profonds de son âme. Job, dont la psychologie est, selon Pedersen, typiquement israélite, accepte la perte de tout ce à quoi il était le plus attaché, mais ce dont il ne veut jamais se séparer : la justice[121].

Mais la justice représente pour les Israélites non seulement une valeur personnelle, mais un élément essentiel de santé sociale. L'âme ne peut exister que si elle se trouve en rapport organique étroit avec d'autres âmes. Le juste est tout « entier » avec ceux avec lesquels il a conclu une alliance[122]. Celle-ci ne transforme pas la société en une masse entièrement uniforme. L'âme collective ainsi que l'âme individuelle représente un organisme formé d'une façon bien déterminée où chacun occupe la place à laquelle il est prédestiné : elle correspond au rang atteint par l'âme d'après ses possibilités à donner et à recevoir. La justice consiste à maintenir notre rang et celui des autres conformément à la place occupée au sein de l'alliance. La justice et la vérité sont l'expression du réalisme propre à la vieille culture israélite qui donne à chacun ce qui lui est dû et autant qu'il peut recevoir[122 bis].

Les changements qui s'accomplissent dans la vie des tribus

---

119. J. PEDERSEN, *Israel, its Life and Culture*, 2 vol., London-Copenhagen, 1926, I., p. 375.

120. *Ibid.*, p. 374.

121. *Ibid.*, p. 367.

122. *Ibid.*, p. 341.

122 bis. *Ibid.*, p. 343.

israélites, après leur installation au pays de Canaan, sont examinés par J. Lindblom dans *Prophecy in Ancient Israel* (1962) (entièrement remanié par rapport au texte originel suédois : *Profetismen i Israel* [1934]). L'auteur consacre une partie importante de cet ouvrage à l'analyse de l'attitude critique que les prophètes adoptent à l'égard du nouvel état de choses. Il croit, comme Causse, que les prophètes ont la nostalgie de l'existence primitive et lui aussi insiste sur le fait qu'il ne s'agit pas d'un désir de retour au nomadisme mais à la vie agricole [123]. Le penchant des prophètes en faveur du passé n'a rien à faire avec un conservatisme réactionnaire ou un romantisme de rêveurs. Leur idéal moral n'est pas une invention personnelle, il puise ses forces dans les expériences de la vie, dans la tradition et il est surtout le fruit des enseignements délivrés dans les sanctuaires.

Lindblom parle de l'esprit social des prophètes : de leur indignation en face des injustices, de leurs plaidoyers en faveur des opprimés, de leur sens de la solidarité. Mais, au fond, il s'agit, selon lui, d'une éthique théonomique inséparable de la religion où l'idéal humanitaire, dans le sens classique ou moderne du mot, est presque inexistant [124]. Les prophètes, selon Lindblom, ne sont ni des réformateurs sociaux ni des penseurs ou philosophes ; ce sont essentiellement des *homines religiosi*. Ce qui leur est propre, c'est un don spécial qui leur permet de ressentir le divin, de recevoir des révélations [125].

Cette façon d'envisager le rôle des prophètes se traduit par le fait que la partie essentielle de l'ouvrage de Lindblom n'est pas consacrée à l'aspect social des phénomènes, mais au problème du culte [126].

L'opposition entre le désert et la terre cultivée, entre le nomadisme et la vie sédentaire, est mise en relief dans l'ouvrage de Samuel Nyström, élève de Lindblom [127]. Dans *Beduinentum und*

123. J. LINDBLOM, *Prophecy in Ancient Israel*, Oxford, 1963, p. V.
124. *Ibid.*, p. 344.
125. *Ibid.*, p. 1.
126. *Ibid.*, p. 351.
127. S. NYSTRÖM, *Beduinentum und Jahvismus. Eine soziologischreligionsgeschichtliche Untersuchung zum Alten Testament*, Lund, 1946, p. 220.

Jahvismus (qui, comme le sous-titre l'indique, est une étude de sociologie religieuse et historique sur l'Ancien Testament), il décrit les principales phases que traverse le processus de sédentarisation et il étudie ensuite longuement la position des prophètes et du Deutéronome face à la vie du désert. C'est Amos, Michée et Osée qui se montrent, selon lui, les plus influencés par la culture nomade. Ce penchant se manifeste du point de vue social et moral sous forme d'une attitude hostile à l'égard de l'accumulation des richesses [128], du luxe [129], de la vie urbaine [130], ainsi que par une critique de la désagrégation de l'ancienne vie communautaire [131], un plaidoyer en faveur de la veuve, du sage et de l'étranger [132].

Il est intéressant de souligner à propos du premier point de ces reproches que, d'après Nyström (qui à cet égard reprend l'idée d'Abram Menes dont nous occuperons plus tard), les prophètes réagissent non seulement contre les effets mais contre le système économique même, non seulement contre les conséquences, mais contre le principe de la propriété privée qui engendre ces injustices [133].

Cependant dans cet ouvrage, qui est une thèse de doctorat présentée à la faculté de théologie à l'université de Lund, le principal rôle est attribué à la religion. On ne peut comprendre, selon Nyström, ce que représente pour Israël cette lutte entre le désert et la terre cultivée que si on tient compte du yahvisme puisque c'est grâce à lui que l'idéal du nomadisme s'humanise, c'est grâce à lui que l'ancien idéal de solidarité, qui risquait de disparaître avec la sédentarisation, pourra être préservé.

---

128. *Ibid.*, p. 126.
129. *Ibid.*, p. 132.
130. *Ibid.*, p. 134.
131. *Ibid.*, p. 137.
132. *Ibid.*, p. 139.
133. *Ibid.*, p. 131.

CHAPITRE V

LA JUSTICE VÉTÉROTESTAMENTAIRE ET L'APPROCHE VOISINE DU MATÉRIALISME HISTORIQUE

1. Les partisans du matérialisme historique

Chez presque tous les auteurs, dont nous nous sommes occupés dans la dernière partie, le problème de justice est soulevé à l'occasion de certaines confrontations entre des phénomènes qui ne sont pas toujours intimement liés entre eux au sein du même système social : il est question de justice à propos de l'opposition entre les nomades ou semi-nomades d'une part et les sédentaires de l'autre ; le problème se pose à l'occasion d'une confrontation entre deux mondes, entre deux phases différentes de civilisation[1].

Les auteurs, auxquels nous passons maintenant, abordent le problème en question surtout à l'occasion de conflits qui se jouent à l'intérieur, au sein même de la société israélienne au moment où l'ancienne conception éthique, qui prédominait encore lors de

---

1. J. PEDERSEN, *op. cit.*, I, p. 375. Notons cependant que par exemple N.K. Gottwald insiste sur le fait que le principal conflit d'intérêts dans la société du Proche-Orient, au moment de l'apparition d'Israël, se joue non entre le sédentarisme et le nomadisme, l'agriculture et le pastoralisme, mais entre la ville et la campagne (« Were the Early Israelites Pastoral Nomads ? », *Proceedings of the sixth World Congress of Jewish Studies*, Jerusalem, 1973, ed. Academic Press, Jerusalem, 1977, p. 189).

l'arrivée au pays de Canaan, commence à être sapée par les nouvelles formes de la vie économique et sociale[2].

La plupart des historiens et sociologues, appartenant au premier groupe, tendent à faire un rapprochement entre la justice sociale et les valeurs traditionnelles : ceux du deuxième, comme nous le verrons, penchent en général du côté du matérialisme historique et tiennent compte de la lutte des classes. Cette tendance se dessine déjà chez un Robertson Smith et même en un sens chez Max Weber, mais elle apparaîtra avec bien plus de force chez d'autres à partir des années trente.

Le premier représentant de ce groupe, M. Lurje, tient surtout compte de la situation économique et sociale du pays. La source du mal, d'après lui, ne doit être attribuée ni au culte de Baal ni à l'influence des Phéniciens, mais aux conditions de vie qui, à l'époque de l'apparition des grands prophètes, étaient particulièrement critiques.

Les différences sociales, les luttes de classes provoquaient de grosses pertes et des dépenses considérables. Le poids très lourd des impôts que devait supporter le peuple était accru par le coût de la construction des villes et des palais qu'entreprenaient ses monarques, tel par exemple le roi Achab. Les fréquentes sécheresses aggravaient encore la misère.

Cette situation, si difficile du point de vue matériel, était rendue encore plus dure à supporter à la suite de toute une série de méfaits d'ordre moral : la tricherie, la corruption, la perversion du droit, l'usure, la cupidité et en même temps, pour quelques-uns, une vie fastueuse bien au-dessus des moyens.

C'est contre cet état de choses que s'insurgent les prophètes. Ils sont partisans de Yahvé puisque Yahvé est le Dieu de la justice ; la lutte pour le pouvoir de Yahvé est une lutte en faveur du règne de la justice ; la lutte en faveur de Yahvé est par conséquent l'expression d'un mouvement social[3].

Mais Lurje se montre sévère à l'égard des prophètes : à

---

2. A.S. KAPELRUD, «New Ideas in Amos», *art. cit.*, p. 197.

3. M. LURJE, *Studien zur Geschichte der wirtschaftlichen und sozialen Verhältnisse in israelitisch-jüdischen Reiche von der Einwanderung in Kanaan bis zum babylonischen Exil*, BZAW, 45, 1927, p. 57.

l'exception peut-être d'Amos, ils n'étaient, selon lui, ni de vrais démocrates ni des défenseurs des pauvres. Ils estimaient que le pouvoir entre les mains des masses prolétaires serait le plus grand des malheurs. Ils ne voulaient pas de changement de régime, ils étaient partisans de la monarchie et du règne de l'aristocratie. Ils n'ont pas formulé de programme qui mettrait fin à la dépossession des pauvres paysans au profit des riches ; il aurait suffi, d'après eux, que les grands changent simplement de comportement et qu'ils n'écrasent pas autant les faibles.

Pourtant, quoique les prophètes ne fussent pas de vrais réformateurs sociaux, on ne soulignera jamais assez, d'après Lurje, l'influence qu'ils ont exercée sur le mouvement social. Ils étaient les premiers à stigmatiser publiquement les méfaits des exploiteurs dans les termes les plus sévères. Ils s'adressaient aux masses à l'entrée des temples, aux portes des villes, et on peut considérer ces réunions comme les premiers rassemblements politiques du parti d'opposition qui se soient tenus en Israël et en Judée. Ce que disaient Amos et Osée à Samarie était connu quelques jours plus tard à Jérusalem et quelque chose d'analogue se produisait, mais dans le sens inverse, quand il s'agit des déclarations de Michée et d'Isaïe. Petit à petit, les prophètes se sont mis à écrire leurs discours soit eux-mêmes, soit à le faire faire par d'autres et c'est ce que Lurje considère comme les débuts de la presse politique à Jérusalem[4].

A peine une année après la parution de l'ouvrage de Lurje, et dans la même collection (*Beihefte zur Zeitschrift für die alttestamentliche Wissenschaft*), sera publié *Die vorexilischen Gesetze Israels* d'Abram Menes. Elève de Hugo Gressman, admirateur d'Eduard Meyer, sévère à l'égard de la façon dont Max Weber concevait la structure économique et sociale de l'ancien Israël, lui aussi, et peut-être avec encore plus d'insistance que Lurje, appuie sur l'intérêt que présente l'étude de ce qui est inhérent à la société elle-même. Les critiques des prophètes, leur attitude négative à l'égard de la réalité ne peuvent être expliqués par un attachement aux mœurs anciennes, à la vie nomade. Leur réaction n'est pas

---

4. *Ibid.*, p. 59-60.

provoquée par une opposition entre deux phases différentes de l'évolution culturelle, mais par l'opposition entre les deux principales classes sociales appartenant à la même société et à la même époque[5].

Après avoir rappelé que, d'après la tradition israélite, c'est Moïse qui serait la source de toutes les lois, Menes insiste sur le fait que la solution de ce problème ne peut être trouvée ni à l'aide de la critique littéraire ni grâce aux méthodes de l'école historico-religieuse, mais bien en tenant compte des facteurs socio-économiques. Ce qui importe, ce n'est pas la personne qui a rédigé le texte et le moment où cela a été fait, mais les conditions concrètes qui sont à l'origine des lois et les circonstances qui les ont engendrées, la personne qui les a réellement inspirées. Comme d'autres contemporains[6], Menes ne croit pas au rôle qu'aurait pu jouer à cet égard Moïse et il tâche ensuite de démontrer qu'il en était de même pour le rôle des prêtres : avant l'Exil ils n'avaient pas grand-chose à dire même dans les questions se rapportant au culte ; on ne pouvait donc s'attendre à ce qu'ils aient participé activement à l'élaboration des lois.

Pareillement pour les Lévites qui, comme les prêtres, ne représentaient pas un corps suffisamment homogène. N'ayant pas non plus été un organe de l'Etat, ils avaient pu étudier le droit, transcrire ou rédiger des textes, mais ils n'en étaient pas les réels créateurs. Procédant ainsi par élimination, on serait amené à attribuer le rôle de législateur au roi dont il est à ce propos assez souvent question dans les livres historiques. Mais eux aussi, selon Menes, n'ont pas fait grand-chose à cet égard. En revanche, les traditions du Pentateuque, ainsi que le contenu des livres historiques, nous renvoient d'une façon concordante à une autre institution : aux assemblées du peuple qui étaient d'une façon générale inconnues au Proche-Orient. Leurs rôles ressortent avec d'autant plus de netteté dans l'histoire de l'ancien Israël[7].

Il faut, d'après Menes, faire une distinction entre les assemblées plus restreintes, celles de la communauté, de la tribu d'une part et

---

5. A. MENES, *Die vorexilischen Gesetze Israels*, *BZAW*, 50, 1928, p. 14.
6. J.M. POWIS SMITH, *op. cit.*, p. 3.
7. A. MENES, *op. cit.*, p. 21.

celles qui représentaient le pays tout entier. Les premières se tenaient pour des affaires de moindre importance et les autres quand il s'agissait, par exemple, de l'intronisation de Saül ou de réformes législatives ; elles étaient plus rares et on les convoquait à l'occasion des fêtes.

Particulier à Israël, le prophétisme ne pouvait naître, selon Menes, que grâce aux assemblées du peuple. Ce sont ces institutions démocratiques qui permettaient aux prophètes de s'adresser au peuple, d'accomplir leurs rôles d'orateurs.

Un autre phènomène, tout aussi caractéristique, l'alliance, s'explique également par l'assemblée du peuple [8]. Comme le relate l'Ancien Testament, au moment de la conclusion de l'alliance, le roi avait « avec lui tous les hommes de Juda, tous les habitants de Jérusalem, les prêtres et les prophètes, ainsi que tout le peuple du plus petit jusqu'au plus grand » (2 R 23,2). Il est faux de dater l'origine du Livre de l'alliance de l'époque de Moïse : il s'explique beaucoup mieux par ce qui se passait du temps d'Elie [9]. Comme son contenu le fait apparaître, il traduit un besoin de réforme [10], il est l'expression des aspirations des pauvres [11]. La phrase du début : « Vous ne ferez pas à côté de moi des dieux d'argent et des dieux d'or... » est interprétée par certains comme l'interdiction de vénérer les dieux étrangers. Or, selon Menes, en réalité, il ne s'agit pas des images des dieux, mais de celles de Dieu ; il n'est donc pas au fond question des dieux étrangers, mais de l'image de Yahvé, et l'interdiction portait à l'origine uniquement sur des images onéreuses. Cette prescription faisait partie de la lutte contre le luxe ; elle se traduisait de même par le précepte recommandant la construction d'autels en terre. Cette attitude qui, selon Menes, portait l'empreinte d'origine lévitique, ne peut être interprétée comme signe d'attachement aux mœurs nomades, mais comme réaction contre les formes propres à un stade de civilisation plus avancée [12].

---

8. *Ibid.*, p. 22.
9. *Ibid.*, p. 23.
10. *Ibid.*, p. 25.
11. *Ibid.*, p. 43.
12. *Ibid.*, p. 25.

Capital aussi, pour une meilleure compréhension du Livre de l'alliance, est ce qu'on y retrouve au sujet du sabbat [13]. Contrairement à l'opinion généralement répandue d'après laquelle le sabbat correspondrait en premier lieu à des besoins cultuels, ces motifs seraient secondaires, d'après Menes, par rapport aux nécessités de la vie quotidienne [14].

L'essence du sabbat est constituée par l'idéal d'égalité de toutes les créatures. Ce jour-là cessent toutes les différences entre le maître et l'esclave, entre le salarié et le patron, entre l'homme et l'animal domestique [15]. « Tu travailleras six jours et tu feras toute ta besogne, mais le septième jour est le sabbat pour Yahvé, ton Dieu, tu ne feras aucune besogne ni toi, ni ton fils, ni ta fille, ni ton serviteur, ni ta servante, ni ton bœuf, ni ton âne, ni aucune de tes bêtes de somme, ni ton hôte qui est dans tes portes, afin que se reposent comme toi, ton serviteur et ta servante... » (Dt 5, 13-14).

Cet esprit d'équité apparaît aussi dans les préceptes que renferme l'institution de l'année sabbatique. Notons cependant qu'à ce propos Menes n'est pas d'accord avec l'interprétation courante d'après laquelle il serait question de laisser la terre en friche. « Six années durant tu ensemenceras la terre et tu récolteras son produit, mais à la septième tu lui donneras relâche et la laisseras en jachère... » (Ex 23, 11). Selon lui, il ne s'agit aucunement d'abandonner la terre, mais d'une mesure sociale au profit des colons et des fermiers qui en cette septième année peuvent conserver tout le produit de leurs champs et ne doivent rien au seigneur [16].

Un certain aspect de l'année sabbatique joue spécialement en faveur des esclaves : il est dit notamment « Lorsque tu achèteras un esclave hébreu, il servira six ans et au septième il sortira en liberté sans rançon » (Ex 21, 2).

---

13. *Ibid.*, p. 36.
14. *Ibid.*, p. 38.
15. *Ibid.*, p. 39. Il est intéressant de citer à cette occasion l'ouvrage de A. Löw, *Thierschutz im Judenthume nach Bibel und Talmud*, Budapest, 1890 (où il est question de la sollicitude en faveur des animaux que le judaïsme témoigne depuis les temps les plus anciens).
16. A. MENES, *op. cit.*, p. 38.

Les remarques que nous venons de faire à propos du Code de l'alliance s'appliquent aussi au Deutéronome. La centralisation du culte envisagée par certains comme principal objectif de ce code serait dictée, selon Menes, surtout par des raisons humanitaires : il s'agirait de protéger l'esclave afin qu'il retrouve partout où il se serait réfugié la même interdiction d'être livré au maître qu'il a fui. En comparant les versets 22, 4 et 23, 16-17 du Deutéronome, il est clair que le sens du 23, 16 consiste à assurer à l'esclave la possibilité de se réfugier où bon lui semble [17].

Menes n'est pas non plus d'accord avec l'opinion générale qui veut que le Deutéronome ait été découvert ou rédigé par Hilkia peu avant ou à l'époque du roi Josias [18]. Le Deutéronome n'est pas le fruit d'une trouvaille accidentelle, le produit des efforts d'un penseur isolé [19], ni le résultat des mesures adoptées par un roi réformateur [20]. Il est la conséquence de tout un ensemble de circonstances et de facteurs socio-politiques introduits avec l'assentiment du parti populaire qui était en faveur de la réforme et qui se trouva au pouvoir durant tout le règne de Josias [21].

Dans le chapitre consacré à l'analyse des lois du Deutéronome, Menes insiste sur le fait que la réforme des droits du débiteur et de l'esclave représentait la partie essentielle des codes de l'époque : elle correspondait aux aspirations de paysans endettés et elle reflétait les besoins du prolétariat urbain [22]. Ce qui frappe dans le Deutéronome c'est la sollicitude à l'égard des veuves, des orphelins et des *gérim* (ce qui s'explique aisément si on tient compte de la phase de déclin dans laquelle entrait le Royaume du Nord et des guerres ruineuses que menait Juda ayant pour conséquence l'accroissement catastrophique des rangs du prolétariat) [23].

L'assemblée du peuple représentait en Israël l'organe suprême de l'Etat, et la promulgation des lois constituait son principal

17. *Ibid.*, p. 55-56.
18. *Ibid.*, p. 64-65.
19. *Ibid.*, p. 66.
20. *Ibid.*, p. 67.
21. *Ibid.*, p. 70.
22. *Ibid.*, p. 78-79.
23. *Ibid.*, p. 85-86.

objectif. On attribuait cependant aux lois en même temps des origines divines. La conciliation de ces deux points de vue est réalisée par le prophète : il est l'intermédiaire entre Yahvé et le peuple, il transmettra la volonté de l'un à l'autre. Menes insiste sur un aspect très important de ce phénomène : selon lui, aussi longtemps que la prophétie restait vivante, les verdicts de Yahvé ne pouvaient être considérés comme immuables et Yahvé pouvait y introduire des modifications. Comme en plus, ce n'était pas le clergé héréditaire et institutionalisé, mais la prophétie libre qui était chargée de révéler la volonté divine, on évitait ainsi les risques de la bureaucratisation de cette fonction[24].

Le droit dans l'Antiquité avait surtout pour but de protéger la propriété et la personne humaine était aussi considérée, dans une très large mesure, comme objet soumis aux droits de la propriété. Le débiteur était redevable pour sa dette non seulement de ses biens, mais aussi de sa personne. Il en était de même pour l'esclave considéré non comme une personne, mais comme une chose dépendante de la volonté de son maître. Le Pentateuque dans son ensemble représente à cet égard un changement décisif, un progrès qui peut servir d'exemple pour l'époque contemporaine. Cette remarque s'applique spécialement au Deutéronome qui est un pas important en avant par rapport au Code de l'alliance[25]. Tandis que la majeure partie de ce dernier vise la sauvegarde de la propriété, le droit des choses n'occupe plus la même place dans le Deutéronome. Cette différence reflète un changement fondamental de la structure sociale. Le Code de l'alliance correspondait aux besoins de la société à prédominance paysanne qui craignait surtout le vol, les dégâts causés aux récoltes, au bétail; le Deutéronome traduisait l'attitude du prolétariat urbain qui ne disposait pas de la même quantité de biens matériels et qui attachait plus d'importance à la protection de la personne humaine[26].

---

24. *Ibid.*, p. 90.
25. *Ibid.*, p. 117.
26. *Ibid.*, p. 124.

2. Les non-conformistes proches à certains égards du matérialisme historique

Dix ans après l'étude de Menes, en 1938, paraît *The Pharisees* de Louis Finkelstein. Dès le début de son ouvrage il insiste sur le fait que n'importe quelle partie de l'histoire d'Israël, pour être comprise et bien interprétée, doit être étudiée par rapport à l'ensemble dont elle est un fragment[27]. Par conséquent, malgré le titre de l'ouvrage, il tient compte aussi de la période qui nous intéresse et compare le pharisaïsme avec le prophétisme. Qui plus est, afin de mieux faire ressortir les similitudes, il fait un grand bond en avant et établit un parallèle entre les deux courants en question et le puritanisme britannique : ces trois mouvements étant la conséquence du même type de conflits sociaux. Ce qui se produisit dans le centre urbain palestinien à Jérusalem, respectivement aux VIIIe et IIIe siècles avant J.-C. — l'opposition des petits artisans et commerçants contre les patriciens, le clergé et les grands propriétaires terriens — correspond à Londres du XVIIe siècle : la métropole anglaise en voie d'accroissement. De même que le prophétisme représente un facteur qui contribuera à engendrer le pharisaïsme, de même ce dernier, grâce à la traduction anglaise rendant la Bible accessible au peuple, servira de stimulant au puritanisme[28].

Découlant de l'extrême polarité qui caractérise la vie économique et politique de l'ancien Israël, les nombreux conflits sociaux dont il était le théâtre étaient généralement réduits à une simple dichotomie entre patriciens et plébéiens. Or les oppositions, les intérêts divergents se révélaient en réalité bien plus compliqués et diversifiés ; ils engendraient trois ou quatre et même davantage de parties adverses. A l'époque prophétique, la division était moins complexe que durant la période pharisienne, mais dans les deux cas elle correspondait plus ou moins au même schéma. Le prophétisme

---

27. L. FINKELSTEIN, *The Pharisees. The Sociological Background of their Faith,* 2 vol., Philadelphia, ed. 1946, I, p. 1.
28. *Ibid.*, p. XVI-XVII.

ainsi que le rabbinisme étaient le résultat de ces tendances contradictoires[29].

Au moment de la publication de son ouvrage, Finkelstein, rabbin et représentant du judaïsme conservateur, enseignait la théologie au séminaire de théologie juive des Etats-Unis. Il ne peut donc être traité comme partisan du matérialisme historique au même titre qu'un Lurje ou un Menes. Quand il parle de tel ou tel autre groupe, il tient compte non seulement de leurs besoins économiques, mais aussi de leurs aspirations spirituelles. De même quand il traite des divisions politiques il se réfère aux croyances religieuses propres aux patriciens, plébéiens ou paysans[30].

Mais conformément au sous-tire (*The Sociological Background...*) de son ouvrage, il s'intéresse aux fondements sociologiques des phénomènes. Dans le xve chapitre (*The Prophetic Ideals of Equality*), il analyse le sens de la justice chez les prophètes non seulement en fonction de leur statut professionnel et de l'environnement, mais surtout de la structure économique, sociale et des conflits qui en résultent[31]. Sa thèse principale est que le prophétisme exprimait les aspirations d'une minorité protestataire opprimée et deshéritée[32].

Finkelstein rappelle que c'est le travail de l'artisan ou du commerçant, où la réussite est due à l'ingéniosité personnelle, qui développe un sens de l'indépendance, bien plus difficile à acquérir dans le cas du paysan qui est rattaché au sol comme les bêtes de somme dont il se sert. C'est l'homme de la ville qui a plus de possibilités de se rendre compte de sa propre valeur et de devenir conscient des discriminations adoptées à son égard. Ce n'est donc pas à la campagne, mais dans le centre urbain à Jérusalem qu'on commence à être conscient de l'état d'oppression et c'est là que commence à germer un besoin de liberté qui pousse à la révolte[33]. Cet état de choses, cette différence entre l'inconscience du campagnard et l'esprit bien plus éveillé du citadin[34], face à

---

29. *Ibid.*, p. 3-6
30. *Ibid.*, p. 344 sq.
31. *Ibid.*, p. 292.
32. *Ibid.*, II, p. 462.
33. *Ibid.*, I, p. 302.
34. *Ibid.*, p. 306.

l'injustice, se traduit dans le comportement et les attitudes des premiers grands prophètes écrivains [35].

Aussi longtemps que, par exemple, Osée vivait à la campagne dans le Nord fertile [36] où régnait une certaine paix sociale [37], tant qu'il ne s'installa pas en ville (probablement à Samarie) [38], son indignation se manifeste surtout contre le culte de Baal, contre la duplicité, contre l'arrogance — ce qui aux yeux d'un provincial représentait les principaux vices sociaux [39]. En revanche, Amos qui quitta Tekoa, cette région au sol rocailleux (qui ne peut satisfaire les besoins les plus élémentaires de l'homme) [40], pour s'installer à Jérusalem où les conflits sociaux étaient particulièrement virulents [41], dénonce avec une extrême violence [42] ceux qui «ont vendu un juste pour de l'argent et un indigent contre une paire de sandales. Ceux qui piétinent sur la poussière de la terre la tête des pauvres et font dévier la voie des humbles» (Am 2, 6-7), qui «s'étendent sur les vêtements pris en gage» (Am 2, 8), qui «entassent rapine et pillage dans leur palais» (Am 3, 10).

Cette différence d'attitudes, attribuée aux mêmes raisons, apparaît aussi chez deux autres prophètes contemporains de Jérémie, Nahum et Habacuc. Le premier voit les choses avec les yeux d'un campagnard [43] qui, comme Osée, semble ne pas trop s'étonner de l'arrogance du grand allant de pair avec l'exploitation du faible [44]. En revanche, Habacuc, citadin comme Nahum était un rural [45], se montre très sensible aux méfaits sociaux [46]. La lutte contre les nations faibles et les puissants empires est comparée par Habacuc aux conflits entre les plébéiens opprimés et les patriciens :

---

35. *Ibid.*, p. 294.
36. *Ibid.*, p. 295.
37. *Ibid.*, p. 301.
38. *Ibid.*, p. 298.
39. *Ibid.*, p. 296.
40. *Ibid.*, p. 294.
41. *Ibid.*, p. 304.
42. *Ibid.*, p. 294.
43. *Ibid.*, p. 306.
44. *Ibid.*, p. 308.
45. *Ibid.*, p. 309.
46. *Ibid.*, p. 310.

l'ennemi extérieur, l'envahisseur apparaît chez lui sous forme du seigneur, de l'hobereau voisin, du méchant qui «engloutit plus juste que lui» (Ha 1, 13). Il établit un parallèle entre la puissance croissante de la Chaldée (qui va bientôt envahir la Judée) et l'exploitation oppressive qui se joue au sein de la communauté nationale [47].

Ces différences entre les divers prophètes apparaissent aussi chez certains quand on compare entre elles les phases successives de l'existence de tel ou tel autre parmi ces individus.

Les quatre premiers chapitres du livre de Jérémie (ceux qui correspondent à sa période de jeunesse passée dans le village natal Anatot) sont consacrés surtout au combat contre l'idolâtrie. En revanche, à partir du ve chapitre, quand il parcourt les rues de Jérusalem et prêche dans la capitale, le prophète se montre conscient que le pays est envahi par un péché bien plus grave que le précédent : il s'agit des méchants qui

...«épient, comme se baissent les oiseleurs,
ils ont dressé un piège,
ils attrapent des hommes.
Comme une cage pleine d'oiseaux,
ainsi que leurs maisons sont pleines de fraude.
C'est par là qu'ils ont grandi et se sont enrichis,
ils ont engraissé, ils sont reluisants,
ils ont même dépassé les possibilités du mal,
ils n'ont pas rendu le jugement,
le jugement de l'orphelin afin de réussir
et ils n'ont pas fait droit aux indigents.»

(Jr 5, 26-28)

Michée, comme Jérémie, passe aussi sa jeunesse à la campagne et ce n'est qu'à l'âge mûr qu'il se rend à Jérusalem. Les débuts de sa prophétie, le premier chapitre (sur les sept chapitres il n'y a que les trois premiers qui peuvent lui être attribués avec certitude) porte aussi exclusivement sur les péchés de la Maison d'Israël que représente le culte des idoles et ce n'est que les IIe et IIIe chapitres

---

47. *Ibid.*, p. 311.

qui sont consacrés à la justice sociale[48], à la dénonciation de l'iniquité, des méfaits de ceux qui « convoitent les champs et les volent », qui « font violence à un homme et à sa maison » (Mi 2, 1-2).

Quand Ezéchiel vivait dans un petit hameau[49] palestinien, ses prophéties des débuts faisaient apparaître une certaine rudesse campagnarde[50], un esprit encore insuffisamment éveillé et non conscient des conflits sociaux. Ses critiques se limitaient à dénoncer le culte des idoles, mais ne portaient pas sur les problèmes des rapports humains et les tensions qui en découlent. Or, à partir d'un certain moment, il devient le « surveillant de la Maison d'Israël », il commence à jouer le rôle capital de celui qui met chacun en garde contre les mauvaises actions. Plusieurs facteurs agirent dans ce sens : l'âge probablement en premier lieu[51], mais le rôle décisif doit être attribué au changement de lieu.

Déporté en Babylonie, Ezéchiel se trouve, comme les autres exilés de 597, dans un dénûment complet. Il ne peut tirer profit des propriétés foncières qu'il a laissées derrière lui et ses prérogatives ecclésiastiques ne comptent plus dans un pays où il n'y a pas de temples juifs. Afin de subsister, il apprend à graver sur brique à la manière des Babyloniens et il s'entraîne dans les différentes techniques de la construction. Il adhère ainsi au groupe des plébéiens, des anciens artisans et commerçants de Jérusalem. Il adopte graduellement leurs points de vue, non seulement en ce qui concerne l'actualité (par exemple des problèmes des relations entre la Judée et la Babylonie), mais aussi pour ce qui est des questions se rapportant à l'idée de Dieu, à la doctrine de la responsabilité individuelle, ainsi qu'à la justice sociale[52]. Dans ces conditions, l'oppression du faible par le fort devient pour lui un signe de reniement de Dieu aussi fort que le culte des idoles. La grande iniquité de Jérusalem consistait non en son manque de soumission à Dieu, mais en ses mauvaises actions dont ce prophète plébéien

---

48. *Ibid.*, p. 305.
49. *Ibid.*, p. 314.
50. *Ibid.*, p. 316.
51. *Ibid.*, p. 325.
52. *Ibid.*, p. 329.

parlera si souvent[53]. Le péché majeur de Sodome n'était pas son manque d'hospitalité, mais son arrogance et le fait de pervertir la justice[54].

Dépassant tout ce qui a été enseigné par les prophètes avant lui, Ezéchiel déclare tous les hommes égaux entre eux. Il introduit le terme de « fils de l'homme » — ce qui signifie que même le message divin est considéré comme faisant partie de la multitude, qu'il est mis sur un pied d'égalité avec les autres. Dans sa vision eschatologique, les territoires attribués aux 12 tribus doivent être strictement égaux. Non seulement les tribus doivent être traitées d'une façon absolument pareille, mais aussi les individus qui les composent[55]. Et c'est ainsi qu'Ezéchiel aboutit à la conception de la société sans classes[56].

Ainsi que nous l'avons mentionné au début, nous tenons à limiter notre étude à l'époque précédent l'Exil, mais, comme il vient d'apparaître déjà à propos d'Ezéchiel, la déportation présente des aspects très intéressants du point de vue de notre sujet et, puisque Finkelstein lui consacre des pages importantes, nous élargissons un peu le champ temporel de notre travail.

Les prophètes luttaient depuis longtemps contre une conception fausse et étroite de Dieu, mais la leur n'était acceptée que par une minorité[57]. Pour qu'il y ait un changement il a fallu la déportation. Ce fut alors, la première fois dans l'histoire, qu'une importante communauté dissocia le culte de son Dieu du territoire ancestral ; que surgit aussi l'idée de Dieu non rattachée à un point particulier de l'univers et que se soit posé le principe d'égalité de tous les pays et de tous les hommes en face de Dieu[58].

Ce qui jouait aussi dans le sens d'égalité et de fraternité, c'est la structure de l'ensemble des déportés. Presque tous les paysans étaient restés sur place ; les déportés comprenaient des patriciens, la noblesse terrienne, des ecclésiastiques et des plébéiens urbains.

---

53. *Ibid.*, p. 330.
54. *Ibid.*, p. 331.
55. *Ibid.*, p. 332.
56. *Ibid.*, p. 341.
57. *Ibid.*, II, p. 444.
58. *Ibid.*, p. 443.

Chaque groupe s'adapte à sa manière[59] et c'est ce dernier qui prend le dessus. Cela s'explique non seulement par la raison du plus grand nombre et le fait que les autres classes avaient tout laissé sur place, tandis que les artisans et les commerçants emportèrent leurs aptitudes professionnelles, mais aussi parce que ces derniers étaient mieux préparés du point de vue idéologique[60]. Depuis des générations, leurs chefs spirituels leur enseignaient que la communauté dans laquelle ils vivaient était condamnée à s'effondrer et qu'ils devaient être prêts pour la déportation et la purification. Dans cette communauté, réduite par Nabuchodonozor à une économie plébéienne, les patriciens et la noblesse sont perdants et ne peuvent se détourner de ce qu'ils rejetaient auparavant. Dans cette société sans classe, ils doivent aussi accepter une idéologie conforme à la leçon des prophètes[61].

Cette acceptation de la doctrine prophétique entraîne forcément le déclin du mouvement prophétique en tant qu'institution. A partir du moment où le prophétisme cesse d'être la voix d'une minorité opprimée et correspond aux aspirations de la majorité, on n'a plus besoin de critiques et de protestations, on a besoin plutôt d'indications positives et concrètes. Le prophète cède la place au scribe, au maître, à l'enseignant. Plutôt que de dire ce qu'il ne fallait pas faire pour ne pas mourir, il faudra dire ce qui est nécessaire de faire pour vivre. C'est donc en Babylonie que commencera la transformation de la religion prophétique en un système de normes et de prescriptions qui se nomme le légalisme.

Ce changement est considéré en général comme une régression, comme si l'œuvre constructive du législateur se situait à un niveau inférieur par rapport à la critique du prophète. En réalité il n'y avait ni progrès ni recul. Le scribe étant le disciple, le continuateur du prophète. La seule perte consistait en ce que la poésie cédait la place à la prose[62].

Malgré ce que nous avons dit au sujet du choix des auteurs appartenant à ce deuxième groupe d'historiens et de sociologues et

---

59. *Ibid.*, p. 451.
60. *Ibid.*, p. 457.
61. *Ibid.*, p. 458.
62. *Ibid.*, p. 462.

de leur attitude à l'égard des phénomènes qui ne font pas partie inhérente de la société que nous examinons, nous tenons compte ici d'une étude de Michel Astour où une place très importante est réservée au culte de Baal et à l'influence des Phéniciens. Cependant notre décision semble justifiée par la façon dont ces problèmes y sont traités et par le fait qu'à cette occasion une lumière additionnelle est projetée sur l'attitude des prophètes qui paraissent mus non seulement par un sentiment de solidarité avec les opprimés et un attachement au mode de vie traditionnelle, mais aussi par un certain souci des intérêts, du bien-être d'autres membres sinon de l'ensemble de la communauté.

Astour rappelle que d'après les légendes, l'objet principal de la haine des prophètes du IXe siècle était la reine Jézabel, fille du roi de Tyr et de Sidon, épouse du roi Achab. Parmi les nombreux crimes dont on l'accusait, le principal était de favoriser le culte de Baal. Le centre de ce culte se trouvait à Samarie dans le temple construit justement à l'occasion du mariage de Jézabel avec Achab[63]. Cette union, conséquence de l'alliance avec Tyr, se traduit par l'arrivée de très nombreux marchands phéniciens qui avaient l'habitude de se grouper en associations cultuelles et de fonder des sanctuaires dédiés à leurs dieux. Et comme les temples dans l'Antiquité n'étaient pas uniquement des lieux du culte mais aussi des trésoreries, des institutions banquaires qui jouaient un rôle important dans la vie économique du pays, il en découle, d'après Astour, que ce n'est pas la haine de Baal qui provoque la destruction de son temple lors du coup d'Etat de Jéhu et du renversement de la dynastie d'Omri, mais que c'était au contraire l'existence du temple qui excita la haine du Dieu auquel il était dédié. Le temple de Baal à Samarie était, en tant qu'une incrustation étrangère, un avant poste de la Phénicie en Israël[64].

Cette attitude hostile à l'égard des marchands phéniciens se manifeste aussi chez les prophètes du VIIIe et au cours des siècles suivants. Amos reproche à Tyr d'avoir oublié l'alliance fraternelle et de vendre en masse des captifs à Edom (Am 1, 9). Osée accuse

---

63. M. ASTOUR, « Métamorphoses de Baal ; les rivalités commerciales au IXe siècle », *Evid.*, 75, 1959, p. 36.

64. *Ibid.*, p. 37.

Canaan (= Phénicie) d'avoir dans ses mains des balances fausses et d'aimer tromper (Os 12, 8). Comme cette influence des Phéniciens n'a pas beaucoup changé depuis Salomon (qui livrait au roi de Tyr du froment, de l'huile d'olive en échange du bois importé du Liban) jusqu'au VIᵉ siècle, nous retrouvons des attaques du même genre chez Ezéchiel qui souhaite la destruction de Tyr puisque par l'extension de son commerce cette grande cité maritime a été remplie de violence et par les iniquités de son négoce elle a profané les sanctuaires (Ez 28, 16-18)[65].

Comme il en est déjà fait un peu allusion dans ces quelques citations, les prophètes reprochent aux marchands phéniciens non seulement de tricher et exploiter, mais d'introduire des éléments qui désagrègent le mode de vie traditionnelle et patriarchale du peuple hébreu. Ces accusations correspondent aux sentiments des masses populaires pour lesquelles le luxe déployé par les Phéniciens était une manifestation éclatante de l'injustice sociale et de la corruption.

Mais ceux qui semblent avoir adopté l'attitude la plus hostile à l'égard de cette influence phénicienne, ce sont les marchands non phéniciens. Il n'y en avait pas beaucoup, mais il existait quand même à cette époque des marchands israélites indigènes, représentés par ces tribus nomades de la région semi-désertique du Sud palestinien qui se groupaient aux alentours de la partie méridionale de la grande route reliant Tyr à Elam. Il s'agissait surtout de la secte des Rékabites, qui semble avoir été une ramification de la peuplade sinaïtique des Qénites qui héritèrent d'eux la renommée d'alliés et d'amis d'Israël ; ils étaient connus pour ne pas abandonner, au contact de la civilisation agricole de la Palestine, leurs coutumes nomades, de ne pas cultiver le sol, de ne pas construire de maisons et de ne pas boire du vin.

Or il semble certain que les prophètes, du moins certains, ont subi l'influence des Rékabites ; et si on tient compte de l'hostilité que les uns et les autres manifestèrent à l'égard du temple de Baal, ainsi que de la rivalité naturelle entre les Rékabites et les Phéniciens, il semble possible, selon Astour, de conclure que les

---

65. *Ibid.*, nº 77, p. 54.

prophètes participèrent avec les Rékabites à la même coalition de mécontents qui luttaient contre l'emprise phénicienne et qui cherchaient à réserver, au profit des nationaux, l'exploitation des routes commerciales, qui représentait la source principale de richesse du pays[66].

Il nous semble intéressant de terminer ce bilan historiographique portant sur le deuxième groupe d'auteurs, par G.E. Mendenhall qui représente un point de vue original, non-conformiste par rapport aux principaux commentaires vétéro-testamentaires. Il ne peut être considéré comme un partisan du matérialisme historique puisque, comme il le déclare lui-même, il attribue une importance capitale sinon décisive au rôle joué par l'éthique[67], la religion[68] et l'idéologie[69]. Mais comme un Lurje, comme un Menes, il s'intéresse surtout, sinon exclusivement, à ce qui agit de l'intérieur, à ce qui fait partie de la structure sociale même. La façon dont l'installation des douze tribus israélites en Palestine et en Transjordanie du Nord présentée par lui diffère des conceptions généralement admises[70] et provoqua une vive réaction[71], mais, selon certains, cet événement a été rarement décrit d'une façon aussi convaincante et expressive[72]. Nous ne sommes pas qualifiés et nous n'avons pas l'intention de participer à la discussion mais, ainsi que pour les autres auteurs, nous allons uniquement reprendre chez Mendenhall les parties de son œuvre qui ont trait à notre sujet.

Comme il l'annonce dès le début de l'article qui semble constituer la partie essentielle de son œuvre, Mendenhall cherche à substituer un modèle très différent au modèle « idéal » que propose

---

66. *Ibid.*, p. 55-56.

67. G.E. MENDENHALL, *The Tenth Generation. The Origins of the Biblical Tradition*, Baltimore, 1973, p. XV.

68. *Ibid.*, p. 214.

69. ID., C.r. de M. WEIPPERT, *Die Landnahme der israelitischen Stämme in der neueren wissenschaftlichen Diskussion*, Göttingen, 1967, *Bib*, 50, 1969, 3, p. 435.

70. M. WEIPPERT, « Semitische Nomaden des zweiten Jahrtausends », *Bib*, 55, 1974, p. 265-280.

71. R. DE VAUX, C.r. de M. WEIPPERT, *Die Landnahme...*, *op. cit.*, *RB*, 76, 1969, p. 272-276. M. SMITH, « The Present State of Old Testament Studies », *JBL*, 88, 1969, p. 19-35.

72. W.L. HALLADAY, C.r. de G.E. MENDENHALL, *The Tenth Generation*, *Interp.*, 27, 1973, p. 474.

toute une série de spécialistes de l'Ancien Testament. Il s'oppose à la conception « archéologique », préconisée par W.F. Albright et reprise par ses disciples, notamment G.E. Wright et J. Bright, d'après lesquels il y aurait eu une destruction des villes cananéennes à la fin du XIIIe siècle et leur réoccupation par une population de culture matérielle inférieure, représentée par les Israélites — preuve d'une invasion en masse, d'une conquête militaire systématique. Il n'est pas non plus d'accord avec la « solution par l'histoire » proposée par A. Alt et développée par M. Noth, selon laquelle, l'installation, la *Landnahme* se serait faite par une infiltration pacifique dans les régions les moins peuplées et où, petit à petit, les tribus se sédentarisèrent successivement[73].

Il ne se produisit en réalité aucune vraie conquête de la Palestine. Envisagé du point de vue de l'histoire séculière portant sur les phénomènes sociologiques, l'événement en question aurait consisté en une simple révolte paysanne. Afin de comprendre ce qui se passa, il faut se souvenir, selon Mendenhall, qu'à l'époque d'Amarna les premiers Israélites, par la Bible appelés aussi Hébreux, ou Apiru, se trouvaient sous la domination des cités cananéennes contre lesquelles ils se soulevèrent afin de se libérer[74].

Ce mouvement de mécontentement avait été polarisé par l'arrivée d'un groupe d'esclaves échappés d'Egypte qui, ne pouvant compter sur l'aide d'aucune autre communauté, s'unissent dans la même foi à un Dieu nouveau, Yahvé, avec lequel ils font alliance et auquel ils transfèrent tous les pouvoirs et les attributs des seigneurs. Leur arrivée à l'ouest du Jourdain donne à la révolte un caractère guerrier. Quoique pour se défendre, les rois cananéens s'unissent entre eux, ils seront exterminés ou chassés et leurs cités détruites[75]. Victorieux, les Israélites, ayant réussi à se libérer, ne veulent pas reconstituer le même type de société autocratique, tyrannique dont ils subissaient le joug[76].

La soumission des individus et des groupes à un maître divin

---

73. G.E. MENDENHALL, « The Hebrew Conquest of Palestine », *BA*, 25, 1962, p. 67.
74. *Ibid.*, p. 75.
75. *Ibid.*, p. 73.
76. *Ibid.*, p. 77.

sous forme d'alliance, l'esprit de solidarité régnant au sein de cette communauté nouvellement créée, signifiait que ses membres pouvaient et qu'ils ont réellement rompu tous liens de dépendance religieuse, économique et politique avec la société cananéenne à laquelle ils opposent le yahvisme [77]. Ce rejet de la société fortement stratifiée allait forcément de pair avec une importance particulière attachée au principe d'égalité absolue dans l'application de la loi et un souci exceptionnel en faveur de l'esclave.

Un autre trait frappant de la religion israélite à ses débuts apparaissait sous forme d'un profond désir de préserver la paix ; cela à l'opposé de Canaan de l'âge du bronze tardif où, comme les lettres d'Amarna l'illustrent si bien, les luttes continuelles des cités les unes contre les autres causaient de grands préjudices aux paysans. Le comportement des dirigeants ambitieux, cherchant d'une façon préméditée à ruiner et déposséder les paysans en les empêchant de cultiver leurs terres, apparaît d'une façon nette, selon Mendenhall, dans les lettres de Rib-Addi [78].

Quant à l'alliance même entre Yahvé et Israël, Mendenhall insiste sur le fait qu'elle consistait en une alliance avec chaque famille, sinon avec chaque individu et comme la protection représentait le premier objectif de ce type de contrat, il en résultait que tous étaient protégés et tous égaux devant Dieu ; chacun profitait ainsi du même droit, n'importe quel était son statut économique et social. Cela était, selon Mendenhall, la source, le fondement même de la justice ; le facteur décisif dont dépendra la place capitale qu'elle prendra dans le droit israélite [79].

C'est l'attrait que présentait cette conception égalitaire qui joua, selon Mendenhall, un rôle essentiel dans l'extension que prendra Israël. Analogiquement à David Koigen (selon lequel l'Exode ne fut ni un épisode national ni politique, mais essentiellement une révolution sociale, l'affranchissement massif d'esclaves [80]), ce n'était pas un groupe ethnique qui est devenu, d'après Mendenhall,

---

77. *Ibid.*, p. 75.

78. *Ibid.*, p. 77.

79. ID., «Ancient Oriental and Biblical Law», *BA*, 17, 1954, p. 39.

80. D. KOIGEN, *Das Haus Israel*, Berlin, 1934, p. 13 (cité par A. Neher, *Amos. Contributions à l'étude du prophétisme*, Paris, 1950, p. 43).

une communauté religieuse, mais c'est le contraire qui se produisit. Si un petit groupe a réussi à se transformer relativement en peu de temps, en une importante unité dominant la presque totalité des hauteurs de la Palestine et une grande partie de la Transjordanie, cela ne pouvait pas se produire à la suite d'une simple poussée démographique. Le groupe s'élargit rapidement grâce à l'adhésion d'une grande partie des habitants de la région aux yeux desquels la conception élaborée par la communauté israélite présentait bien plus d'avantages que le système dont ils dépendaient sous la domination cananéenne [81].

---

81. G.E. MENDENHALL, « Biblical History in Transition », dans *The Bible and the Ancient Near East :* Essays in Honor of W.F. Albright, ed. G.E. Wright, Garden City, 1961, p. 43.

TROISIÈME PARTIE

LE NOMADISME,
LE PROPHÉTISME
ET LES LOIS SOCIALES

CHAPITRE VI

LE NOMADISME
ET LA JUSTICE SOCIALE

Ainsi que nous l'avons prévenu au début, presque tous les auteurs dont nous nous sommes occupés dans les précédentes parties traitent de la justice d'une façon plutôt marginale et fragmentaire. Le bilan historiographique que nous venons de faire nous laisse donc sur notre faim. Pour mieux satisfaire notre curiosité et pour tâcher de trouver une explication (au moins partielle) de cette intensité presque sans pareille avec laquelle la soif de justice se manifeste en Israël — la voie à suivre qui semble présenter le plus de chances de succès, c'est le recours à la méthode sociologique fondée sur le concept dynamique du phénomène global [1] : une prise en considération de tous les aspects du phénomène en question sous forme d'un ensemble où tout se tient, où tout se compénètre. Il faudrait dans le cas concret reprendre tous les thèmes essentiels de l'histoire biblique qui ont trait au problème de justice : le souvenir de l'esclavage en Egypte [2], le nomadisme, le prophétisme..., et les étudier en tenant compte de la conjoncture historique ainsi que de la structure sociale du pays à l'époque prise en considération. Mais un travail de ce genre nécessite des connaissances vétérotestamentaires très poussées et

---

1. N.K. GOTTWALD, « Sociological Method in the Study of Ancient Israel », dans *Encounter with the Text, Form and History in the Hebrew Bible*, ed. J.M. Buss, Philadelphia, 1979, p. 70 sq.

2. H.S. NAHMANI, *Human Rights in the Old Testament*, Tel Aviv, 1964, p. 76.

des recherches multidisciplinaires qui dépassent nos possibilités. Nous nous bornerons donc au nomadisme, au prophétisme et aux lois sociales du Pentateuque. Il nous semble que c'est dans les cadres de ces phénomènes que nous avons le plus de chance de faire ressortir le problème de justice sous sa forme dynamique.

Comme nous l'avons déjà vu (par exemple chez M. Weber, Lods, Causse), l'histoire biblique réserve en général une place très importante au nomadisme, mais son rôle, nous le savons, ne doit pas être exagéré. D'ailleurs rappelons que quand il s'agit des anciens Hébreux, la plupart des spécialistes ne parlent aujourd'hui que de semi-nomadisme[3]. Pourtant il ne faut pas tomber dans l'autre extrême et, surtout dans le cas de notre sujet, il serait probablement erroné de nier ou trop minimiser le rôle de ce facteur[4] qui joue aussi pour d'autres groupes ethniques[5].

Ni les Israélites ni leurs ancêtres n'ont jamais été de grands bédouins ; ils semblent n'avoir jamais mené la vie libre du grand désert[6]. Les patriarches nous apparaissent d'abord comme éleveurs de petit bétail[7]. C'est en semi-nomade que vécut Abraham avant son départ pour Canaan ainsi que Jacob durant son séjour chez Laban[8]. Il n'en est pas moins vrai que les Israélites, ou leurs ancêtres, ont vécu pendant un certain temps au désert[9]. Il est frappant et presque unique que malgré une première sédentarisation assez longue en Egypte et même après la fixation définitive sur le sol de Canaan, le peuple hébreux ait continué à ressentir des

---

3. W.F. ALBRIGHT, *Archeology and the Religion of Israel*, Baltimore, 1953, (1ere éd., 1946), p. 102. R. DE VAUX, « Les Patriarches hébreux et les découvertes modernes », *RB*, 56, 1949, p. 11. M. NOTH, *Geschichte Israels*, Göttingen, 1950, p. 59. M. WEIPPERT, *art. cit.*, p. 279. M. DELCOR, « Quelques cas de survivances du vocabulaire nomade en hébreu biblique », *VT*, 25, 1975, p. 322.

4. G.E. MENDENHALL, *The Tenth Generation, op. cit.*, p. 174. C.H.J. DE GEUS, *The Tribes of Israel*, Assen-Amsterdam, 1976, p. 211.

5. N.K. GOTTWALD, « Were the Early Israeliles... », *art. cit.* J.W. ROGERSON, *Anthropology and the Old Testament*, Oxford, 1978, p. 98 sq.

6. R. DE VAUX, *op. cit.*, I, p. 17. M. MARK, *Le Peuple juif à la poursuite d'un équilibre économique*, Genève, 1936, p. 13.

7. S.D. GOITEIN, *Jews and Arabs*, New York, 1955, p. 25.

8. R. DE VAUX, « Les Patriarches... », *art. cit.*, p. 15.

9. ID., *Les Institutions..., op. cit.*, p. 17.

aspirations nomades [10], de considérer cette forme de vie comme la meilleure [11].

Certains écrivains modernes eux aussi idéalisent le nomadisme [12]. « La vie de la tente est, selon Renan, celle qui laisse le plus de place à la réflexion et à la passion. Dans ce genre de vie austère et grandiose se créa un des esprits de l'humanité, une des formes sous lesquelles le génie (...) arrive à l'expression et à la vie (...). C'étaient vraiment les pères de la foi que ces chefs de clans nomades parcourant le désert, graves, honnêtes (...) plein d'horreurs pour les souillures païennes, croyant à la justice [13]. »

Toute une partie de la législation conservée dans le Pentateuque, comme il en a été déjà question dans la partie précédente de notre étude, ne se comprend que dans un stade de civilisation de type nomade [14]. La formulation apodictique dans les lois bibliques, d'après certains qui reprennent les idées de M. Weber et de Pedersen [15], trouve sa source, son *Sitz im Leben* dans un mode de vie quasi nomade [16].

Les patriarches hébreux semblent être des figures de pasteurs qui vivent sous la tente, qui mènent leur petit bétail aux points d'eau, qui s'arrêtent aux endroits privilégiés pour y trouver le repos et le délassement [17]. En réalité, ce mode de vie n'était pas aussi idéal que certains l'ont bien voulu faire croire. La guerre y était à l'état endémique et il fallait lutter pour se maintenir en vie [18]. Mais c'étaient justement les difficultés plutôt que les facilités ou bien l'alternance, le mélange des deux qui ont imposé « des structures et des comportements particuliers [19] » allant dans le sens d'un esprit de

10. A. NEHER, *L'Essence du prophétisme*, Paris, 1955, p. 154.
11. G.E. WRIGHT, *The Westminster historical Atlas to the Bible, op. cit.*, p. 5.
12. A. CAQUOT, « Renan et la bible hébraïque », *BSHPF*, 123, 1977, p. 341.
13. E. RENAN, *Histoire du peuple d'Israël*, 5 vol., Paris, 1887-1897, I, p. 13.
14. E. DHORME, *La Religion des Hébreux nomades*, 1937, p. 58.
15. E. GERSTENBERGER, *Wesen und Herkunft* « apodiktischen Rechts », *op. cit.*, p. 115-117. G. FOHRER, « Das sogennante apodiktisch formulierte Recht und der Dekalog », *KuD*, 11, 1965, p. 72.
16. M.-H. Prévost, « Formulation casuistique et formulation apodictique dans les lois bibliques », *RHDF*, 54, 1976, p. 358. H.E. VON WALDOW, « Social Responsability and Social Structure in Early Israel », *CBQ*, 32, 1970, p. 185.
17. E. DHORME, *op. cit.*, p. 63.
18. A. CAUSSE, *Les Plus Vieux Chants de la Bible*, Paris, 1926, p. 9.
19. R. DE VAUX, *Les Institutions... op. cit.*, p. 17.

solidarité, d'équité plus poussées qu'ailleurs. L'incertitude, les dangers de la vie migratoire au désert favorisaient l'égalité, créaient une atmosphère de liberté[20]. « Au désert, rappelle de Vaux, l'unité sociale doit être assez restreinte pour rester mobile mais assez forte pour assurer sa propre sécurité : c'est la tribu[21] » ; tous ses membres se considèrent comme descendants d'un ancêtre commun (lequel est ici un homme et non pas un être sacré comme en Egypte), tous sont égaux en droit puisque le même sang réel ou supposé tel coule dans leurs veines[22]. Au désert, il n'y a pas de mur pour se protéger, d'où l'importance capitale du *leadership*, la nécessité de la discipline[23]. Mais la mobilité de la vie nomade « empêche la fixation définitive de la puissance auprès d'un groupe donné »[24]. Il n'y a pas de rapports hiérarchiques[25]. Quand des difficultés surgissent, quand la guerre menace la sécurité du groupe nomade, un individu d'une sagacité particulière ou d'un grand courage s'impose comme chef, mais il ne reste que *primus inter pares* et, une fois le danger écarté, il retourne à sa place habituelle[26]. Dans ces conditions, le pouvoir politique peut difficilement gagner suffisamment d'importance, de prestige, pour prendre le dessus sur l'éthique, sur les valeurs morales, surtout avec la croyance des Hébreux d'après laquelle tous les hommes, créés par Dieu à son image, bénéficient tous des mêmes droits et doivent assumer les mêmes responsabilités[27]. Le souvenir de cet état de choses, de cette structure égalitaire, explique un des principes fondamentaux des lois vétérotestamentaires d'après lequel, à l'encontre de ce qu'on retrouve ailleurs (par exemple dans le Code de Hammurabi), le dédomagement, la peine ne varient pas selon l'appartenance à telle

---

20. A.H. SILVER, *The Democratic Impulse in Jewish History*, New York, 1928, p. 1.

21. R. DE VAUX, *op. cit.*, I, p. 17.

22. A. MORET, *Histoire de l'Orient*, Paris, 1941, p. 277.

23. J. WEINGREEN, remarques faites lors du 10ᵉ congrès d'Orientalistes à Ann/Arbor, en 1967.

24. A. NEHER, *op. cit.*, p. 161.

25. A. MORET, *op. cit.*, p. 1.

26. R. GORDIS, « The Bible as a Cultural Monument », *The Jews : Their Religion and Culture*, éd. L. Finkelstein, New York, 1971, p. 22.

27. F.E. KÜBEL, *op. cit.*, p. 21.

ou autre classe sociale : on applique à tout le monde le principe œil pour œil, dent pour dent (Ex 21, 23-25 ; Dt 19, 21 ; Lv 24, 19) ; sauf à l'égard de l'esclave qui cependant n'est pas traité comme une simple chose, mais bénéficie de nombreuses faveurs[28].

Au désert, un individu qui se sépare de son groupe doit absolument compter sur l'accueil des groupes qu'il rencontre ou auxquels il s'agrège ; chacun peut avoir besoin de cette aide et chacun doit la donner[29]. Les dangers que présente le monde environnant ne favorisent pas l'accumulation, la possession individuelles[30]. La richesse des biens matériels joue dans ces conditions un rôle relativement secondaire ; la générosité, l'hospitalité prennent une importance particulière[31]. Au désert où il n'y a ni police ni justice supérieure aux tribus, le groupe est uni dans le crime et dans le châtiment[32]. Tout cela crée un sentiment de solidarité, une obligation qui d'une façon impérieuse impose au groupe tout entier d'assurer la protection de tous ses membres faibles et opprimés[33].

Ce qui agit aussi dans le même sens, ce qui constitue comme une préfiguration d'un des traits les plus caractéristiques de toute l'histoire juive, c'est le fait que ces demi-nomades vivant en marge des groupes, des sociétés numériquement plus importantes, plus stables, plus structurées, se rendant compte d'être en minorité, d'être différents, éprouvent un sentiment d'insécurité, sinon de peur, qui les pousse à se cramponner les uns aux autres, et à s'entraider avec une ardeur rarement rencontrée ailleurs. Cela apparaît surtout à l'occasion de périodes difficiles, aux moments de crises quand l'existence même du groupe entre en jeu : à l'époque de l'Exode, durant l'Exil, quand, face à des malheurs à l'échelle apocalyptique, les liens de solidarité se renforcent, les barrières

---

28. F.E. KÜBEL, *op. cit.*, p. 71. B. BALSCHEIT und W. EICHRODT, *op. cit.*, p. 10-14.
29. R. DE VAUX, *op. cit.*, I, p. 17.
30. L. FINKELSTEIN, *op. cit.*, I, p. 359. Hécatée D'ABDÈRE, dans T. Reinach, *Textes d'auteurs grecs et romains relatifs au judaïsme*, Paris, 1895, p. 19.
31. S. NYSTRÖM, *op. cit.*, p. 14.
32. R. DE VAUX, *op. cit.*, I, p. 17.
33. *Ibid.*, p. 26. D. JACOBSON, *The Social Background of the Old Testament*, Cincinnati, 1942, p. 114-135.

sociales s'abaissent afin d'éliminer tout ce qui peut séparer (les inégalités, les injustices...).

Ce que nous avons relevé à propos du nomadisme, à propos de la migration des hommes, nous pousse à consacrer quelques lignes à certains aspects que présente la circulation des marchandises. En effet, ces deux phénomènes, d'une façon générale et aussi par rapport à notre sujet, sont assez étroitement liés entre eux[34].

Les premiers qui se seraient adonnés au commerce auraient été probablement, selon Kautsky, des bergers nomades : les ressources extrêmement limitées des contrées dans lesquelles ils vivaient les poussaient à se procurer des biens produits dans des régions plus favorisées ; ils profitaient de cette occasion pour acquérir, en plus de ce qu'ils avaient besoin pour eux-mêmes, ce qu'ils pouvaient revendre à d'autres[35].

D'après C.H. Gordon, les patriarches hébreux auraient fait du commerce et Abraham aurait été un riche marchand (tamkârum)[36]. Cette thèse semble en générale ne pas être acceptée[37]. Mais comme il semble généralement admis que les premiers hébreux étaient des moutonniers ou des caravaniers, on peut en déduire qu'en tant que tels ils passaient par des régions, séjournaient dans des lieux où ils avaient plus de chances, plus de possibilités qu'ailleurs de déposer les « lances », de « substituer l'alliance, le don et le commerce à la guerre »[38].

Israël se trouvait sur la frontière même de l'Orient et de l'Occident[39], à la croisée des deux principales routes commerciales

---

34. A.H.L. HERREN, *Ideen über die Politik, den Verkehr und den Handel der vornehmsten Völker*, Göttingen, 1805, I, p. 210. G. CONTENAU, *La Vie quotidienne à Babylone et en Assyrie*, Paris, 1950, p. 90. W.F. LEEMANS, *The Old Babylonian Merchant — His Business and His Social Position*, SDIO, 3, 1950, p. 125. J.R. KUPPER, *Les Nomades en Mésopotamie au temps des rois de Marï*, Paris, 1957, p. 15.

35. K. KAUTSKY, *Der Ursprung des Christentums*, Stuttgart, éd. 1910, p. 191.

36. C.H. GORDON, « Abraham and the Merchants of Ur », *JNES*, 17, p. 28-31. ID., *Before the Bible, The Common Background of Greek and Hebrew Civilisations*, New York, 1962, p. 35.

37. R. DE VAUX, « Les Patriarches hébreux et l'histoire », *RB*, 72, 1965, p. 18.

38. M. MAUSS, « Essai sur le don ; forme et raison de l'échange dans les sociétés archaïques », *ASoc.*, 1, 1923-1924, p. 184.

39. J. STEINMANN, *op. cit.*, p. 22.

de l'Antiquité[40] : une reliant l'Egypte avec la Syrie et la Mésopotamie, l'autre allant de la Phénicie vers l'Arabie[41]. C'est un flot continuel de soldats égyptiens et assyriens, de prêtres babyloniens, de marchands phéniciens et de bédouins arabes qui déferlait à travers ce pays[42]. C'est là qu'il y avait des possibilités exceptionnelles de « s'opposer sans se massacrer et se donner sans se sacrifier les uns aux autres[43] » ; d'appliquer la formule « donne, autant que tu prends[44] ».

L'échange de marchandises, quand il dépasse le stade du don ou du troc, impose l'usage du poids et des mesures employés de façon à garantir un minimum d'équité dans les transactions. L'importance qu'on y attachait à l'époque biblique[45] se traduit par le sérieux avec lequel le phénomène est traité dans les différentes parties de l'Ancien Testament[46]. Il est dit dans le Lévitique : « Vous ne ferez pas d'injustice dans le jugement, dans la mesure, dans le poids, dans la contenance : vous aurez des balances de justice, des poids de justice, un *eyphah* de justice, un *hin* de justice » (Lv 19, 35-36). Et dans le Deutéronome : « Tu n'auras pas dans ta maison un *eyphah* et un *eyphah*, un grand et un petit. Tu auras un poids exact et juste, tu auras un *eyphah* exact et juste afin que se prolongent tes jours sur le sol que te donne Yahvé ton Dieu. Car c'est une abomination pour Yahvé, ton Dieu, quiconque fait cela, quiconque fait une chose injuste » (Dt 25, 13-14).

Quand on pense au fait que la balance, instrument essentiellement fonctionnel, devient symbole de la justice prise dans le sens le

---

40. C. RATHJENS, *art. cit.*, p. 118.

41. K. KAUTSKY, *op. cit.*, p. 174.

42. S.W. BARON, *A Social and Religious History of the Jews*, New York, 1952, I, p. 17.

43. M. MAUSS, *art. cit.*, p. 185. *Ibid.*, p. 164.

44. L. WOOLLEY, *Abraham*, London, 1935, p. 124-129. M.R. LEHMANN, « Abraham's Purchase of Machpelah and Hittite Law », *BASOR*, 129, 1953, p. 15-20.

45. E. BERTHEAU, *Zur Geschichte der Israeliten, Zwei Abhandlungen. I Ueber Gewichte, Münzen und Masse der Hebräer.* II. *Die Bewohner Palästinas seit den ältesten Zeiten*, Göttingen, 1842, p. 114-120. Y. YADIN, « Ancient Judean Weights and the Date of the Samaria Ostraca », *ScrHie*, 8, 1961, p. 16.

46. D. DIRINGER, « The Early Hebrew Weights found at Lachish », *PEQ*, 74, 1942, p. 82.

plus large du mot, on se demande si les pratiques de la vie commerciale n'auraient pas servi entre autres, de prototypes à un ensemble de préceptes moraux. Est-ce que ce n'est pas au cours de leurs séjours dans des centres de la vie économique, ainsi que culturelle, que les patriarches et ensuite les prophètes auraient trouvé ce qui a pu leur servir de stimulant qui, tout en renforçant leur soif de justice, leur permit de s'exprimer d'une façon plus imagée et avec plus de précision[47].

---

47. J. GRAY, *Archeology and the Old Testament World*, London, 1962, p. 174. M. CLÉVENOT, *Approches matérialistes de la Bible*, Paris, 1976, p. 30.

CHAPITRE VII

LE PROPHÉTISME
ET LA JUSTICE SOCIALE

Les prophètes bibliques qui occupent une place si importante dans l'histoire de l'humanité et qui sont considérés par Asher Ginsberg (= Ahad Ha-am)[1], par Buber[2] et bien d'autres comme les personnages les plus significatifs de l'histoire juive, méritent ici une attention toute particulière.

Le prophétisme est un phénomène quasi universel[3] qui dans l'Antiquité a été spécialement répandu à travers le Proche-Orient mais, en dehors d'Israël, surtout dans le domaine qui nous intéresse, il semble être resté plutôt marginal et épisodique[4]. La littérature dite prophétique apparaît en Égypte[5], aux périodes de décadence et de troubles sociaux, mais le genre « lamentation » n'a guère prospéré chez ce peuple heureux. En Mésopotamie, dans ces régions « des grands cataclysmes fluviaux et du déferlement des invasions », là où on cherche avant tout à exorciser la peur, le

1. M. HARAN, « La Recherche biblique en hébreu », *ETR*, 47, 1972, p. 151. N. ROTENSTREICH, *op. cit.*, p. 84.

2. N.N. GLATZER, « Buber als Interpret der Bibel », dans *Martin Buber*, Stuttgart, 1963, p. 354.

3. J.M. POWIS SMITH, « Southern Influences upon Hebrew Prophecy », *AJSL*, 35, 1918, p. 2. H.H. ROWLEY, *Prophecy and Religion in Ancient China and Israel*, London, 1956.

4. Ancien Testament, TOB, Paris, 1975, p. 403.

5. S. HERRMANN, « Prophetie in Israel und Agypten ; Recht und Grenze eines Vergleiches », *VTS*, 9, 1963, p. 47-65.

désespoir et la guerre, les oracles tâchent surtout à prémunir l'homme contre l'angoisse et l'inquiétude[6]. La correspondance des rois de Mari (vers le XVIIIe siècle av. J.-C.) se réfère à des prophètes ou des prophétesses, appelés « répondants » ou « extatiques »[7]. En Canaan, la stèle du roi Zakir de Hamat nous apprend que les rois consultaient leurs dieux par les prophètes ; il y avait là aussi des voyants et les extatiques. Mais nous ne savons finalement que peu de choses sur ce prophétisme ouest-sémitique[8]. Quant à la Grèce, il y aura là, comme en Egypte des sages mais ils recherchent dans la cité l'ordre, l'équilibre[9], le bonheur[10] plutôt que la justice qui les intéresse surtout pour ses conséquences et moins en elle-même[11].

En revanche, surtout par rapport au problème que nous étudions, c'est en Israël que le prophétisme a pris une place centrale, qu'il a marqué profondément la religion, les institutions politiques et même les structures sociales[12]. Exprimant l'inquiétude, le mécontentement qui, surtout à partir d'un certain moment, s'emparait d'une grande partie de la population, les prophètes hébreux dans l'accomplissement de leur mission ne se heurtaient pas, comme ailleurs, contre les infranchissables barrages que dressaient les puissants pouvoirs centraux contre toute critique venant d'en bas ; leurs voix avaient plus de chance de percer, de remonter à la surface et de se faire écouter même par les plus grands. Le roi David, qui pousse Urie à la mort pour s'emparer de sa femme Bethsabée, se conduit comme tant d'autres, mais il

---

6. L. RAMLOT, art. cit., DBS, 8, 1972, col. 1206.

7. H. CAZELLES, «Bible, histoire et sociologie du prophétisme», Les Quatres Fleuves, Paris, 3, 1974, p. 11.

8. ID., Introduction critique à l'Ancien Testament, Paris, 1973, p. 338-339.

9. A. NEHER, op. cit., p. 51.

10. C. DESPOTOPOULOS, «Les Concepts de juste et de justice selon Aristote», APD, 14, 1969, p. 303.

11. G. VLASTOS, «Justice and Happines in the Republic» dans Plato II : Ethics, Politics and Philosophy of Art and Religion, A Collection of Critical Essays, ed. G. Vlastos, London, 1972, p. 95. ID., «Equality and Justice in Early Greek Cosmologies», CP., 42, 1947, p. 156-178, reproduit dans D.J. Furley et R.E. Allen, Studies in Presocratic Philosophy, I, London, 1970. O. KAISER, «Gerechtigkeit und israelitischen Propheten und griechischen Denkern des 8-6 Jahrhunderts», NZSTh., 11, 1969, p. 327.

12. Ancien Testament, TOB, op. cit., p. 403.

s'incline devant la condamnation de Nathan et accepte le châtiment [13].

Les prophètes hébreux qui nous intéressent ici plus particulièrement, et dont il a été déjà question dans la deuxième partie de notre étude, ont eu des prédécesseurs : ils n'ont pas été créés de toute pièce, ils sont les enfants d'une longue tradition et les fils de leurs pères [14]. Mais si les premiers prophètes proclamaient surtout l'omnipotence de Dieu et postulaient des exigences cultuelles, leurs successeurs insistent spécialement sur le fait que la véritable alliance avec Yahvé doit se traduire par des actes : le culte de Yahvé qui ne s'accompagne pas d'un comportement équitable est un blasphème induisant les fidèles en erreur [15]. A partir du VIIIᵉ siècle, face à la crise, les nouveaux prophètes, avec Amos [16] en tête (le premier parmi les prophètes écrivains), mus par un idéal très élevé, profondément choqués par les abus qui se multiplient, par la dégradation sociale qui s'étend [17], s'adressent directement au peuple, s'insurgent moins contre les méfaits individuels, mais condamnent, sinon l'ensemble du système [18], du moins les fonctionnaires et les privilégiés [19].

A un certain moment on a exagéré, semble-t-il, le rôle des prophètes. J. Wellhausen, B. Duhm et leurs nombreux continuateurs les ont considérés comme les véritables fondateurs de la

---

13. A. et R. NEHER, *Histoire biblique du peuple d'Israël*, 2 vol., Paris, 1974, I, p. 316.

14. N.W. PORTEOUS, « The Basis of the Ethical Teaching of the Prophets », *Studies in Old Testament Prophecy*, ed. H.H. Rowley, Edinburgh, 1950, p. 149. A. GUNNEWEG, *Mündliche und schriftliche Tradition der vorexilischen Prophetenbücher*, Göttigen, 1959, p. 120. G.W. ANDERSON, *The History and Religion of Israel*, Oxford, 1966, p. 83. R.R. WILSON, « Early Israelite Prophecy », *Interp.*, 32, 1978, p. 8.

15. E. RIVKIN, *The Shaping of Jewish History. A Radical New Interpretation*, New York, 1971, p. 10.

16. S. COHEN, « The Political Background of the Words of Amos », *HUCA*, 36, 1965, p. 153.

17. T.G. SOARES, *The Social Institutions and Ideals of the Bible*, New York, 1915, p. 215.

18. K. KOCH, « Die Entstehung der soziale Kritik bei den Propheten », dans *Probleme biblischer Theologie*, Gerhard von Rad zum 70. Geburtstag, München, 1971, p. 238 sq.

19. H. DONNER, *art. cit.*, p. 245.

religion d'Israël [20] ; les plus nobles réalisations du droit israélite leur ont été attribuées [21]. Grâce aux études plus récentes le problème apparaît sous une forme plus nuancée. Les prophètes eux-mêmes ne se considéraient pas, semble-t-il, comme les porteurs d'une nouvelle conception de Dieu ou d'un nouvel enseignement moral [22]. Le fondement du droit, fortement imprégné de morale (le concept de l'alliance), paraît antérieur aux prophètes [23]. Mais n'oublions pas, d'autre part, que les rapports qui s'établissaient entre les prophètes et le droit correspondaient en général à des liens d'intime interdépendance ; les prophètes pouvaient se référer à une tradition de droit déjà existant, mais ils exerçaient eux-mêmes une influence sur la reconnaissance et le développement de ce droit [24]. Toutefois, ce n'est pas le côté formel du droit qui les intéresse, mais l'esprit dont il est imprégné ; ils ne cherchent pas à réformer les lois, mais avant tout élever le niveau moral des humains [25].

Il existe une multitude d'ouvrages consacrés aux prophètes d'Israël [26]. Surtout auparavant, ils étaient traités le plus souvent comme l'émanation d'une force surnaturelle, l'expression de la

20. R.E. CLEMENTS, *Prophecy and Covenant*, London, 5e ed. 1973, p. 15.

21. *Ibid.*, p. 23.

22. *Ibid.*, p. 16.

23. *Ibid.*, p. 23. R. BACH, « Gottesrecht und weltliches Recht in der Verkündigung des Propheten Amos », Festschrift für G. Dehn, Neukirchen, 1957, p. 24. I. LEWY, « Dating of Covenant Code Sections on Humaneness and Righteousness », *VT*, 7, 1957, p. 325.

24. R.E. CLEMENTS, *op. cit.*, p. 24.

25. A. EBERHARTER, *op. cit.*

26. Voici entre autres quelques publications d'un caractère bibliographique qui en donnent une idée : G. FORHER, « Zehn Jahre Literatur zur alttestamentlichen Prophetie » (1951-1960), *ThR.*, 28, 1962, p. 1-75 ; 235-297 ; 301-374. ID., « Neue Literatur zur alttestamentlichen Prophetie (1961-1970) », *ThR*, 40, 1975, p. 193-209. J. SCHARBERT, « Die prophetische Literatur. Der Stand der Forschung », *EThL*, 44, 1968, p. 346-406. L. RAMLOT, *art. cit.*, spécialement § VII, « Les Prophètes, les réalités sociales et le monde », col. 1099-1100. J.M. SCHMIDT, « Probleme der Prophetenforschung. Verkundigung und Forschung, *BhEvTh*, 17, 1972, 1, p. 37-81. E. JACOB, « Quelques travaux récents sur le prophétisme », *RHPhR*, 53, 1973, p. 415-425. J. LIMBURG, « The Prophets in Recent Study 1967-1977 », *Interp.*, 32, 1978, p. 56-68.

volonté divine[27] (Buber[28], Rosenzweig[29], Heschel[30], Neher[31], etc.). Cependant, comme nous l'avons vu dans la deuxième partie de notre étude, depuis un certain temps de plus en plus d'auteurs s'intéressent aux prophètes, aussi en tant que réformateurs sociaux, porte-parole des aspirations du peuple (Robertson Smith[32], Darmesteter[33], Herman Cohen[34], Lods[35], Kaufmann[36], etc.). D'ailleurs dans l'ensemble ces deux points de vue tendent à se rapprocher, l'écart entre eux semble aller en diminuant. Il est en général admis qu'à la différence des prêtres, les prophètes n'étaient pas « établis »[37], rattachés à des périodes et des lieux déterminés, fixés dans le temps et dans l'espace[38], qu'ils n'appartenaient pas au personnel cultuel[39]. Ils s'indignaient contre l'abus du rituel[40], pourtant, conformément à ce que déclare à leur sujet l'école scandinave, ils ne sont pas entièrement ennemis du culte[41]. Ils semble: t avoir fréquemment délivré leurs messages dans les lieux saints et utilisé la terminologie rituelle[42]. Si on les avait interrogés pour savoir s'ils se considéraient eux-mêmes tout d'abord réformateurs religieux, ou comme réformateurs sociaux, ils auraient

---

27. A.C. WELCH, *The Religion of Israel under the Kingdom*, Edinburgh, 1912, p. 53.

28. M. BUBER, *The Prophetic Faith*, New York, 1949 (l'original en hébreu, 1942).

29. F. ROSENZWEIG, *Der Stern der Erlösung*, Frankfurt a/M, 1921.

30. A. HESCHEL, *The Prophets*, New York, 1962 (*Die Prophetie*, Kraków, 1936).

31. A. NEHER, *L'Essence du prophétisme*, *op. cit.*, p. 4.

32. W. ROBERTSON SMITH, *The Prophets of Israel and their Place in History*, Edinburgh, 1881.

33. J. DARMESTETER, *Les Prophètes d'Israël*, Paris, 1892.

34. H. COHEN, Jüdische Schriften, 3 vol., Berlin, 1924; I, p. 306; II, p. 398.

35. A. LODS, *Les Prophètes d'Israël*, *op. cit.*.

36. Y. KAUFMANN, *The Religion of Israel..*, Chicago-London, 1960 (original en hébreu, 1937).

37. S.W. BARON, *op. cit.*, I, p. 87.

38. J.N. SCHOFIELD, *Law, Prophets and Writings*, London, 1969, p. 112.

39. J. BRIGHT, *A History of Israel*, London, 4e ed. 1966, p. 246.

40. H.H. ROWLEY, *Worship in Ancient Israel, its Forms and Meaning*, London, 1967, p. 174.

41. A. GUNNEWEG, *op. cit.*, p. 112. H.H. ROWLEY, « Trends in Old Testament Study », *The Old Testament and Modern Study*, ed. H.H. Rowley, Oxford, 1951, p. XVII. O. EISSFELDT, « The Prophetic Literature », *The Old Testament and Modern Study*, *op. cit.*, p. 120.

42. J. BRIGHT, *op. cit.*, p. 246.

probablement violemment protesté contre cette distinction[43]. Ils avaient une conception unitaire des choses[44] ; ils recherchaient la synthèse entre la politique et l'éthique[45] ; le social dans leur message n'est qu'un épiphénomène du moral[46] ; les crimes sociaux, d'après eux, deviennent des péchés religieux. Mais vu l'époque à laquelle ils vivaient et dont ils étaient le produit, étant donné qu'ils ont pris la parole au moment de la crise politique et économique, c'est sur le social que semble se fixer surtout l'attention de certains d'entre eux[47]. Les critiques les plus sévères d'Amos portaient sur l'injustice sociale[48].

Dans cette perspective de primauté accordée au social, rappelons encore une autre distinction dichotomique. Pour certains, les prophètes sont tout d'abord des traditionalistes ou des conservateurs, pour d'autres des novateurs ou même des révolutionnaires. Pourtant, dans l'ensemble, à cet égard aussi, on commence à ne pas trop tomber dans les extrêmes : la plupart des exégètes contemporains adoptent un point de vue qui se situe sur la voie médiane.

D'après W.C. Graham, les prophètes cherchent à introduire plutôt des transformations que des innovations et ils sont loin d'agir en tant que partisans de la lutte des classes[49]. Selon G. von Rad, ils sont enracinés dans la tradition avec le regard plongé dans l'avenir[50] et, pour H.W. Wolff, ils puisent dans le passé, mais ils sont des réformateurs[51].

Un A.S. Kapelrud[52], un H. Reventlov[53], un G. Fohrer[54] pen-

43. S.W. BARON, op. cit., p. 88.
44. H. CAZELLES, « A propos de quelques textes difficiles... », art. cit., p. 171.
45. N. ROTENSTREICH, op. cit., p. 84.
46. A. NEHER, Amos. Contribution à l'étude du prophétisme, Paris, 1950, p. 251.
47. J. LINDBLOM, op. cit., p. 343. A. CAQUOT, La Religion d'Israël des origines à la captivité de Babylone, dans Histoire des religions, Encyclopédie de la Pléiade, 1970, p. 436.
48. K. KOCH, art. cit., p. 242.
49. W.C. GRAHAM, The Prophets and Israels Culture, Chicago, 1934, p. 74.
50. G. VON RAD, Theologie des Alten Testaments, op. cit., I, p. 75.
51. H.W. WOLFF, Gesammelte Studien zum Alten Testament, München, 1964, p. 220.
52. A.S. KAPELRUD, art. cit., p. 194.
53. H. REVENTLOW, Das Amt des Propheten bei Amos, Göttingen, 1962, p. 116.
54. G. FOHRER, Studien zur alttestamentlichen Prophetie (1949-1965), BZAW, 99, 1967, p. 27.

chent en faveur d'une interprétation qui décidément situe les prophètes parmi les conservateurs. Mais pour E. Jacob [55] ils étaient en même temps des révolutionnaires tournés vers le passé et des conservateurs animés par la passion de l'avenir ; de même selon L. Ramlot [56], les prophètes ne font rien sans invoquer la tradition, et pourtant leur grand message ce sont les temps nouveaux. D'autres (exégètes) estiment que les prophètes savaient se servir du passé pour les besoins du présent [57]. Amos, par exemple, ne peut être considéré comme porte-parole d'une classe et ne peut être qualifié ni de révolutionnaire ni de rétrograde [58].

Comme il ressort déjà en partie de ce que nous venons de dire, il semble très difficile, sinon impossible, de dégager une doctrine prophétique uniforme et en plus il faut aussi tenir compte de l'individualité des grands prophètes dont chacun a ses idées, ses sentiments propres [59]. Pourtant ils semblent tous avoir quelque chose de commun : une attitude réaliste. Ils ont horreur du verbiage, de l'éloquence trop abstraite. A l'encontre des faux prophètes, ils s'intéressent au concret [60] et sont loin de vivre enveloppés d'un voile d'illusions [61]. La prédication de l'avenir ne constitue pas l'essentiel de leur prédication ; elle est plutôt le fruit, le résultat final d'une connaissance approfondie du monde environnant, de l'actualité et du passé [62].

Contrairement à la thèse de certains (E. Troeltsch [63],

---

55. E. Jacob, «Les Prophètes bibliques sont-ils des révolutionnaires ou des conservateurs», CSoc., 71, 1963, p. 297.

56. L. Ramlot, «Histoire et mentalité symbolique», Exégèse et théologie. Mélanges Coppens, t. III, 1968, p. 188.

57. R. Gordis, « The Bible as a Cultural Monument », The Jews : Their Religion and Culture, ed. L. Finkelstein, New York, 1971, p. 24.

58. M. Fendler, «Zur Sozialkritik des Amos ; Versuch einer wirtschafts und sozialgeschichtlichen interpretation alttestamentlicher Texte», EvTh, 33, 1973, p. 32-53.

59. A. Caquot, op. cit., p. 436.

60. H.W. Wolff, «Prophecy from the eight through the fifth Century », Interp., 32, 1978, p. 26.

61. M. Buber, «Falsche Propheten», Schriften zur Bibel, Werke, 3 vol., München, 1964, II, p. 948.

62. S. Herrmann, Prophetie und Wirklichkeit in der Epoche des babylonischen Exils, AzTh, 32, 1967, p. 6.

63. E. Troeltsch, «Das Ethos der hebräischen Propheten», Log., 6, 1916, p. 1-28.

F. Weinrich[64], B. Albrektson[65]), les prophètes que nous étudions semblaient bien loin d'être des utopistes[66]. Puisant dans la tradition, dans les expériences du passé, mêlés aux expériences du peuple, au courant de l'actualité[67], ils disposaient d'une somme de connaissances et de renseignements qui leur permettaient d'acquérir une étonnante lucidité et objectivité dans les jugements portés sur toutes les affaires humaines[68], de voir les choses telles qu'elles étaient réellement[69]. Leurs exigences sociales présentaient une grande similitude avec les anciennes lois; leurs fréquentes déclarations en faveur des opprimés, de la veuve et de l'orphelin, correspondaient aux lourdes pertes subies par Israël au cours des guerres (surtout avec les Araméens et les Assyriens), comme suite auxquelles il ne resta dans de nombreuses familles que des veuves et des orphelins privés de toute protection[70].

Si on prend comme exemple Isaïe, ce qui semble à certains égards frapper le plus chez lui, c'est le caractère pratique de son action et son réalisme. Sans perdre pour cela sa figure d'inspiré, de poète, il apparaît comme très positif, comme très près du concret[71]. En tout cas, l'étiquette d'extatique (qui dans le français courant signifie *s'abîmer dans la contemplation*) semble ne pas convenir à Isaïe : ses extases, s'il en eut, n'ont pas laissé de traces; ses accès d'exaltation s'intégraient à une existence fort active et se sont traduits par des textes parfaitement en liaison avec la vie[72]. Le fameux passage :

Malheur à ceux qui font en sorte que leurs maisons se touchent,
qui d'un champ rapprochent un autre champ,
jusqu'à ce qu'il n'y ait plus de place
et que vous restiez vous seuls établis au milieu du pays (Is 5, 8).

64. F. WEINRICH, *Der religiös-utopische Charakter der prophetischen Politik*, Giessen, 1932.
65. B. ALBREKTSON, «Prophecy and Politics in the Old Testament», dans *The Myth of the State*, Stockholm, 1972, p. 56.
66. K. ELLIGER, «Prophet und Politik», *ZAW*, 53, 1935, p. 15.
67. N.K. GOTTWALD, *All the Kingdoms of the Earth*, New York, 1964, p. 358.
68. J. HOMERSKI, «Rola proroków w zyciu politycznym Izraela w ocenie wspólczesnych egzegetów», *RTK*, 19, 1972, p. 38.
69. P. KLEINERT, *op. cit.*, p. 5. T.Q. SOARES, *op. cit.*, p. 212.
70. B. BALSCHEIT und W. EICHRODT, *op. cit.*, p. 38.
71. G. BRUNET, *Essai sur l'Isaïe de l'histoire*, Paris, 1975, p. 226.
72. *Ibid.*, p. 229.

représente une condamnation qui se rattache moins à la tradition littéraire et bien plus à la pratique juridique de l'époque[73].

Les prophètes hébreux se recrutent dans les milieux les plus divers, mais même ceux qui ne sont pas d'origine plébéienne évoluent, semble-t-il, dans ce sens[74]. Isaïe, d'origine aristocratique. jouera un rôle qu'on peut assimiler à celui d'un tribun du peuple[7]

Ces « ministres de l'inquiétude[76] » recherchent l'absolu, leurs regards sont tournés vers le haut, mais en même temps ils sont très sensibles à tout ce qui fait partie de la vie quotidienne. Ils parcourent le pays en long et en large ; ils se rendent partout où ils croient pouvoir accomplir leur mission[77] ; ils côtoient la foule et les masses aussi bien dans les lieux du culte que sur les marchés ; ils s'adressent directement au peuple, et ce n'est qu'ensuite que leurs discours et leurs prédications apparaissent par écrit[78]. Contrairement aux faux prophètes, ils ne sont pas des professionnels. Leur activité est la conséquence d'un besoin intérieur, personnel et non d'une fonction honorifique ou intéressée. Un Amos a son *Sitz im Leben* dans la sagesse tribale[79] ; les abus de luxe le font réellement souffrir. Avant de prophétiser, il observe attentivement le milieu environnant[80].

Les changements relativement rapides, à l'époque dont les prophètes font partie, créent chez eux une certaine nostalgie du passé comparable à ce qui se manifesta en Occident sous forme de certains aspects du romantisme[81]. Mais ces changements obligent en même temps de faire face à toute une série de besoins nouveaux.

---

73. W. Dietrich, *Jesaja und die Politik*, München, 1976, p. 225.

74. M. Weber, *Das antike Judentum, op. cit.*, p. 105.

75. L. Finkelstein, *The Pharisees, op. cit.*, I, p. 301.

76. L. Ramlot, *art. cit.*, col. 1207.

77. S.W. Baron, *op. cit.*, I, p. 87.

78. J. Lindblom, « Die literarische Gattung der prophetischen Literatur », *UUA*, 1924, Theol., 1, p. 8.

79. E. Jacob, « Quelques travaux récents... », *art. cit.*, p. 421.

80. W. Robertson Smith, *The Prophets..., op. cit.*, p. 128.

81. Ce n'est probablement pas tout à fait par hasard que le traditionaliste, le pilier du romantisme économique et politique, Adam Müller, s'intéressa vivement à l'histoire de l'ancien Israël et que dans *Die Elemente der Staatskunst* (1809), il fit l'apologie de Moïse (cité par O. Weinberger, *Die Wirtschaftsphilosophie des Alten Testaments*, Wien, 1948, p. 78, 86-87).

Et en plus de ces bouleversements internes, de ces transformations économiques et sociales, il y a les dangers venant de l'extérieur — la menace d'extermination presque continuelle par les peuples voisins numériquement supérieurs — cette dramatique constante de presque toute l'histoire juive.

La situation, à laquelle nous venons de faire allusion, contraignait tous ceux qui avaient le sens de la responsabilité collective à vivre sur le qui-vive moral quasi continuel ; ils ne pouvaient se permettre, comme cela arrive dans les sociétés à caractère statique, vivant plutôt à l'écart des grands remous sociaux et politiques, ni se détourner ni se désintéresser de ce qui constitue l'essence aussi bien de la vie matérielle que de la vie morale. Et comme malgré les changements rapides, la société israélienne du VIIIe et VIIe siècle n'était pas encore trop hiérarchisée, socialement différenciée, comme les masses indigentes n'étaient pas encore entièrement refoulées à la périphérie, comme la « caste pontificale » et surtout les prophètes n'étaient pas encore retranchés sur eux-mêmes, ces derniers sont mêlés à l'expérience commune du groupe et, contrairement à ce qui se passera en Grèce et à Rome, ils ne risquaient pas de tomber dans des spéculations abstraites, dans des considérations purement théoriques, propres aux privilégiés, à ceux qui sont placés au-dessus de la mêlée[82].

A l'époque où vivaient les prophètes, il leur était difficile d'employer un langage différent du leur. Mais leur pathos, leur lyrisme, leurs expressions poétiques ne peuvent être assimilés aux discours ténébreux d'un oracle[83] ; ce n'est pas le mystique ni le magique mais le compréhensible, le rationnel qui prédominait chez eux[84].

L'homme, selon les prophètes, doit, par un effort continuel, développer cette étincelle divine dont il est porteur. Mais les valeurs spirituelles acquises ainsi ne doivent pas se borner à notre for intérieur, il faut qu'elles soient appliquées à la vie concrète. Le

---

82. A. NEHER, « Fonction du prophète dans la société hébraïque », *RHPhR*, 28, 1948, p. 30-42.

83. S. DUBNOW, *Weltgeschichte des jüdischen Volkes*, 10 vol. Berlin, 1925, I, p. 228.

84. M. WEBER, *op. cit.*, p. 329.

comportement de l'homme doit correspondre à ses principes [85]. L'Ancien Testament se caractérise par le fait qu'il manque de ce qu'on entend en général par théologie. Les considérations sur la nature de Dieu ne planent pas dans l'abstrait, mais se rapportent de suite au monde de l'action [86]. Tandis qu'ailleurs on attache une si grande importance à la grâce divine, à la prédestination, les prophètes considèrent l'homme comme un être libre, moral dont on peut exiger le juste comportement [87]. Ils insistent non seulement sur l'obligation de croire mais d'agir [88]. La justice, selon eux, n'est pas une valeur abstraite, existant en dehors de la vie réelle, en dehors de la société [89]. C'ést l'injustice qui, selon les prophètes, est la principale raison de la colère de Dieu [90]. Ceux qui semblent être parmi les premiers, sinon les premiers, dans l'histoire à introduire la primauté du moral [91], attachent plus d'importance aux bonnes mœurs, au comportement qu'au culte. D'après eux Dieu ne demande pas des sacrifices, des offrandes, mais l'amour, la vérité, la foi, l'équité [92]. Le vol commis au détriment d'un particulier, dirait-on avec le temps, est un crime plus grand que le sacrilège [93].

Libre de toutes obligations sacerdotales [94], Amos se révolte contre le culte limité à des formes purement extérieures comme on ne l'a probablement jamais fait avant : au nom de Dieu il s'écrie :

Je déteste, je méprise vos fêtes :
et je ne prends pas plaisir à vos réunions.
Que si vous faites monter vers moi des holocaustes,

---

85. V.M. VELLAS « The Spiritual Man according to the Old Testament », *GOTR*, 10, 1964, p. 108.

86. A.C. WELCH, *Prophet and Priest in the Old Israel*, London, 1936, p. 69. U. TÜRCK, *Die sitliche Forderung der insraelitischen Propheten des 8 Jahrhunderts*, Göttingen, 1935, p. 28.

87. L. BAECK, « Die Schöpfung des Mitmenschen », dans *Soziale Ethik im Judentum*, Frankfurt a/M., 1918, p. 14.

88. R.L. SHASKOLSKY, « Protest and Dissent in Jewish Tradition — The Prophets as Dissenters », *Jdm.*, 19, 1970, p. 26.

89. J. PEDERSEN, *op. cit.*, p. 352.

90. A. LODS, *op. cit.*, p. 541.

91. Y. KAUFMANN, *op. cit.*, p. 345.

92. H. GRESSMAN, « Josia und das Deuteronomium », *ZAW*, 42, 1924, p. 335.

93. S.W. BARON, *op. cit.*, II, p. 254.

94. R.E. CLEMENTS, *op. cit.*, p. 121.

je ne me complais pas à vos oblations
et je ne regarde pas vos pacifiques de bœufs gras !
Eloigne d'auprès de moi le tapage de tes chants
et que je n'entende pas la psalmodie de tes harpes !
Mais que le jugement coule comme de l'eau
et la justice comme un torrent intarissable ! (Am 5, 21-24).

Il fut témoin et victime de multiples formes d'injustice ; il est donc particulièrement préoccupé par le sort de ceux qui ont une vie difficile[95] et se montre donc très sévère à l'égard de toutes les formes d'exploitation[96]. Il dénonce ceux qui oppriment les pauvres et maltraitent les indigents (Am 4, 1) : ceux qui « ont vendu un juste pour de l'argent et un indigent contre une paire de sandales », qui « piétinent sur la poussière de la terre la tête des pauvres et font dévier la voie des humbles », qui « s'étendent sur des vêtements pris en gage » et « qui boivent le vin des gens mis à l'amende » (Am 2, 6-8). Avec une véhémence particulière, il se tourne contre les spéculateurs qui, au détriment des indigents, stockent le blé pour ensuite le vendre plus cher et en plus faussent des « balances de tromperie » (Am 8, 5).

Osée proclame aussi que Yahvé « veut la piété et non le sacrifice, la connaissance de Dieu plutôt que les holocaustes » (Os 6, 6) et il condamne ceux « qui reculent une borne » (Os 5, 10) qui, de leur argent et de leur or « se sont fait des idoles » (Os 8, 4), qui aiment la fraude, qui ne font que s'enrichir (12, 8-9).

De même, selon Isaïe, Dieu est « rassasié des holocaustes de béliers et de la graisse des bêtes à l'engrais », l'encens est pour lui une abomination, son âme hait les néoménies et les solennités ; il n'entend pas ceux qui multiplient les prières et dont les mains sont pleines de sang ; en revanche, il demande aux gens de s'abstenir de faire du mal et apprendre à faire du bien : de rechercher le droit de

---

95. K. Koch, *art. cit.*, p. 242.
96. H.W. Wolff, *Die Stunde des Amos — Prophetie und Protest*, München, 1971, p. 62. Notons que, d'apès certains spécialistes, il semble actuellement qu'Amos « ait été quelque chose comme un administrateur agricole du roi Ozias, ce qui explique mieux sa connaissance de la politique du temps, des traditions du pays, ainsi que la vigueur de son style (H. Cazelles, « Bible, histoire... », *art. cit.*, p. 14 ; J.-L. Vesco, « Amos de Teqoa, défenseur de l'homme », *RB*, 87, 1980, p. 483).

mettre « au pas le violateur », de défendre la veuve et l'orphelin (Is 1, 11-17), de ne pas léser le vrai propriétaire de la vigne, de ne pas « écraser » le peuple et « réduire les pauvres à néant » (Is 3, 14-15).

Ce que Dieu demande à l'homme, d'après Michée, ce ne sont pas les « holocaustes », « des milliers de béliers, des myriades de torrents d'huile », mais qu'il pratique le « jugement », aime la piété et marche « humblement » avec son Dieu (Mi 6, 6-8). Et comme Michée ainsi qu'Amos s'intéresse aussi vivement au sort des pauvres, des opprimés[97], il condamne « ceux qui méditent l'iniquité », qui « convoitent des champs et les volent », qui « font violence à un homme et à sa maison, à un homme et à son héritage » (Mi 2, 1-2). Quant aux « chefs de Jacob » et les « magistrats de la maison d'Israël » qui devraient « connaître le jugement », mais qui « détestent le bien et aiment le mal », qui « mangent la chair » du peuple et « écorchent la peau qui les recouvre », ils auront beau crier vers Yahvé, mais celui-ci ne leur répondra pas et « leur cachera sa face » (Mi 3, 1-4).

Selon Jérémie, les holocaustes ne plaisent pas à Dieu et les sacrifices ne lui sont pas agréables ; il n'a pas besoin de « l'encens qui vient de Saba et (de) la plante aromatique d'une terre lointaine » (Jr 6, 20). La vraie piété, la connaissance de Dieu se traduisent par la pratique du jugement et de la justice (Jr 22, 15-16) : il faut arracher « le spolié à la main de l'oppresseur », ne pas molester, ne pas outrager « l'hôte, l'orphelin, la veuve » (Jr 22, 3), ne pas bâtir « sa maison par l'injustice », ne pas faire travailler son prochain sans lui donner son salaire (Jr 22, 13), ne pas fixer ses yeux et son cœur que sur son profit (Jr 22, 17).

Sophonie et Habacuc qui, comme Jérémie, appartiennent au dernier tiers du VIIe siècle, à l'époque de la réforme du roi Josias, s'insurgent avec véhémence contre ce qui se passe autour d'eux et la justice est le principal remède qu'ils préconisent. Sophonie condamne la corruption qui règne à Jérusalem :

Malheur à la rebelle, à la souillée,
à la ville qui opprime ! (So 3, 1)

---

97. K. KOCH, *art. cit.*, p. 246.

Ses princes, dans son sein,
sont des lions rugissants,
ses juges sont des loups du soir,
qui ne gardent pas un os pour le matin (So 3, 3).

Tous ceux-là sont voués à la perte puisque Yahvé dans son sein est juste (So 3, 5) et il n'y a que les «humbles du pays», ceux qui exécutent le jugement de Yahvé, qui recherchent la justice, l'humilité qui peut-être seront à «l'abri au jour de la colère de Yahvé» (So 2, 3).

Dès le début de sa prophétie, Habacuc se lamente sur l'oppression du faible par le fort, de la violation du droit. Il voit en face de soi l'iniquité, le pillage, la dispute, des querelles : un état de choses où «la loi est paralysée et le droit n'apparaît plus jamais» (Ha 1, 3-4). Et ainsi que nous l'avons déjà remarqué à l'occasion de l'œuvre de L. Finkelstein, même quand Habacuc se tourne contre les conquérants, sa condamnation prend en partie la forme d'une prédication sociale :

Malheur à qui s'enrichit de ce qui n'est pas à lui... (Ha 2, 6)
Malheur à qui gagne un gain malhonnête pour sa maison... (Ha 2, 9)
Malheur à qui édifie une ville dans le sang
et qui fonde une cité dans l'injustice! (Ha 2, 12).

Le souci du salut, l'espoir d'une récompense dans l'autre monde peut avoir un effet positif sur notre comportement ici-bas, mais trop d'importance attachée à l'au-delà risque de nous rendre insuffisamment attentif, sinon indifférent devant la réalité quotidienne. Cette deuxième éventualité paraît, sinon entièrement éliminée, du moins relativement très limitée dans le judaïsme pris dans son ensemble et surtout à l'époque considérée. Comme il est rappelé d'une façon si frappante dans le Talmud (où il est dit qu'une heure de bonnes œuvres dans ce monde est meilleure que toute la durée de la vie future [98]), le judaïsme s'intéresse d'abord au sort de l'humanité ici-bas [99]. Le problème de l'au-delà, la croyance

---

98. M. SCHUHL, *Sentences et proverbes du Talmud et du Midrash*, Paris, 1878, p. 505.
99. S.W. BARON, *op. cit.*, p. 9.

dans la résurrection des morts n'occupe pas de place centrale dans l'Ancien Testament d'avant l'Exil [100]. L'immortalité est considérée comme un attribut divin [101].

L'idée de survie individuelle est étrangère à la pensée biblique de l'ancien Israël qui se soucie surtout de la durée éternelle du groupe. L'israélite meurt, mais Israël continue ; les individus s'en vont mais le peuple élu subsiste [102]. L'eschatologie individualiste ne prend de l'importance qu'au moment où, avec la perte de l'indépendance nationale, le peuple se sent menacé, dans l'ensemble de son existence [103]. Le sort de l'individu devient alors un sujet de préoccupation, le problème de résurrection un des thèmes de la croyance israélite à partir de l'Exil [104]. Mais même à partir de ce moment il n'y aura pas de dualité entre le corps et l'âme, pas d'incompatibilité, de coupure entre la vie et l'après mort [105]. Comme cela apparaît dans les Psaumes, dans la littérature sapientielle, l'immortalité serait surtout la continuation de l'existence ici-bas et non une vie nouvelle dans l'au-delà [106].

En tout cas, dans les écrits des prophètes de l'époque qui nous intéresse, nous ne trouvons presque aucune trace de préoccupation se rapportant à la résurrection [107]. Presque aucune place n'est réservée à la vision de l'au-delà [108]. Les prophètes paraissent

100. A. Lods, *La Croyance à la vie future et le culte des morts dans l'antiquité israélite*, Paris, 1906, p. 42.

101. H. Bruppacher, *Die Motive der alttestamentlichen Armutsbeurteilung*, Zürich, 1924, p. 47.

102. R. Martin-Achard, *De la mort à la résurrection. L'origine et le développement d'une croyance dans le cadre de l'Ancien Testament*, Paris, 1956, p. 25.

103. H.W. Huppenbauer, « Auferstehung », *BHH*, 1, 1962, p. 149.

104. S. Herrmann, *Die prophetischen Heilserwartungen im Alten Testament*, Stuttgart, 1965, p. 306. E. Hammershaimb, *Some Aspects of Old Testament Prophecy from Isaiah to Malachi*, Rosekilde og Bagger, 1966, p. 112.

105. L. Baeck, *Essence of Judaïsm*, 1948, p. 184. H. C. Thomson, « Old Testament Ideas on Life after Death », *TGUOS*, 22, 1970, p. 46-55.

106. B. Vawter, « Intimations of Immortality and the Old Testament », *JBL*, 91, 1972, p. 165.

107. A. Causse, *Der Ursprung der jüdischen Lehre von der Auferstehung*, Cahors, 1908, p. 19. H. Bruppacher, *op. cit.*, p. 47.
S. Virgulin, « La rissurrezione dai morti in Is. 26, 14-19 », *BeO*, 14, 1972, p. 49-60. E.B. Keller, « Hebrew Thoughts on Immortality and Resurrection », *IJPR*, 5, 1974, 1, p. 28.

108. L. Baeck, *op. cit.*, p. 39.

indifférents devant le problème de la survie [109]. Il ne faudrait peut-être pas trop déduire de ce silence [110]. Mais n'oublions pas qu'à l'encontre des représentants officiels du culte, les prophètes mènent en général la même existence que les non-privilégiés, que tous ceux qui ne peuvent trop attendre, qui recherchent une amélioration de leur sort ici-bas. Et comme leur vie difficile, souvent pleine de privations, ne porte cependant pas le caractère monastique [111], ils ne tournent pas le dos à la réalité. En contact avec la grande masse des gens, ce qu'ils réclament est dicté par le bon sens ; ce qu'ils préconisent ne s'écarte pas trop du quotidien et n'a pas besoin de justification ni de sanctions puisées dans l'imaginaire [112].

Ce côté réaliste allant de pair avec l'état d'insécurité, la quasi-impossibilité de se fixer dans l'espace, de s'attacher (dans le double sens du mot) à ce qui est matériel, engendrera forcément une certaine mobilité, une faculté d'adaptation, une disponibilité qui est la condition *sine qua non* de toute recherche de justice sociale. En contact direct avec les difficultés, les privations dont pâtit la grande majorité, les prophètes ne peuvent tomber dans l'immobilisme, adopter comme définitif l'état donné des choses, défendre les privilèges acquis.

Conformément à ce que nous avons déjà dit au sujet de cette aptitude de puiser dans le passé et de se tourner en même temps vers l'avenir, les prophètes semblent avoir été bien conscients du rôle joué par le temps [113] ; ils savent que rien ne peut rester au même point, ils se rendent compte que dans l'univers, dans le monde qui nous entoure, tout est soumis à un changement, à un développement continuel [114]. Ainsi, aussi longtemps qu'ils restent les représentants d'un prophétisme vivant, pour eux, même les

109. M. WIENER, *Die Religion der Propheten*, Volkschriften über die jüdische Religion, Frankfurt a/M., 1912, p. 69.

110. L. JACOBS, *Principles of the Jewish Faith*, London, 1964, p. 411.

111. A. NEHER, *L'Essence du prophétisme*, *op. cit.*, p. 174.

112. B. MAY, *Soziale Leben in Israel zur Zeit der Propheten*, Frankfurt a/M., 1923, p. 28.

113. E. JACOB, *art. cit.*, p. 293.

114. H. COHEN, « Das soziale Ideal bei Platon und den Propheten », *Jüdische Schrifte* I, *op. cit.*, p. 325.

verdicts de Yahvé ne sont pas immuables[115]. Les jugements portés sur Dieu et la nature ne peuvent être définitifs, inchangeables[116]. Il n'y a pas d'ordre établi une fois pour toutes[117]. Il n'y a pas d'institution qui mériterait d'être préservée pour elle-même : la valeur de chacune dépend de ses possibilités d'adaptation aux conditions changeantes dans lesquelles les besoins humains doivent être satisfaits[118].

D'après les prophètes, toutes les lois étaient provisoires et conditionnelles ; elles ne pouvaient prétendre à l'immutabilité puisqu'une telle exigence freinerait la liberté d'action de Dieu et cela ne pourrait être toléré[119]. Cette façon de voir se traduira entre autres par l'application des lois des années jubilaires, fondées sur le principe que Dieu est le seul propriétaire de la terre[120], et qui avaient pour but de protéger et en même temps de limiter les droits de la propriété privée : les excroissances de la richesse, les accumulations de terres[121].

Ce que nous venons de mentionner semble correspondre à l'approche finaliste, téléologique et dynamique de la pensée historique juive distincte de la conception causale, statique et critique qui prédomine chez les historiens grecs[122]. La pensée des prophètes hébreux, que certains comparent à une flèche qui fonce vers l'avenir[123], semble bien s'inscrire dans la ligne de cette spécificité du discours juif qui « dans sa plus stricte tradition se

---

115. A. MENES, op. cit., p. 90.
116. A.C. WELCH, Prophet and Priest, op. cit., p. 70.
117. M. WEBER, op. cit., p. 142.
118. W.C. GRAHAM, op. cit., p. 73.
119. E. RIVKIN, op. cit., p. 14.
120. M.S. NAHMANI, op. cit., p. 21.
121. F.E. KÜBEL, op. cit., p. 37. R.G. NORTH, Sociology of the Biblical Jubilee, Rome, 1954, p. 217. E. NEUFELD, « Socio-économic Background of Yobel and Shemitta », RSO, 33, 1958, p. 53-124.
122. T. BOMAN, Das hebräische Denken in Vergleich mit dem griechischen, Göttingen, 5ᵉ éd., 1968, p. 148. J. BARR, Biblical Words for Time, London, 2ᵉ éd. 1969. M. SEKINE, « Erwägungen zur hebräischen Zeitauffassung », VT.S., 9, 1963, p. 66-82. H. WILDBERGER, « Jesajas Verständnis der Geschichte », VT.S., 9, 1963, p. 83-117.
123. M. SERRES, « Le Modèle », XVIIᵉ Colloque des intellectuels Juifs de langue française, Paris, novembre 1976.

fissure en lui-même déjà d'une double articulation (...) : porteur tout à la fois de la tradition la plus forte attachée à la rigueur proprement sacrée de la Torah et en même temps des plus fortes avancées narratives donnant lieu aux imprévisibles surgissements de la pratique questionnante du commentaire talmudique et aux percées les plus subversives dans l'histoire de la pensée occidentale [124] ».

La recherche portant sur les conceptions du temps dans l'Ancien Testament est encore loin d'atteindre une phase définitive [125] mais il nous semble utile d'attirer ici l'attention sur ce problème, et il est intéressant de rappeler aussi à ce propos qu'un des traits essentiels du judaïsme, à l'opposé de ce que préconisera le christianisme, c'est que le monde attendu n'est pas encore arrivé [126]. D'ailleurs même l'autre monde n'attend pas l'homme tel un havre de sécurité, où il pourra enfin goûter la plénitude du repos, rassasié d'esprit « car les justes ne connaîtront aucun repos, même dans le monde à venir, où ne les attend encore que progression, marche, effort [127] ».

Le réalisme, la faculté d'adaptation, la mobilité, sinon le dynamisme que nous retrouvons chez les prophètes et ensuite dans l'ensemble du judaïsme, présentent le risque d'être interprétés dans le sens des thèses qui attribuent aux Juifs un côté bassement utilitaire et opportuniste [128]. Afin d'éviter cette erreur, il faut ne pas oublier que le judaïsme est foncièrement non-dualiste [129], que l'univers du vrai judaïsme est celui de l'unité [130].

Les prophètes, qui s'intéressent à l'aspect global de l'existence, s'efforcent de concilier le physique avec le spirituel, le concret avec l'idéalisme le plus extrême [131]. Tout en menant presque toujours

---

124. P. BOYER, « Le Point de la question. L'imprononçable. L'écriture nomade », *Change*, 22, 1975, p. 46.

125. A. PETITJEAN, « Les Conceptions vétérotestamentaires du temps. Acquisition, crises et programme de la recherche », *RHPhR*, 56, 1976, p. 400.

126. K. CONDON, « Justification in the Bible », *IThQ*, 37, 1970, p. 279.

127. A. NEHER, *Le Puits de l'exil*, Paris, 1966, p. 147.

128. W. SOMBART, *op.cit.*, p. 423.

129. J. PARKES, *The Foundations of Judaism and Christianity*, London, 1969, p. 33.

130. M. BUBER, *Der heilige Weg. Ein Wort an die Juden und an die Völker*, Frankfurt a/M., 1920, p. 20.

131. S.W. BARON, *op. cit.*, p. 20.

une vie très dure, pleine de privations, ils n'étaient pas partisans de l'ascétisme, ils ne cherchaient pas à extirper chez les hommes le désir des biens matériels, ils ne considéraient pas la richesse et la satisfaction des besoins physiques comme mauvaises en elles-mêmes [132], ils ne cherchaient pas à abolir la propriété privée [133]. Osée ne se montre pas ennemi du culte de la fertilité [134]. Jérémie déplore non seulement la disparition des valeurs spirituelles, mais les pertes d'ordre matériel (Jr 3, 24) [135]. Conscients du fait que la nation donnait déjà certains signes d'épuisement, d'atténuation de son dynamisme [136], les prophètes se montrent ennemis non seulement de tout ce qui porte atteinte aux valeurs morales, mais ce qui affaiblit l'économie [137]. Mais comme le déséquilibre, la crise économique et sociale que dénoncent les prophètes se traduit par une répartition beaucoup trop inégale des biens [138] et, par leur mauvaise utilisation, ils s'insurgent contre la cupidité [139], contre une trop grande importance attribuée à la richesse matérielle [140]. Sans vouloir freiner l'activité économique même, ils demandent à ce qu'elle soit soumise à un certain contrôle. Les termes, tels que bonté, honneur, confiance, fidélité, décence, justice, traduiraient dans la bouche des prophètes, selon Graham, leurs efforts visant à maintenir le mobile du gain, la poursuite des intérêts personnels, dans les cadres d'une certaine discipline morale [141].

D'autre part, conformément à un des principes fondamentaux du judaïsme qui consiste à ne pas donner a priori raison au pauvre confronté avec le riche, comme nous l'avons déjà vu, les prophètes s'attaquent au mauvais riche [142], mais pas à tous les riches sans distinction. Ils sont les défenseurs des pauvres, des faibles, des

132. W.C. GRAHAM, op. cit., p. 64.
133. A. EBERHARTER, op. cit., p. 60.
134. H.G. MAY, «The Fertility Cult in Hosea», AJSL, 48, 1932, p. 98.
135. W.C. GRAHAM, op. cit., p. 63.
136. Ibid., p. 56.
137. Ibid., p. 63.
138. Ibid., p. 66.
139. Ibid., p. 64.
140. Ibid., p. 60.
141. Ibid., p. 63-65.
142. A. EBERHARTER, op. cit., p. 62-65.

opprimés ; ils se tournent contre les privilégiés, contre les rois, mais non en tant que partisans de la lutte des classes mais au contraire en vue d'une forme de vie, d'un type de culture où les affrontements violents devraient être atténués, sinon éliminés [143].

Passionnés de justice, profondément affectés par la dégradation morale, la désagrégation des anciennes valeurs [144] (les mœurs urbaines prenant de plus en plus le dessus sur le mode de vie campagnard, sur les traditions nomades ou semi-nomades), les prophètes atteignaient dans leurs diatribes un degré d'intensité, de dureté comparable aux qualités qu'acquiert le fer soumis à de brusques changements de température. Ce qu'on attribue à la révélation, à l'inspiration divine semble surtout l'effet de ce choc, de cet affrontement entre une histoire particulièrement intense, une expérience humaine exceptionnellement dramatique et un courant d'aspirations éthiques de longue durée [145], parvenu à un stade très avancé ; cette confrontation en stimulant les esprits permettra à la conscience humaine, grâce aux prophètes, de s'élever à un niveau exceptionnel, d'atteindre le seuil de son propre dépassement.

Comme il arrive presque toujours dans le domaine de la morale, dans le cas qui nous intéresse, il y eut aussi un écart considérable entre la norme et l'état donné des choses, entre ce que préconisaient les prophètes et la réalité. Le ton même sur lequel ils réclamaient la justice était déjà un signe de son extrême insuffisance [146]. Et le fait que les prophètes étaient non seulement si fréquemment malmenés par les autorités, mais aussi très souvent vivement critiqués par la population [147], semble être une preuve supplémentaire qui confirmerait ce que nous venons de dire.

N'oublions cependant pas les nombreux cas d'emprise morale et d'influence concrète que les prophètes exercèrent sur le comporte-

---

143. W.C. Graham, op. cit., p. 63-65. O. Kaiser, art. cit., p. 327.

144. A. Eberharter, op. cit., p. 17 sq.

145. J.F. Craghan, « Amos dans la nouvelle recherche », BTB, 2, 1972, p. 259. P.E. Dion, « Le Message moral du prophète Amos s'inspirait-il du "droit de l'alliance" ? » ScEs. 27, 1975, p. 34.

146. J.L. Crenshaw, « Popular Questioning of Justice of God in Ancient Israel », ZAW, 82, 1970, p. 380-395.

147. F. Walter, op. cit., p. 263. R.L. Shaskolsky, art. cit., p. 28.

ment des rois (Samuel sur Saül, Nathan sur David, Ahia le Silonite sur Jeroboam, Elisée sur Jéhu, etc.)[148].

Rappelons aussi l'interdépendance entre la loi et l'enseignement des prophètes qui étaient, selon certains, pour quelque chose dans les audaces sociales du Deutéronome[149]. Un Weinfeld, par exemple, n'est pas d'accord avec cette dernière assertion[150], mais ainsi que nous l'avons déjà mentionné, il semble certain que les prophètes exercent une influence considérable sur les différents domaines de la vie sociale et morale, surtout quand on tient compte d'une action à long terme. L'enseignement prodigué par les prophètes était souvent sans grand effet direct sur leurs contemporains[151], mais il joua le rôle de puissant ferment, de catalyseur de longue durée. Les interventions des prophètes dans la politique intérieure et extérieure se solderont par des échecs, mais les disciples de ces prophètes recueilleront leurs oracles et « les grandes collections législatives que représentent les collections du Pentateuque apparaissent de plus en plus comme un écho de la parole prophétique[152] ». C'est, semble-t-il, en grande partie grâce à l'enseignement de ceux qui leur succéderont (les rabbins) qu'on limitera dans les rapports entre les Juifs la prédominance grandissante du pouvoir économique, qu'on empêchera un déclassement social et légal trop poussé des économiquement faibles, des esclaves. En adoptant une échelle de critères sociaux avec la priorité accordée à l'éducation, à l'instruction, on offrira à chacun un certain minimum de chances d'être jugé à sa juste valeur, on conférera à chaque homme une dignité inaliénable[153].

---

148. H.H. ROWLEY, *The History of Israel Political and Economic*, dans *Record and Revelation*, ed. H.W. Robinson, Oxford, 1938, p. 174. J. PARKES, *Whose Land? A History of the Peoples of Palestine*, Penguin Books, 1971, p. 24.

149. G. BRUNET, *op. cit.*, p. 235.

150. M. WEINFELD, *Deuteronomy and the Deuteronomic School*, Oxford, 1972, p. 293.

151. H. KOHN, *The Idea of Nationalism. A Study in its Origins and Background*, New York, 1956, p. 40. L. FINKELSTEIN, *New Light from the Prophets*, London, 1969, p. 3.

152. H. CAZELLES, « Bible et Politique », *RSR*, 59, 1971, p. 512.

153. A. GOLDBERG, « Der einmalige Mensch : Der absolute Wert des Lebens und der Würde des Menschen im rabbinischen Judentum (1-3 Jahrhundert n. Christ). » *Saec*, 26, 1975, p. 153.

Alors que l'histoire des autres peuples est en général centrée sur
les puissants, les détenteurs du pouvoir (les monarques, les grands
chefs militaires, les hauts dignitaires de l'Eglise...) [154], les Juifs
reconnaissent comme personnages clefs de leur destinée ceux qui
étaient parmi les premiers et les principaux à protester contre le mal
et défendre la justice [155].

La chrétienté peut à juste titre se glorifier de très nombreux
personnages d'une très haute valeur morale, mais la soif de justice
n'occupe pas chez eux la même place, n'atteint pas le même degré
d'intensité [156] que chez les prophètes. A l'exception peut-être des
Pères de l'Eglise, la recherche de justice n'y joue pas le même rôle
de dénominateur commun, de fil conducteur comme chez les
prophètes hébreux [157].

Au cours de la première moitié du XIXe siècle en Occident,
période qui présente une certaine analogie avec l'époque des
premiers grands prophètes hébreux [158], il y a eu un groupe assez
homogène de réformateurs sociaux composé surtout de socialistes
dits utopiques qui, épris de justice, réagirent vivement contre la
poursuite effrénée du gain, le pouvoir croissant de l'argent,
l'accentuation des inégalités sociales. Mais quoique, à bien des
égards, les socialistes utopiques et même Marx, soient les héritiers
spirituels des prophètes bibliques, il s'agit là surtout d'intellectuels
s'adressant à leurs pareils, aux représentants des classes supérieures. En revanche, les prophètes — plus proches du peuple, de
la réalité quotidienne, ennemis des analyses théoriques et des
formules juridiques compliquées — parlent aussi bien au cœur qu'à
la raison ; leurs voix passent plus facilement par-dessus les barrières
que dressent l'espace, le temps et l'égoïsme humain.

---

154. L. RAMLOT, «Histoire et mentalité symbolique», *art. cit.*, p. 186.

155. J. BRIGHT, *op. cit.*, p. 246.

156. B.J. BAMBERGER, «The Changing Image of the Prophet in Jewish
Thought», dans *Interpreting the Prophetic Tradition*, The Goldenson Lectures,
1955-1956, ed. H.M. Orlinsky, Cincinnatti-New York, 1969, p. 319.

157. J.B. AGUS, «The Prophet in Modern Hebrew Literature», *HUCA*, 28,
1957, p. 291.

158. G. ADLER, «Die Sozialreform im alten Israel», HDStW, 2, 1897, p. 695 sq.
F. WALTER, *op. cit.*, p. 87.

CHAPITRE VIII

LES LOIS SOCIALES
DU PENTATEUQUE

Les buts que poursuit la législation sociale de la Torah présentent une forte corrélation avec l'idéal des prophètes[1]. L'examen de cette législation s'impose comme un complément de ce que nous avons entrepris dans le chapitre précédent. Les textes législatifs en question ne sont pas « le produit de cervaux humains spéculatifs » mais « enracinés dans la vie d'Israël » ; « ils ne sont pas des décrets abstraits mais l'expression de la religion et de la vie d'Israël, en face des influences et des menaces des peuples ambiants[2] ». Ils reflètent des valeurs de la culture israélite non moins significatives que celles que nous retrouvons chez les prophètes ou dans les Psaumes[3].

1. Le droit biblique et les droits cunéiformes

Grâce aux recherches et aux fouilles archéologiques, entreprises surtout à partir du début de ce siècle, nous savons « que le peuple et l'État d'Israël se sont formés au sein d'un monde déjà évolué[4] ; que

---

1. R.E. CLEMENTS, *A Century of Old Testament Study,* London, 1976, p. 51 sq.
2. H. CAZELLES, « Pentateuque », *art. cit.,* col. 855.
3. M. GREENBERG, « Some Postulates of Biblical Criminal Law » Y. Kaufman Jubilee Volume, Jerusalem, 1960, p. 27.
4. H. CAZELLES, « Adolphe Lods et la religion d'Israël », RHPhR, 57, 1977, p. 329.

le droit biblique émergea donc dans le cadre d'un vaste ensemble juridique englobant les différentes régions de l'ancien Proche-Orient[5] et que les droits cunéiformes[6] jouèrent un rôle très important dans les premières étapes du droit israélite[7].

Maintes déclarations des prophètes, certains commandements de codes israélites, surtout ceux qui ne sont pas encore strictement juridiques[8], présentent de fortes similitudes avec certains passages des prologues et épilogues dans les codes mésopotamiens ou certaines œuvres de la littérature égyptienne qui insistent sur la nécessité de la justice. D'un côté comme de l'autre, on s'apitoie sur le sort des pauvres, victimes de l'oppression des puissants. Mais les divergences surgissent à mesure qu'on passe au concret.

Etant donné l'importance que le sacré gagna au sein du peuple élu, vu le sens que l'Ancien Testament attribue à l'histoire[9], la justice dans l'ancien Israël est marquée plus qu'ailleurs d'un caractère fondamentalement religieux[10]. Si dans d'autres pays du Proche-Orient de l'époque, la justice est aussi envisagée comme l'émanation de l'essence divine elle est en Israël considérée comme l'apanage indivisible d'un seul Dieu[11] ; ce pouvoir exclusif de

---

5. H.J. BOECKER, *Recht und Gesetz im Alten Testament und im Alten Orient*, Neukirchen, 1976, p. 12.

6. G. CARDASCIA, *Les Droits cunéiformes*, dans *Histoire des institutions..., op. cit.*, p. 17 sq. ID., *Droits cunéiformes*. Introduction bibliographique à l'histoire du droit et à l'ethnologie juridique, Bruxelles, 1966. ID., « Droits cunéiformes et droit biblique », Proceedings of the sixth World Congress of Jewish Studies, Jerusalem 1973, ed. Academic Press, Jerusalem, 1977, p. 63-70.

7. S.M. PAUL, « Studies in the Book of the Covenant in the Light of Cuneiform and Biblical Law », *VT.S.*, 18, 1970, p. 104. W. SCHOTTROF, « Zum alttestamentliches Recht » *VF*, 22, 1977, p. 8.

8. H. CAZELLES, *Etudes sur le Code..., op. cit.*, p. 79.

9. H. GRAETZ, *Die Konstruktion der jüdischen Geschichte*, Schocken Verlag, Berlin, 1936, p. 20. E. RIVKIN, *op. cit.*, p. XVIII. M.A. MEYER (ed), *Ideas of Jewish History*, New York, 1974, p. 29.

10. S.M. PAUL, *op. cit.*, p. 41. B.S. JACKSON, « Liability for mere Intention in Early Jewish Law », *HUCA* 42, 1971, p. 207.

11. F.C. FENSHAM, *art. cit.*, p. 135. J. VAN DER PLOEG, « Studies in Hebrew Law » (V Varia, Conclusions) », *CBQ*, 13, 1951, p. 296. F. HORST, « Recht und Religion im Bereich des Alten Testaments », dans *Um das Prinzip der Vergeltung in Religion und Recht des Alten Testaments*, ed. K. Koch, Darmstadt, 1972, p. 201. C. LOCHER, « Wie einzigartig war das altisraelitische Recht ? », *JUD.*, 38, 1982, p. 132 sq.

Yahvé n'admet pas d'autres maîtres que lui-même aussi dans ce domaine.

« Le roi israélite », écrit H. Cazelles, « reçoit de son Dieu les vertus de droit et de justice, *mishpat* et *tsedaqa* (Ps. 72,1), de même que le pharaon recevait de Rê, le Dieu suprême, Maât, la justice ou vérité, que le roi babylonien recevait de Marduk *kittu* et *mêsharu* et que le roi phénicien possédait la rectitude et la justice divinisées (*mshr* et *tsdq*) »[12]. Analogiquement aux autres souverains du Proche-Orient ancien, le roi israélite a pour devoir de protéger les faibles et les pauvres, les veuves et les orphelins[13]. Mais en Israël, le roi n'est pas Dieu[14] comme le pharaon, ni son vicaire comme le prince babylonien[15]. La soumission du roi à la volonté de Yahvé était une règle constante[16]; instrument et serviteur de Dieu, il doit agir selon la volonté divine[17].

Etant donné le passé semi-nomade et les « survivances des pratiques du sémitisme primitif[18] », vu l'expérience en Egypte et l'alliance avec Yahvé[19], la vie du roi en Israël constituera longtemps une partie intégrante de la vie du peuple[20]. Comme dans les anciennes tribus, le roi, à bien des égards, restera un chef entre les égaux (*primus inter pares*), nullement au-dessus de la loi[21].

En Mésopotamie (sauf à l'époque de la « démocratie primitive », aux temps les plus reculés où c'était l'ensemble des « anciens » qui jouissait des prérogatives du gouvernement[22]), en Egypte (sauf durant l'accès passager au pouvoir de la masse populaire à l'époque de la « révolte »), le roi était le suprême législateur et l'intermédiaire

---

12. H. Cazelles, *Le Messie de la Bible*, Paris, 1978, p. 65.

13. J. Van der Ploeg, « Le Pouvoir exécutif en Israël », Studi in onore del Card. A. Ottaviani, Roma, 1969, p. 514.

14. J. Gaudemet, *Institutions de l'Antiquité*, Paris, 1967, p. 106.

15. G. Cardascia, *Les Droits cunéiformes*, dans *Histoire des institutions, op. cit.*, p. 68.

16. A. Caquot, « Remarques sur la loi royale du Deutéronome », *SEM*, 9, 1959, p. 31.

17. J. Gaudemet, *op. cit.*, p. 106.

18. H. Cazelles, « Adolphe Lods et la religion d'Israël », *art. cit.*, p. 329.

19. S.M. Paul, *op. cit.*, p. 27.

20. H. Cazelles, *Introduction critique à l'Ancien Testament, op. cit.*, p. 199.

21. S.M. Paul, *op. cit.*, p. 33.

22. J. de Fraine, *L'Aspect religieux de la royauté israélite*, Roma, 1954, p. 59.

entre les dieux et le peuple. Le roi israélite ne jouait à cet égard qu'un rôle instrumental[23] et fonctionnel[24]. Il a beau être l'oint et même le fils, il se situe dans une relation de tension, d'opposition avec Yavhé[25]. Il avait un pouvoir judiciaire, mais ne disposait d'aucun pouvoir législatif ; il ne créait pas le droit[25 bis]. Il n'était pas chargé d'édicter ni de faire observer la loi comme cela était prévu en général dans les lois mésopotamiennes et spécialement dans le Code de Hammurabi[26]. Il n'était pas la source du droit comme le pharaon[27] et il semble possible d'opposer au droit découlant de la volonté de ce dernier le lien tribal qui jouait un rôle capital chez les Hébreux[28].

Au temps de la royauté, écrit Van der Ploeg, le plus haut pouvoir judiciaire en Israël était incorporé dans le roi qui détenait en même temps les pouvoirs administratif et exécutif[29]. Mais la royauté n'a pas introduit en Israël un système judiciaire nouveau ou qui se serait inspiré des modèles provenant des pays voisins. Elle ne s'est pas non plus ingérée dans les compétences des juridictions locales qui étaient et restaient le principal organe judiciaire[30]. Durant la période monarchique des débuts (Saül, David, Salomon), on maintiendra en place les « intercesseurs » *(pelilim)* de la société tribale et les « anciens » qui de chefs tribaux vont devenir des juges locaux dans les villes[31]. La juridiction royale n'apparaît comme un organe nouveau que dans la mesure où elle se rapporte à des cas ou

---

23. *Ibid.*, p. 75.

24. *Ibid.*, p. 391.

25. J. ELLUL, « Le Droit biblique d'après l'exemple de la royauté et les cultures orientales », Mélanges offerts à Jean Berthe de la Gressaye, Bordeaux, 1967, p. 268.

25 bis. P. GARELLI, V.NIKIPROWETZKY, *Le Proche-Orient asiatique. Les empires mésopotamiens, Israël*, Paris, 1974, p. 295.

26. W.F. LEEMANS, *art. cit.*, p. 128.

27. R. TANNER, « Zur Rechtsideologie im pharaonischen Ägypten », *FuF*, 41, 1967, p. 249.

28. I. HARARI, « Differences in the Concept of Law between the Ancient Egyptians and the Hebrews » dans *Proceedings of the twenty-seventh Internat. Congress of Orientalists*. Ann Arbor, 1967, Wiesbaden, 1971, p. 52-53.

29. J. VAN DER PLOEG, « Les Juges en Israël », Studi in onore del Card. A. Ottaviani, *op. cit.*, p. 463.

30. G.C. MACHOLZ, « Die Stellung des Königs in der israelitischen Gerichtsverfassung », *ZAW*, 84, 1972, p. 182.

31. H. CAZELLES, *Le Messie de la Bible, op. cit.*, p. 64.

à des groupes apparus avec la royauté. En dehors de cela, la royauté reprenait les compétences judiciaires du chef de l'armée de l'époque pré-étatique et probablement aussi les devoirs des « juges » de cette même époque[32].

Dès la mort de Salomon, la monarchie ne fait plus l'unité. Les prophètes vont donner aux paroles de Dieu un sens qui fera comprendre au peuple que la foi et l'espérance dans le Dieu d'Israël demandent plus qu'une simple idéologie monarchique[33].

Grâce à la réforme judiciaire de Josaphat, accomplie au milieu du IXe siècle (2 Ch 19,5-11), la juridiction royale de Juda avait subi à la fin du VIIIe siècle d'importantes modifications dans ses dipositions et son organisation. Elle n'apparaît pas dans le détail comme une réforme de l'administration de la justice, surtout quant à la juridiction, mais au contraire comme la création d'un système juridique « étatique » homogène et aux rouages bien agencés. Les prescriptions deutéronomiques, se rapportant à la juridiction (Dt 16,18 ; 17, 8-12), s'appuient sur ce système mais cherchent à le réformer : la structure de la juridiction est maintenue mais toute influence royale en est éliminée[34]. La nomination des juges et des commissaires ne sera plus accomplie par le roi mais par le peuple ou par ses représentants. Quoique le système juridique soit maintenu dans son ensemble, cette négation de la compétence administrative du roi signifie en réalité une négation de sa compétence judiciaire[35]. Les deux « lois du roi » (Is 8, 11-18 et Dt 17, 14-20) ne font aucune allusion à un pouvoir du roi et, au contraire, la première met en garde contre ses actes arbitraires et la seconde lui intime l'ordre d'avoir une copie de la loi divine et de s'y conformer strictement. Il est intéressant en plus de noter qu'en dehors du texte auquel nous

---

32. G.C. MACHOLZ, *op. cit.*, p. 187.

33. H. CAZELLES, *Lois du Pantateuque. Structures sociales d'Israël et Théologie biblique*, Esquisse du cours, 1973-1974, p. 7. (Polycopié). ID., « Torah et Loi, préalables à l'étude historique d'une notion juive », Hommage à Georges Vajda, Louvain, 1980, p. 9.

34. G.C. MACHOLZ, « Zur Geschichte der Justizorganisation in Juda », *ZAW*, 84, 1972, p. 340.

35. *Ibid.*, p. 335.

venons de faire allusion le roi n'est mentionné nulle part dans le code deutéronomique [36].

Le « TU » par lequel Yahvé interpelle les fidèles dans les Codes du Pentateuque signifie qu'il s'adresse au peuple tout entier, à chacun [37]. C'est toute la société qui par la volonté de Dieu devient dépositaire de la loi et responsable quant à son respect et à son application [38]. Tout individu faisant partie de la communauté est concerné [39]. Les lois dictées par Dieu ne se limitent pas à une circulation verticale (de Dieu aux fidèles) mais se propagent aussi à l'horizontale, d'une façon démocratique d'homme à homme.

Une autre importante différence entre Israël et ses voisins consiste en ce que chez ces derniers, comme d'ailleurs ensuite chez les Grecs [40], on recherche la justice plutôt en raison des avantages économiques et politiques qu'elle peut présenter [41]. Dans le prologue du Code de Lipit-Ishtar, par exemple, il est question de bien-être [42] et dans le prologue du Code de Hammurabi de prospérité [43] comme corollaire de la justice. En Israël au contraire,

---

36. R. DE VAUX, *op. cit.*, I, p. 232. Pour approfondir la question, il faudrait tenir compte de la recension par F. Langlamet (*RB*, 85, 1978, p. 277-300) des ouvrages récents : T. VEIJOLA, *Das Königtum in der Beurteilung der deuteronomischen Historiographie*, Helsinki, 1977 ; B.C. BIRCH, *The Rise of Israelite Monarchy*, Missoula, Montana, 1976 (en offset). On retrouve aussi des renseignements intéressants chez J. MILGROM, *Priestly Terminology and the Political and Social Structure of Pre-Monarchic Israel*, *JQR* 59, 1978, p. 65-81 et chez F. CRÜSEMAN *Der Widerstand gegen das Königtum*, *WMANT*, 49, 1978 (surtout p. 198 et 217) qui cherche à expliquer les positions très critiques à l'égard des rois par tout un ensemble de facteurs d'ordre économique et social.

37. M. NOTH, *Uberlieferungsgeschichtliche Studien*, Halle, 1943, p. 136. G.E. WRIGHT, *The Old Testament against its Environment*, London, 1950, p. 69. K. GALLING, « Das Königsgesetz im Deuteronomium », *ThLZ*, 76, 1951, p. 134.

38. S.M. PAUL, *op. cit.*, p. 38.

39. A.M. GOLDBERG, « Der Gerechte ist der Grund der Welt », *Jud.*, 33, 1977, p. 152. J.R. PORTER, « The Legal Aspects of the Concept of "Corporate Personality" in the Old Testament », *VT*, 15, 1965, p. 365. M. WEINFELD, « The Origin of the Apodictic Law », *VT*, 23, 1973, p. 63.

40. A. MOMIGLIANO, « Greek Historiography », *HTh*, 17, 1978, p. 23.

41. S.M. PAUL, *op. cit.*, p. 41. M. GREENBERG, *art. cit.*, p. 19. A. PHILLIPS, *Ancient Israel's Criminal Law. A New Approach to the Decalogue*, Oxford, 1970. B.S. JACKSON, « Reflexion on Biblical Criminal Law », *JJS*, 24, 1973, p. 16.

42. *ANET, op. cit.*, p. 159.

43. *Ibid.*, p. 164.

sans que le côté intéressé soit entièrement exclu (p. ex. Dt 6,18), on semble appuyer beaucoup plus sur la recherche de la justice pour elle-même : comme il est dit expressément dans le Deutéronome « Tu ne rechercheras la justice rien que la justice afin que tu vives » (Dt 16,20).

Cette importance attachée à la justice se traduit par un grand effort d'impartialité. Déjà en Mésopotamie, par exemple, dans l'*Hymne à Shamash* le juge est encouragé à se montrer impartial dans ses jugements. En Egypte dans l'*Hymne à Amon-Rê* on fait l'éloge du vizir dévoué au pauvre et dont le jugement est dépourvu de partialité[44]. Mais les codes israélites semblent être plus explicites à cet égard. Nous lisons dans le Code de l'alliance : « Tu ne suivras pas une majorité qui veut le mal et tu n'interviendras pas dans un procès en s'inclinant devant une majorité partiale. Tu ne favoriseras pas un faible dans son procès » (Ex 23, 2-3). Un point de vue presque identique apparaît dans le Code de sainteté : « Ne commettez pas d'injustice dans les jugements ; n'avantage pas le faible, et ne favorise pas le grand, mais juge avec justice ton compatriote » (Lv 19,15). Dans le Deutéronome, Dieu ordonne aux juges : « Vous n'aurez pas de partialité dans le jugement : entendez donc le petit comme le grand (Dt 1,17) et quant à Dieu lui-même, il est « non seulement grand, puissant et redoutable » mais « l'impartial et l'incorruptible » (Dt 10,17).

Comme il ressort au fond de ce que nous venons de relater, le principe monothéiste, tel qu'il est formulé dans l'Ancien Testament (« Ecoute Israël ! Le Seigneur notre Dieu est le Seigneur Un » (Dt 6,4), signifie implicitement que la loi de la justice, comme les lois de la physique, devrait régner au sein de l'humanité toute entière, sans aucune discrimination de nationalité ou de classe sociale et en dehors de tout privilège[45].

2. La bienveillance à l'égard des pauvres

Dans le Proche-Orient ancien, comme probablement presque partout ailleurs, on n'est pas entièrement indifférent à l'égard des

44. F.C. FENSHAM, *art. cit.*, p. 138.
45. L. WALLIS, *God and the Social Process*, *op. cit.*, p. 259.

pauvres et des deshérités. Les codes mésopotamiens, ainsi qu'il en a été déjà question, surtout dans les prologues et les épilogues, renferment des passages en faveur des faibles opprimés par les forts. Les princes et les rois (Urukagina, Gudéa, Lipit-Ishtar, Ur-Nammu, Hammurabi...), comme nous l'avons vu, déclarent qu'ils ont pris des mesures équitables pour protéger les pauvres, qu'ils empêchent le puissant de ruiner le faible, qu'ils veillent à ce que le riche ne fasse aucun tort à l'orphelin, ni l'homme puissant à la veuve. En Egypte, Amménémès I, dans son *Enseignement*, dit avoir donné au pauvre et élevé l'orphelin [46], et dans le *Conte de l'Oasien*, il est question du grand intendant Rensi, «père de l'orphelin, époux de la veuve» [47]. Quant à Ougarit [48], les documents de Ras Shamra n'ont pas jusqu'ici révélé l'existence de codes, mais les poèmes mythologiques font allusion à l'activité judiciaire des chefs et à la protection des pauvres. Dans la *Légende de Danel et d'Aghat* (A.V, 6-8), le sage Daniel (ou Danel) dit : «Je me tenais assis à la porte sous un grand arbre, sur l'aire, jugeant la *cause* de la veuve, tranchant le cas de l'orphelin [49]». Dans la *Légende de Keret*, le fils de celui-ci, Yasib, poussé par le démon intime à détrôner son père, roi de Khoubour, s'écrie [50] : «Ecoute, je te prie, ô Keret... tu ne défends pas la cause de la veuve, tu ne rends pas justice aux malheureux, tu ne chasses pas ceux qui dépouillent le pauvre devant toi, tu ne fais pas manger l'orphelin... [51]».

En Israël, avant qu'on ne se mette à idéaliser la pauvreté, le premier et le principal courant, passant à travers l'Ancien Testament, considère la pauvreté comme un état scandaleux qui ne devrait pas exister au sein du peuple élu [52]. Depuis Amos jusqu'à saint Jacques, et du Deutéronome à Jésus, la Bible traite la

---

46. *ANET*, *op. cit.*, p. 418.

47. *Ibid.*, p. 408.

48. R. DE LANGHE, «La Bible et la littérature ugaritique» dans *L'Ancien Testament et l'Orient, OBL*, 1, 1957, p. 65 sq.

49. *ANET*, *op. cit.*, p. 418. J.L. VESCO, «Les Lois sociales du Livre de l'Alliance (Exode, XX, 22-XXIII, 19)», *RThom*, 68, 1968, p. 252. A. CAQUOT, *Textes Ouragitiques*, I., *Mythes et Légendes*, Paris, 1974, p. 443.

50. *Ibid*, p. 497.

51. *Ibid.*, p. 572.

52. A. GELIN, *Les Pauvres de Yahvé*, Paris, 1953, p. 13.

pauvreté — et le sens du mot prend une extension plus vaste que la simple privation d'argent — comme un état devant lequel on ne doit plus avoir bonne conscience[53]. La miséricorde, la charité et l'amour des pauvres sont nés longtemps avant l'ère chrétienne[54]. Le réalisme de la piété traditionnelle israélite se traduit entre autres par une importance particulière attachée à la protection des pauvres[55]. Dans le pays qui gardait encore le souvenir des pratiques du semi-nomadisme, on estimait que du point de vue idéal il aurait fallu que la pauvreté fût une notion inconnue[56], que son existence constituât un démenti infligé au bonheur auquel le Seigneur destine son peuple[57]. En effet, aussi longtemps que le peuple ne restait pas trop éloigné du mode de vie traditionnel, l'écart entre le riche et le pauvre n'allait pas trop loin. S'il y avait des riches, il paraît ne pas y avoir eu de prolétariat rural — chacun devant posséder sa terre familiale[58] — non plus que de division en classes organisées, les Hébreux étant en principe tous les *réa*, des « prochains » les uns par rapport aux autres.

Toutefois, sous la pression de facteurs liés à la sédentarisation, la division entre riches et pauvres s'accentua et posa des problèmes sociaux que la classe économiquement la plus forte tendit à résoudre à son profit. Le riche *baal* chercha à asservir non seulement l'étranger, le *gér* qu'il embauchait, mais aussi l'Israélite qui fut obligé de s'endetter et de fournir des gages. En plus, le travail de la terre, plus rémunérateur pour le riche, est pour les subalternes beaucoup plus absorbant que les occupations pastorales[59].

A cette époque, qui par certains côtés annonce déjà ce « temps de malheur » dont parlera Amos (5,13), le nombre de pauvres augmente et la situation de ceux que l'Ancien Testament désigne

---

53. *Ibid.*, p. 151.
54. C. Van Leeuwen, *op. cit.*, p. 12.
55. J. Maier, *op. cit.*, p. 386.
56. C. Van Leeuwen, *op. cit.*, p. 42.
57. Ancien Testament, TOB, Paris, 1975, p. 365 (notes).
58. A. Causse, *Les «Pauvres»...*, *op. cit.*, p. 51.
59. H. Cazelles, *Etudes sur le Code...*, *op. cit.*, p. 135.

sous le terme de *âni, ânâw, ébyôn, dal*[60] devient de plus en plus difficile. Non seulement ils sont les principales victimes de la misère matérielle, mais ne possèdent aucune personnalité légale : chacun pouvait se permettre de les opprimer sans encourir le risque de poursuites judiciaires[61]. Afin de rétablir un certain équilibre social, de réduire sinon éliminer ces injustices, on prit très tôt certaines dispositions en leur faveur.

Dès la plus « ancienne collection de sentences juridiques[62] », dès le Code de l'alliance qui, en réalité, se trouve être une compilation de lois, nous trouvons plusieurs impératifs[63] qui cherchent à assurer aux pauvres un minimum de protection légale — « Tu ne fausseras pas le droit de ton pauvre dans son procès » (Ex 23,6) —, ou bien, un minimum d'aide matérielle : 1° sous forme de prêt à la consommation qu'on compare au *mutuum* romain, ne comportant pas d'intérêts[64] : « Si tu prêtes de l'argent à mon peuple, au malheureux qui est avec toi, tu n'agiras pas avec lui comme un usurier ; vous ne lui imposerez pas d'intérêt » (Ex 22,24) ; 2° sous forme d'abandon périodique de la récolte : « Six années durant tu ensemenceras ta terre et tu récolteras son produit. Mais la septième tu le faucheras et le laisseras sur place, les pauvres de ton peuple en mangeront et ce qu'ils laisseront c'est l'animal sauvage qui le mangera. Ainsi feras-tu pour ta vigne, pour ton olivier » (Ex 23, 10-11). Ce dernier commandement étonne moins, si on rappelle que le Code de l'alliance se rapporte aux conditions dans lesquelles vivaient les Hébreux durant la période qui se situe entre l'entrée en Cannaan et la fondation de l'Etat[65]. Leurs mœurs sont encore fortement imprégnées par la tradition de la vie du désert[66]. Leur activité est encore surtout de nature pastorale[67] où le bétail présente

60. C. Van Leeuwen, *op. cit.*, p. 14 sq. A. Gelin, *op. cit.*, p. 19.
61. F.C. Fensham, *art. cit.*, p. 139.
62. H. Cazelles, « Pentateuque », *art. cit.*, col. 810.
63. *Id.*, *Etudes sur le Code...*, *op. cit.*, p. 107.
64. *Ibid.*, p. 134.
65. G. von Rad, *Deuteronomy. A Commentary* (trad.) London, 1966, p. 14.
66. A. Jepsen, *op. cit.*, p. 97.
67. H. Cazelles, *Le Lévitique*, Paris, 1958, p. 113. J. Steinmann, *Les Plus Anciennes Traditions du Pentateuque*, Paris, 1954, p. 54. J. Van der Ploeg, « Studies in Hebrew Law (III Systematic Analysis of the Contents of Collections of Law in Pentateuch) », *CBQ*, 13, 1951, p. 31.

une primauté vitale[68], les produits du sol ne constituant que des biens accessoires[69] qu'on pouvait éventuellement céder à autrui sans être entièrement démuni.

Mais, malgré ces premières mesures, la situation des pauvres ira en empirant. Le développement de la civilisation urbaine, allant de pair avec l'avènement de la royauté, ne fit qu'aggraver le mal[70]. L'accroissement de la richesse et du bien-être dont bénéficiera, avec le temps, le pays dans son ensemble, ne profitera presque exclusivement qu'à une classe de privilégiés. L'inégalité des fortunes multiplia les injustices et bouleversa les rapports sociaux[71]. Les gros propriétaires fonciers profitèrent des crises et des guerres pour accaparer les terres et agrandir leurs domaines. Ils instaurèrent ainsi le régime des *latifundia*[72]. Installés dans les villes, ils se coupèrent de ce prolétariat rural qu'ils avaient créé. C'est dans les villes que se constituèrent des corps de métiers, groupant des ouvriers spécialisés au détriment des « cadres » traditionnels. David, loin de freiner le mouvement, s'appuya sur une garde étrangère et superposa aux structures anciennes un corps administratif d'hommes nouveaux. La splendeur des palais, le poids des impôts et les diverses implications internationales (commerce, guerres, alliances...) créèrent un « climat » qu'on ne connaissait pas avant[73].

Le Code deutéronomique, qui vint bien après le Code de l'alliance, se rapportait à une société sédentarisée depuis longtemps et centralisée qui connaissait le commerce[74] et où les disparités économiques et sociales deviennent de plus en plus choquantes. Mais comme lui aussi puisait dans les plus nobles traditions[75] du

---

68. H. CAZELLES, « Loi israélite », *art. cit.*, col. 503.

69. G. VON RAD, *op. cit.*, p. 14.

70. E. NEUFELD, « The Emergence of a Royal-Urban Society in Ancient Israel », *HUCA*, 31, 1960, p. 37.

71. A. CAUSSE, *op. cit.*, p. 51.

72. H. BARDTKE, « Die Latifundien in Juda während der zweiten Hälfte des achten Jahrhunderts v. Chr., » Hommages à André Dupont-Sommer, Paris, 1971, p. 239 sq.

73. A. GELIN, *op. cit.*, p. 15.

74. H. CAZELLES, « Loi israélite », *art. cit.*, col. 503.

75. I. LEWY, « Dating of Covenant Code Sections on Humaneness and Righteousness (Ex XXII, 20-26 ; XXIII, 1-9) », *VT*, 7, 1957, p. 324. du

passé lointain [76] dont il renouvelle l'esprit [77], sa réaction contre le paupérisme sera encore plus poussée que celle qui apparaît dans le Code de l'alliance. Ce dernier, compilation qui semble remonter à une époque située entre Josué et Samuel, représente, en Israël, « un premier effort pour légaliser la vie morale et religieuse », un « premier mélange de formules humaines (*mishpatim*) et de commandements divins (*devarim*) » [78]. Le Code deutéronomique qui date de l'époque royale [79], rédigé semble-t-il dans la seconde moitié du VIIIe siècle [80], a été découvert, selon toute probabilité, en 622 à Jérusalem, mais il contient des textes provenant d'un des sanctuaires du royaume du Nord (Shechem au Bethel) [81]. Le roi Josias s'en est inspiré pour sa réforme [82]. Il constitue un important progrès par rapport à ce qui a été accompli précédemment. Il étend à tout Israël la législation qui dans le Code de l'alliance ne se limitait qu'à la Cité [83]. Il représente le passage d'un recueil restreint, où prédominaient les lois casuistiques et statutaires, à un Code de lois où le côté humain gagne une importance capitale et prend le dessus [84].

D'après la majorité des biblistes [85], le côté moral et humain du Deutéronome est « éclos en milieu prophétique » [86]. Pour d'autres cependant (p.ex. Y. Kaufmann. M. Weinfeld), il faut l'attribuer surtout à la littérature sapientielle [87]. En réalité, le Deutéronome

E.W. Nicholson, *Deuteronomy and Tradition*, Oxford, 1967, p. 122.
R.P. Merendino, *Das Deuteronomische Gesetz*, Bonn, 1969, p. 402.

76. E.A. Speiser, « Leviticus and the Critics », Y. Kaufmann Jubilee Volume, Jerusalem, 1960, p. 39.

77. P. Buis et J. Leclerq, *Le Deutéronome*, Paris, 1963, p. 5.

78. H. Cazelles, *Etudes sur le Code... op. cit.*, p. 28.

79. G. von Rad, *op. cit.*, p. 15.

80. P. Buis et J. Leclerq, *op. cit.*, p. 16.

81. G. von Rad, *op. cit.*, p. 26.

82. J. L'Hour, « Une législation criminelle dans le Deutéronome », *Bib*, 44, 1963, p. 2.

83. *Ibid.*, p. 27.

84. M. Weinfeld, *op. cit.*, p. 283.

85. *Id.*, « The Origin of Humanism in Deuteronomy », *JBL*, 80, 1962, p. 244.

86. A. Gélin, *op. cit.*, p. 22.

87. M. Weinfeld, *op. cit.*, p. 294-297. J. Malfroy, « Sagesse et loi dans le Deutéronome, » *VT*, 15, 1965, p. 49-65. H.H. Schmid, *Wesen und Geschichte der*

puisa dans l'ensemble des idées et des courants [88] qui se propageaient à travers le pays et qui régnaient dans le milieu environnant. Considéré comme un « des plus beaux livres de la Bible », il réalise une synthèse remarquablement équilibrée de tous les courants de pensée qui animaient le peuple de l'alliance [89]. Il s'intéresse en tout cas en premier lieu à l'homme, et surtout à celui dont les possibilités de défense sont limitées [90]. Il se distingue par son élévation d'esprit et « tout imprégnée de parénèse visé à paralyser le paupérisme [91] ». Il prêche que la notion de pauvreté devrait être inconnue en Israël qui vit en état de grâce auprès de Yahvé [92]. « Toutefois il n'y aura pas de pauvreté chez toi, tellement le Seigneur t'aura comblé de bénédictions dans le pays, que le Seigneur ton Dieu te donne en héritage pour en prendre possession, pourvu que tu écoutes attentivement la voix du Seigneur ton Dieu en veillant à mettre en pratique tout ce commandement que je te donne aujourd'hui » (Dt 15,4). En réalité, cet idéal s'avère irréalisable. La loi en tient compte mais elle ne veut pas, n'admet pas qu'on s'y résigne, qu'on capitule [93]. Même si ce mal que représente la pauvreté est inévitable, il faut tout faire pour essayer, sinon de le surmonter [94], du moins de le réduire au maximum. Le Deutéronome prescrit la solidarité entre frères et la générosité envers les pauvres : « Et puisqu'il ne cessera pas d'y avoir des pauvres au milieu du pays, je te donne ce commandement : tu ouvriras ta main toute grande à ton frère, au malheureux et au pauvre que tu as dans ton pays » (Dt 15,11). Cela est très caractéristique du judaïsme car la loi prescrite par Dieu

---

Weisheit, *op. cit.*, p. 200. C.M. CARMICHAEL, *The Laws of Deuteronomy*, Itaca-London, 1974, p. 18. Malgré son titre prometteur l'ouvrage de J.W. Gaspar, *Social Ideas in the Wisdom Literature of the Old Testament*, Washington, 1947, ne présente pas un très grand intérêt pour notre étude.

88. G. VON RAD, *op. cit.*, p. 25.

89. P. BUIS, *Le Deutéronome*, Paris, 1969, p. 5. *Id.*, *La Notion d'alliance dans l'Ancien Testament*, Paris, 1976, p. 192.

90. M. WEINFELD, *op. cit.*, p. 243.

91. A. GÉLIN, *op. cit.*, p. 22.

92. C. VAN LEEUWEN, *op. cit.*, p. 42.

93. *Ibid.*, p. 43.

94. Ancien Testament, TOB, *op. cit.*, p. 365 (notes).

n'est pas en dehors des possibilités humaines, elle ne plane pas dans l'abstrait[95] : « Oui, ce commandement que je te donne aujourd'hui n'est pas trop difficile pour toi, il n'est pas hors d'atteinte. Il n'est pas au ciel... Il n'est pas non plus au-delà des mers... Oui, la parole est toute proche de toi, elle est dans ta bouche et dans ton cœur pour que tu la mettes en pratique » (Dt 30, 11-14). Il s'agira concrètement de permettre à l'indigent d'assouvir ses besoins les plus essentiels : « Si tu entres dans la vigne de ton prochain, tu mangeras du raisin autant que tu veux à satiété ; mais tu ne dois pas en emporter. Si tu entres dans les moissons de ton prochain tu pourras arracher des épis à la main, mais tu ne feras pas passer la faucille dans la moisson de ton prochain » (Dt 23,25-26).

Des preuves de bienveillance à l'égard des pauvres se trouvent dans la Loi de sainteté qui, comme nous le verrons ultérieurement, représente à bien des égards une forme encore plus évoluée des *mishpatim* que le Code deutéronomique. Pour tâcher d'expliquer ce fait, rappelons que si la Loi de sainteté apparaît comme un essai de codification du même type que le Deutéronome, Israël est surtout considéré comme une communauté rituelle, centrée sur le Temple où réside la sainteté de Yahvé[96]. Les grands problèmes sociaux et politiques du Deutéronome n'y sont pas abordés[97], et elle semble rédigée en fonction des conditions spécifiques de l'exil, où, comme nous l'avons vu à propos de l'ouvrage de Louis Finkelstein (*The Pharisees*), le prophétisme éthique cesse d'être la voix d'une minorité opprimée pour devenir le propre de la majorité. C'est dans cette atmosphère que s'élabore la vision de l'Israël futur, comme modèle idéal imprégné d'un esprit humanitaire particulièrement élevé[98].

La Loi de sainteté, d'après certains, est plus ancienne que l'ensemble du Lévitique[99]. Comme le Deutéronome, elle suppose des collections antérieures et puise dans des matériaux primitifs[100].

95. H. Cazelles, « Pentateuque », *art. cit.*, col. 818.
96. *Ibid.*, col. 827.
97. *Ibid.*, col. 824.
98. L. Wallis, *op. cit.*, p. 284.
99. H. Gamoran, « The Biblical Law against Loans on Interest », *JNES*, 30, 1971, p. 132.
100. H. Cazelles, *art. cit.*, col. 825.

Les auteurs représentaient des tendances sacerdotales conservatrices et désiraient sauver d'antiques traditions [101]. C'est pourquoi leur imposant édifice était formé en majeure partie de pierres très anciennes [102]. Ils reprirent ainsi la fameuse loi du coin de champ et de l'abandon des glanures : « Quand vous moissonerez vos terres, tu ne moissonneras pas ton champ jusqu'au bord ; et tu ne ramasseras pas la glanure de ta moisson ; tu ne grapilleras pas non plus ta vigne et tu n'y ramasseras pas les fruits tombés ; tu les abandonneras au pauvre et à l'émigré » (Lev 15, 9-10). La première loi remonte à un très ancien rite religieux [103] qui consistait, chez d'autres peuples, à réserver une part au dieu des moissons et des fruits ; Yahvé, le dieu d'Israël, mit cette part à la disposition des pauvres de son peuple [104]. De même l'abandon des glanures qui était primitivement une offrande à l'esprit des champs est transformée par Israël en loi sociale [105].

En comparant les lois, dont nous venons de parler, avec celles qui visent des buts analogues dans les deux codes précédents, une différence semble mériter d'être relevée ; dans le Code de l'alliance et le Code deutéronomique, il s'agissait d'une aide aux pauvres sous forme d'accès à la consommation, dans la Loi de sainteté, en plus du don de ce qui tombe à terre, la loi du coin de champ semble offrir une possibilité de participer à l'acte même de la production.

3. La protection de la veuve et de l'orphelin

A côté des pauvres par excellence, on trouve les veuves et les orphelins dont la situation était loin d'être enviable. Le veuvage, outre la douleur dont il pouvait être accompagné, impliquait presque nécessairement la pauvreté. En perdant la protection légale de son époux, la veuve se trouvait parfois chargée d'enfants et ou de dettes laissées par son mari. Cette situation précaire faisait d'elle

101. *Ibid.*, col. 822.
102. A. LODS, *Les Prophètes d'Israël et les débuts...*, *op. cit.*, p. 328. P. GARELLI, V. NIKIPROWETZKY, *op. cit.*, p. 209.
103. G. BEER, « Das Stehenlassen der Pe'a Lev 19, 9 », *ZAW*, 31, 1911, p. 152.
104. H. CAZELLES, *Le Lévitique*, *op. cit.*, p. 90.
105. Ancien Testament, TOB, *op. cit.*, p. 237 (notes).

une proie facile pour toute forme d'exploitation. L'orphelin dont le sort était étroitement lié à celui de la veuve, privé de l'appui paternel, ne bénéficiait d'aucune protection contre les aléas de la vie. Si le père avait laissé des dettes, le fils pouvait être réduit à l'esclavage par le créancier[106].

La veuve et l'orphelin semblaient faire l'objet d'une certaine sollicitude dans les pays voisins d'Israël[107]. D'après le Code de Hammurabi et les lois assyriennes, la situation formelle de la veuve paraissait meilleure qu'en Israël[108]. En Babylonie, elle avait droit à une certaine partie de l'héritage du mari. La veuve ou la femme répudiée pouvait même, dans certains cas, jouir d'une part de l'héritage égale à celle qu'obtenait un enfant (Code Hammurabi, §§ 137, 173, 180 à 182) et retrouver la pleine disposition de ses biens dotaux[109]. Les lois assyriennes semblaient renfermer des dispositions analogues[110]. La veuve israélite, en revanche, ne bénéficiait d'aucun droit de succession et l'héritage tombait en entier entre les mains des fils du mort et, s'il n'en avait pas, à ses filles. Au cas où il n'avait pas d'enfants, l'héritage revenait à ses frères, aux frères de son père ou au plus proche parent de la famille.

Etant donné cette situation, il n'est pas étonnant que l'Ancien Testament se soit penché avec une bienveillance toute particulière sur cette catégorie de pauvres. Protégés par la loi religieuse, ils se verront recommandés à la charité du peuple[111]. Nulle part en dehors d'Israël, ne se soit affirmée avec autant d'insistance et d'obstination, la proximité entre Dieu et ces pauvres et l'assurance de sa brusque intervention en leur faveur[112]. Le Code de l'alliance interdit de maltraiter ces êtres sans défense, dont il est tentant de faire des victimes, car ils seront écoutés par Yahvé et vengés. «Vous ne maltraiterez aucune veuve ni aucun orphelin. Si tu le maltraites et s'il crie vers moi, j'entendrai son cri, ma colère

---

106. J.-L. VESCO, *art. cit.*, p. 251.
107. H. CAZELLES, *Etudes sur le Code... op. cit.*, p. 78.
108. J.-L. VESCO, *art. cit.*, p. 252.
109. C. VAN LEEUWEN, *op. cit.*, p. 27.
110. R. DE VAUX, *op. cit.*, p. 51.
111. *Ibid.*, p. 69.
112. J.-L. VESCO, *art. cit.*, p. 252.

s'enflammera, je vous tuerai par l'épée, vos femmes seront veuves et vos fils orphelins » (Ex 22, 21-23). Le verbe maltraiter, *te°annûn* ou *piel*, dans les textes anciens, désigne des violences et des sévices corporels qui pouvaient aller fort loin[113].

Le Code deutéronomique, qui correspond à un stade plus évolué, aborde le problème sous un angle dont le côté répressif cède la place à des mesures plus positives. La veuve et l'orphelin, gens sans défense, ont droit à la protection légale du Seigneur et de son peuple : « Tu ne biaiseras pas avec le droit de l'émigré ou d'un orphelin » (Dt 24, 17). « Maudit celui qui biaise avec le droit de l'émigré, de l'orphelin, de la veuve » (Dt 27, 19). Mais, outre ces malédictions, on consacre une place importante au problème de l'aide matérielle. Au moment de la moisson et des vendanges, ainsi qu'à la cueillette des olives, l'étranger, l'orphelin et la veuve ont droit de glanage et le Deutéronome recommande de ne pas ramasser trop méticuleusement les gerbes et les fruits[114]. « Si tu fais la moisson dans ton champ et que tu oublies des épis dans le champ, tu ne reviendras pas les prendre. Ce sera pour l'émigré, l'orphelin et la veuve, afin que Seigneur ton Dieu te bénisse dans toutes tes actions. Si tu gaules tes oliviers tu n'y reviendras pas faire la cueillette ; ce qui restera sera pour l'émigré, l'orphelin et la veuve. Si tu vendanges ta vigne, tu n'y reviendras pas grappiller ; ce qui restera sera pour l'émigré, l'orphelin et la veuve » (Dt 24, 19-21).

Chaque troisième année, indépendamment de l'année sabbatique durant laquelle les dîmes ne peuvent pas être payées puisqu'il n'y a pas de récoltes, chacun mettra de côté une dîme[115] au moyen de laquelle il nourrira non seulement le lévite et l'étranger, mais aussi la veuve et l'orphelin. « Au bout de trois ans, tu prélèveras toute la dîme de tes produits de cette année-là, mais tu les déposeras dans ta ville ; alors viendront le lévite — lui qui n'a ni part ni héritage avec toi — l'émigré, l'orphelin et la veuve qui sont dans tes villes et ils mangeront à satiété... » (Dt 14, 28-29). Cette redevance est

---

113. *Ibid*, p. 251.
114. A. Causse, *op. cit.*, p. 75.
115. Redevance d'un dixième sur les fruits de la terre, des troupeaux ou toute source de revenu.

accompagnée d'une obligation de faire au sanctuaire, devant le Seigneur[116], une déclaration qui a pour but d'assurer qu'on n'a rien gardé de la dîme prescrite[117]. « J'ai ôté de la maison la part sacrée et je l'ai bien donnée au lévite, à l'émigré, à l'orphelin et à la veuve, suivant tout le commandement que tu m'as donné, sans transgresser ni oublier tes commandements » (Dt 26,13). Cette déclaration s'explique par le fait que les dîmes étaient prélevées et distribuées dans les villages sans le contrôle des prêtres[118].

La veuve et l'orphelin se voient donner aussi la possibilité de participer aux fêtes, aux cérémonies religieuses et aux réjouissances familiales[119]. A l'occasion, par exemple, de la fête de la moisson (appelée fête des Semaines) ou de la fête des Tentes (avant fête de la Récolte)[120] : « Tu seras dans la joie devant le Seigneur ton Dieu, avec ton fils, ta fille, ton serviteur, ta servante, le lévite qui est dans tes villes, l'émigré, l'orphelin et la veuve qui sont au milieu de toi » (Dt 16, 10-13).

En plus de ces différents avantages, la veuve bénéficie d'une protection spéciale quant au gage remis à l'occasion du prêt. « Tu ne prendras pas en gage le vêtement d'une veuve » (Dt 24, 17).

4. La protection de l'étranger

Avant même la veuve, l'orphelin ou les pauvres en général, les codes israélites mentionnent l'étranger (l'émigré, l'hôte). Ce choix, comme nous le verrons ci-après, ne semble pas être le résultat d'un pur hasard.

A côté des Israélites libres qui forment le « peuple du pays » et des étrangers de passage, les *nokrî* qui, par exemple, en tant que prisonniers de guerre, ne séjournent que temporairement, une partie de la population est composée d'étrangers résidant en permanence, les *gérîm* (au singulier *gér*). Cette catégorie typique-

---

116. Ancien Testament, TOB, *op. cit.*, p. 381 (notes).
117. H. Lesètre, « Dîme », *DB(V)*, 2, 1926, col. 1433.
118. Ancien Testament, TOB, *op. cit.*, p. 381 (notes).
119. A. Causse, *op. cit.*, p. 74.
120. Ancien Testament, TOB, *op. cit.*, p. 172 (notes).

ment israélite [121] comprenait les anciens habitants (non assimilés par des mariages ou non réduits en servitude), ainsi que des immigrants et des réfugiés. Leur statut présente des analogies avec le *djâr* arabe, le « voisin », le *parioikoi* de Sparte [122]. Dhorme les rapproche des « clients » à Rome qu'il appelle des « hôtes ». Etre *gér* pour l'Israélite, c'est psychologiquement avoir le statut qu'ils avaient en Egypte : être dans une terre étrangère avec un statut dépendant où l'on est chargé des grosses besognes [123].

Le Code de Hammurabi ne fait pas de différence entre les gens du pays et les étrangers. A Babylone, ville cosmopolite et centre de commerce international, l'étranger [124] était le plus souvent un riche qui risquait de faire du citoyen sa victime [125]. Celui qui apportait son argent et ses ressources à Babylone était le bienvenu et avait part à tous les droits et les devoirs : cette ville qui vivait surtout de commerce était ouverte à chacun qui voulait y tenter son bonheur. Mais elle était impitoyable pour celui qui n'avait pas de chance [126].

A Ugarit, les immigrés ont les mêmes droits et les mêmes devoirs que les indigènes : ils payent les impôts comme ceux-ci, font le service militaire, s'adonnent au commerce, à l'artisanat et au travail intellectuel [127]. Il en est autrement en Israël, où le privilège du peuple élu impose une différence de statut entre l'Israélite et l'étranger [128].

Dans la vie courante, il n'y avait pas de barrière entre les *gérîm* et les Israélites : comme nous le verrons ultérieurement, à propos des esclaves, ils parvenaient parfois à la fortune. Du point de vue religieux, ils sont soumis, plus ou moins, aux mêmes prescriptions que les citoyens : ils doivent observer le sabbat, ils peuvent offrir des sacrifices, ils participent aux fêtes religieuses, etc. Mais ces

---

121. C. Van Leeuwen, *op. cit.*, p. 81.
122. R. de Vaux, *op. cit.*, p. 116.
123. H. Cazelles, *Etudes sur le Code...*, *op. cit.*, p. 78.
124. M. David, « Hammurabi and the Law in Exodus », *OTS*, 7, 1950, p. 155. Z.W. Falk, *Hebrew Law in Biblical Times*, Jerusalem, 1964, p. 115.
125. J.-L. Vesco, *art. cit.*, p. 250.
126. C. Van Leeuwen, *op. cit.*, p. 33.
127. M. Astour, « Les Etrangers à Ugarit et le statut juridique des Habiru », *RA*, 53, 1959, p. 74.
128. J.-L. Vesco, *art. cit.*, p. 251.

étrangers résidants, tout en étant libres et se distinguant des esclaves, n'ont pas tous les droits civiques, et comme la propriété foncière restait entre les mains des Israélites, ils étaient réduits à louer leurs services (Dt 24, 14), à gagner leur vie, pour la plupart du temps, durement, comme journaliers. Généralement pauvres, ils sont assimilés aux indigents, aux veuves, aux orphelins, à « tous les économiquement faibles » qu'on recommande à la bienveillance des Israélites [129]. Il faut les protéger, non seulement par pitié, bonté, charité, mais aussi par un sentiment d'humilité qui s'explique par l'histoire même du peuple de Dieu [130], par « les deux expériences fondamentales dans la vie d'Israël : celle de l'oppression et celle de la solidarité fraternelle vécue après l'intervention libératrice de Yahvé [131] ». Il ne faut pas qu'Israël s'enorgueillisse de sa puissance, de sa richesse et qu'il se dise « c'est par ma propre force que j'ai fait tout cela ». Israël doit tout à Yahvé. Qu'il se rappelle que lui aussi a été *gér* et esclave au pays d'Egypte [132] !

Il n'est donc pas étonnant que déjà le Code de l'alliance manifeste un grand souci d'humanité en faveur du *gér*. « Tu n'exploiteras ni n'opprimeras l'émigré, car vous avez été des émigrés au pays d'Egypte » (Ex 22, 20). Le premier verbe utilisé dans ce verset, *yânâh* (exploiter, molester, accabler), signifie l'exploitation d'un faible par un puissant. Le second verbe, *lâhas*, dont le sens propre est « presser » (presser une porte contre celui qui veut la pousser), « serrer » (se serrer contre un mur), désigne dans le contexte l'oppression qu'un peuple fait subir à un autre. On le retrouve en parallèle avec le verbe « piétiner » et il évoque là la situation dans laquelle Israël s'est trouvé en Egypte. Autrefois étranger lui-même, il n'y a pas de meilleur moyen pour Israël de garder le souvenir vivant que de ne pas opprimer l'étranger [133].

Cette prescription, formulée dans le verset Ex 22, 20, est reprise dans le verset Ex 23, 9 : « Tu n'opprimeras pas l'émigré ; vous connaissez vous-mêmes la vie de l'émigré, car vous avez été émigrés

---

129. R. DE VAUX, *op. cit.*, p. 117-118.
130. J.-L. VESCO, *art. cit.*, p. 250.
131. *Ibid.*, p. 242.
132. A. CAUSSE, *Du groupe ethnique... op. cit.*, p. 165.
133. J.-L. VESCO, *art. cit.*, p. 249.

au pays d'Egypte. » Israël en Egypte a vécu la vie (littéralement la *néphésh*) de l'étranger. L'utilisation du substantif *néphésh*, dési-gnant primitivement la respiration, semble faire allusion au rythme physique du travail et du repos : il s'agit de laisser l'étranger reprendre souffle [134].

Il y eut à la fin de la monarchie un afflux de réfugiés venant de l'ancien royaume du Nord. Le nombre de *gérim* s'accrut en Juda et le Code deutéronomique semble avoir tenu compte de cet état de choses. Comme dans le cas de la veuve et de l'orphelin, il prit en faveur de l'étranger des mesures plus concrètes que le Code de l'alliance et adopta une attitude encore plus humaine. De même que le lévite et ainsi que la veuve et l'orphelin, l'étranger put bénéficier de la dîme triennale (Dt 14, 29), glaner dans les champs, cueillir les olives oubliées sur l'arbre, grappiller les vignes (Dt 24, 19-21). Et non seulement le Deutéronome comme le Code de l'alliance insiste auprès des Israélites pour qu'ils se souviennent qu'au pays d'Egypte ils ont été esclaves (Dt 24, 18, 22), mais pour cette raison ils doivent aimer l'étranger (Dt 10, 19).

Quant au Code de sainteté, il se montrera aussi, à l'égard de l'étranger, plus généreux que les autres Codes. On doit non seulement lui laisser le coin de champ et lui permettre de glaner (Lv 19, 9-10) mais il faut aussi qu'il puisse profiter des avantages de l'année sabbatique : « Vous vous nourrirez de ce que la terre aura fait pousser pendant ce sabbat, toi, ton serviteur, ta servante, le salarié ou l'hôte que tu héberges... » (Lv 25, 6). Et ce qui semble capital, la Loi de sainteté va encore plus loin même que le Code deutéronomique quant aux sentiments d'amour en faveur de l'étranger : « Quand un émigré viendra s'installer chez toi, dans votre pays, vous ne l'exploiterez pas ; cet émigré installé chez vous vous le traiterez comme un indigène, comme l'un de vous ; tu l'aimeras comme toi-même ; car vous-mêmes avez été des émigrés dans le pays d'Egypte » (Lv 19, 33-34).

---

134. *Ibid.*, p. 250.

5. Le respect du salarié

Une nouvelle catégorie d'économiquement faibles s'ajoute encore à celles dont nous nous sommes déjà occupés. A mesure que la situation économique se transforme et se détériore, à côté des mercenaires étrangers, des *gérim*, il y aura aussi des mercenaires israélites. L'accaparement des terres par la famille royale et les puissants, les impôts très lourds au profit des institutions centrales, mais surtout les désastres de la fin du VIIIe siècle et les servitudes assyriennes rendent très difficile la situation du petit paysan qui ne peut plus garder sa propriété foncière [135]. L'appauvrissement de nombreuses familles et la perte des terres obligent un nombre croissant d'Israélites à se résigner au travail salarié. Comme à cette époque on embauchait surtout pour les travaux agricoles, ces mercenaires devenaient surtout pâtres, moissonneurs, vendangeurs... Ils étaient engagés soit à la journée, comme « journaliers », ou à l'année.

D'après le Code de Hammurabi, les ouvriers recevaient un sicle d'argent par mois durant les gros travaux et un peu moins le reste de l'année, mais certains contrats fixaient des sommes bien inférieures. L'Ancien Testament ne fournit pas de renseignements explicites sur le salaire de ces ouvriers, mais il est certain que leur situation était difficile et qu'il fallait les protéger [136].

Comme il ressort de ce que nous venons de dire, l'entrée en scène des salariés est relativement tardive et il n'est pas étonnant que le Code de l'alliance n'en parle pas. En revanche, le Deutéronome exige le respect du salarié : « Tu n'exploiteras pas un salarié malheureux et pauvre, que ce soit l'un de tes frères ou l'un des émigrés que tu as dans ton pays, dans tes villes. Le jour même tu lui donneras son salaire ; le soleil ne se couchera pas sans que tu l'aies fait ; car c'est un malheureux et il l'attend impatiemment ; qu'il ne crie pas contre toi vers le Seigneur : ce serait un péché pour toi » (Dt 24, 14-15). Le Lévitique se prononce dans le même sens : « N'exploite pas ton prochain et ne le vole pas ; la paye d'un salarié

---

135. C. Van Leeuwen, *op. cit.*, p. 71.
136. R. de Vaux, *op. cit.*, p. 118.

ne doit pas rester entre tes mains jusqu'au lendemain » (Lv 19, 13). En plus, la Loi de sainteté ordonne à ce que le salarié ait sa part dans les avantages de l'année sabbatique (Lv 25, 6) et dans le cas d'un esclave qui est parvenu à se racheter, mais qui a décidé de rester comme salarié au service de son ancien propriétaire, ce dernier ne devra pas « dominer sur lui avec brutalité » (Lv 25, 53).

6. Le statut des esclaves

L'esclavage, répandu à travers les différents pays du Proche-Orient ancien [137], apparaît sous des formes qui présentent entre elles de fortes similitudes quant à leurs origines, leur fonctionnement et leur caractère [138]. Mais comme cette institution fonctionne dans des conditons économiques et sociales qui varient dans le temps et l'espace, « les cas sont rarement identiques, les solutions presque toujours divergentes [139] ».

La comparaison entre le Code de Hammurabi (§§ 117 et 118) et le Code de l'alliance (Ex 21, 2-11) montre qu'il s'agit dans les deux cas de l'esclavage pour des raisons analogues, et dans les deux cas au bout d'un certain laps de temps intervenait la libération (après trois ans chez Hammurabi et après six ans d'après le Code de l'alliance). De plus les textes sont même étrangement parallèles dans l'annonce de cette libération, mais les solutions sont conçues dans un esprit assez différent [140]. Dans le premier cas, nous sommes en face d'une société de classes [141] où la libération ne peut s'appliquer qu'à un esclave d'origine patricienne tandis que dans l'autre on a fait aucune distinction de classe pourvu qu'il s'agisse d'un Hébreu qu'il faut protéger contre la dégradation [142]. D'ailleurs nous avons pu noter, grâce au livre de C. Van Leeuwen, que la

---

137. W. LAUTERBACH, *Der Arbeiter in Recht und Rechtspraxis des Alten Testaments und des Alten Oriens*, Heidelberg, 1936, p. 22. (Thèse — importante bibliographie.)

138. I. MENDELSOHN, *Slavery in the Ancient Near East*, Oxford, 1949, p. 121.

139. H. CAZELLES, *Etudes sur le Code...*, *op. cit.*, p. 150.

140. *Ibid.*, p. 150.

141. J. KLIMA, « Einige Bemerkungen zum Sklavenrecht nach den vorhammura-pischen Gesetzesfragmenten », *ArOr.*, 21, 1953, p. 143.

142. C. VAN LEEUWEN, *op. cit.*, p. 59.

situation des esclaves en Israël était en général bien meilleure que celle dans les pays voisins : à l'opposé des conditions de travail qui régnaient dans la grande exploitation centralisée, prédominante en Mésopotamie et en Egypte, dans les petites propriétés agricoles des anciens Israélites, le travail accompli par le propriétaire, sa famille et un nombre restreint d'esclaves, ces derniers étaient traités en quelque sorte comme les membres de la famille à laquelle ils appartenaient [143]. Ils devenaient presque des compagnons dont les services étaient appréciés à leur juste valeur [144].

Rappelons que parmi tous les peuples de l'ancien Proche-Orient, Israël a été le seul, à partir d'un certain moment, à ne pas admettre l'esclavage comme un phénomène allant de soi [145], le seul, à partir d'un certain stade de son évolution, à condamner sinon en bloc du moins certains aspects de ce que tous les autres pays acceptaient sans la moindre objection. Tandis qu'on ne trouve nulle part, dans la très riche littérature summero-akkadienne, une protestation contre l'esclavage, aucune expression de sympathie pour les victimes de cette institution [146], avant même que Job ne s'insurge contre l'esclavage dans son ensemble [147], la Loi de sainteté, comme nous le verrons plus en détail ultérieurement, l'interdit dans les rapports entre Israélites.

Mais quand il n'y avait pas dans le pays de commerce et d'autres sources de revenus que l'agriculture, à moins de mourir de faim ou se livrer à la mendicité, un homme privé de son patrimoine était évidemment contraint de se mettre au service des plus favorisés que lui [148]. Le Code de l'alliance et le Code deutéronomique, élaborés dans d'autres circonstances que la Loi de sainteté, tiennent compte des réalités du moment et admettent l'esclavage même entre Israélites. Ils introduisent cependant une série de restrictions,

---

143. *Ibid.*, p. 67.

144. T. ANDRÉ, *L'Esclavage chez les anciens Hébreux*, Paris, 1892, p. 4.

145. B. MAARSINGH, *Onderzoek naar de ethiek van de Wetten in Deuteronomium* (*Inquiry into the Ethics of the Laws in Dt*) (en néerlandais avec résumé anglais), Winterswigh, 1961, p. 154.

146. I. MENDELSOHN, *op. cit.*, p. 123.

147. K. FUCHS, *Die alttestamentliche Arbeitergesetzgebung*, Heidelberg, 1935, p. 82.

148. Z. KAHN, *L'Esclavage selon la Bible et le Talmud*, Paris, 1867, p. 9.

surtout dans le Deutéronome, qui cherchent à rendre cette institution aussi humaine que possible.

Dans le Code de l'alliance — « Quand tu achèteras ton serviteur hébreu, il servira six années ; la septième, il pourra sortir libre, gratuitement » (Ex 21, 2) —, ainsi que dans le Code deutéronomique, il est dans les deux cas question de libération de l'esclave hébreu après six ans — « Si, parmi tes frères hébreux, un homme ou une femme s'est vendu à toi, et s'il t'a servi comme esclave pendant six ans, la septième année tu le laisseras partir libre de chez toi » (Dt 15, 12) —, mais dans ce dernier le ton est plus humain (le législateur introduit le terme de frère [149] et au lieu d'achat qui, selon G. von Rad, présupposerait le cas d'un homme qui n'est pas libre, il est question d'un homme qui se vend volontairement. L'initiative serait donc prise par lui-même et non par le maître comme dans le cas précédent [150].

Le Deutéronome adopte aussi une attitude plus libérale à l'égard des femmes auxquelles il accorde le droit de se vendre, chose qui n'apparaît pas dans le Code de l'alliance. Les changements intervenus dans la loi sur la propriété qui, entre temps, se met à accorder à la femme le droit d'héritage, permet à la femme de se trouver dans la même situation que l'homme possédant la terre [151].

Le Deutéronome manifeste aussi une tendance plus humaine quant à l'affranchissement des esclaves. D'après le Code de l'alliance, l'affranchissement s'applique aux esclaves hommes et leurs femmes mais uniquement s'ils en possédaient avant : « S'il était entré seul, il sortira seul. S'il possédait une femme, sa femme sortira avec lui. Si c'est son maître qui lui a donné une femme et qu'elle lui a enfanté des fils ou des filles, la femme et ses enfants seront au maître, et lui, il sortira seul » (Ex 21, 3-4). Et dans le cas où un père israélite, pauvre ou endetté, vend sa fille [152] « comme

---

149. A. Alt, *Kleine Schriften zur Geschichte des Volkes Israel*, 3 vol., München, 1953-1959, I, p. 292.

150. G. von Rad, *op. cit.*, p. 14. D'après E. Lipinski en Ex 21, 2, le législateur envisage le cas de l'achat d'une personne de condition libre (« L'Esclave hébreu », *VT*, 26, 1976, p. 120-123).

151. G. von Rad, *op. cit.*, p. 14.

152. R. de Vaux, *op. cit.*, I, p. 134.

servante, elle ne sortira pas comme sortent les serviteurs » (Ex 21, 7). Le Deutéronome, en revanche, qui reprend et amplifie les textes de l'Exode, permet à tous les esclaves, aussi bien hommes que femmes, de bénéficier des privilèges de la *shemitta* : la septième année il y aura non seulement la remise des dettes mais la libération de tous les esclaves. Il n'y a pas dans le Deutéronome, comme dans le Code de l'alliance, de restriction en défaveur de la femme de l'esclave qui se marie dans la maison de son maître et que celui-ci garde pour accroître son dispositif d'esclaves. D'après l'approche deutéronomique, le maître ne peut avoir d'emprise sur la vie privée de l'esclave ni de sa femme ; l'esclave est considéré comme un citoyen, un frère qui vend à son maître uniquement ses services mais non pas sa personne. En tant que citoyen jouissant des mêmes droits que son maître, l'esclave mène une vie familiale libre, indépendante de toute immixtion de la part de son maître. Aussi tandis que le refus de l'affranchissement par l'esclave est attribué dans le Code de l'alliance surtout au fait qu'il ne veut pas quitter sa femme et ses enfants — « J'aime mon maître, ma femme et mes fils, je ne veux pas sortir libre » (Ex 21, 5) —, dans le Deutéronome ce refus est expliqué uniquement par son amour pour son maître et sa maisonnée où il est heureux — « Mais si cet esclave te dit : "Je ne désire pas sortir de chez toi" parce qu'il t'aime, toi et ta maisonnée et qu'il est heureux chez toi... » (Dt 15, 16). Notons que cette faculté de choisir entre rester et s'en aller est accordée aussi bien à l'homme qu'à la femme et soulignons en plus que ce n'est pas par hasard que le terme « maître » n'est pas employé dans ce passage du Deutéronome que nous venons de citer. Etant donné que l'esclave est sensé être le « frère » du propriétaire, il serait inopportun d'attribuer à ce dernier le titre de « maître »[153].

Ceux ou celles qui choisissent de rester, après une cérémonie qui semble trouver son origine dans la vie nomade (le poinçonnage de l'oreille), acquièrent le statut juridique particulier d'« esclave perpétuel » et sont reçus dans la communauté de la famille de leur maître. Quant à ceux qui partent, le Deutéronome fait à leur égard preuve de bienveillance, de générosité qui n'a de contrepartie nulle

---

153. M. Weinfeld, *Deuteronomy...*, *op. cit.*, p. 282.

part ailleurs. Comme il ne suffit pas de rendre à l'esclave sa liberté mais qu'il faut encore lui assurer les moyens de subsistance et le protéger contre la misère, le Deutéronome prescrit : « Et quand tu le laisseras partir libre de chez toi, tu ne le laisseras pas partir les mains vides ; tu le couvriras de cadeaux avec le produit de ton petit bétail, de ton aire et de ton pressoir » (Dt 15, 13-14).

Ce renforcement de l'esprit humanitaire se remarque aussi à propos des esclaves fugitifs. Dans les pays voisins d'Israël on exige l'extradition de l'esclave fugitif et celui qui le retrouve reçoit une récompense [154]. Le Code de Hammurabi condamne à la peine de mort « toute assistance donnée à un esclave fugitif, le refus de le livrer ou son simple recel [155] ». Les Lois d'Eshnunna protègent aussi le propriétaire contre la fuite des esclaves : d'après le § 51, il n'est pas permis qu'un esclave homme ou femme, d'Eshnunna, portant un lien, une chaîne ou une marque d'esclave, quitte les portes de la ville d'Eshnunna sans la permission de son maître [156]. Le Deutéronome, au contraire, « interdit de livrer un esclave qui a échappé à son maître et cherche refuge ; il sera accueilli et bien traité dans la ville qu'il aura choisie [157] ». Israël devrait être un vaste refuge [158]. « Tu ne livreras pas un esclave à son maître s'il s'est sauvé de chez son maître auprès de toi ; c'est avec toi qu'il habitera, au milieu de toi, dans le lieu qu'il aura choisi dans l'une de tes villes, pour son bonheur. Tu ne l'exploiteras pas » (Dt 23, 16-17). Le Deutéronome, comme le Code de l'alliance (Ex 21, 16), se montre aussi extrêmement sévère à l'égard de celui qui enlève un frère Israélite afin de le vendre comme esclave [159]. « S'il se trouve un homme qui commet un rapt sur la personne d'un de ses frères parmi les fils d'Israël, qui maltraite sa victime et qui la vend, l'auteur du rapt mourra » (Dt 24, 7). Une disposition analogue existe dans le Code de Hammurabi (§ 14), mais elle ne concerne qu'un enfant de patricien (*awīlum*) [160].

---

154. B. MAARSINGH, *op. cit.*, p. 154.
155. R. DE VAUX, *op. cit.*, I, p. 135.
156. C. VAN LEEUWEN, *op. cit.*, p. 65.
157. R. DE VAUX, *op. cit.*, I, p. 135.
158. B. MAARSINGH, *op. cit.*, p. 154.
159. K. FUCHS, *op. cit.*, p. 31.
160. B. MAARSINGH, *op. cit.*, p. 154

La Loi de sainteté ne dénie pas à l'étranger résidant dans le pays de posséder des esclaves : « Si un émigré ou un hôte de chez toi a des moyens financiers, que ton père ait des dettes à son égard, et qu'il se vende à cet émigré qui est son hôte ou à un descendant d'un clan émigré... » (Lv 25, 47). Mais ce droit est accompagné de deux restrictions : 1° droit de rachat en tout temps (« ... Il y aura pour ton frère, même après la vente, un droit de rachat : un de ses frères peut le racheter, un oncle ou un cousin germain peut le racheter, quelqu'un qui est de la même chair que lui, de son propre clan peut le racheter... ») (Lv 25, 48-49) ; 2° libération de l'esclave en l'année du Jubilé (« S'il n'est pas racheté de l'une de ces manières, il sortira libre avec ses enfants en l'année du jubilé ») (Lv 25, 54).

Quant aux Israélites, ils peuvent avoir des esclaves étrangers et cela à perpétuité (« Quant aux serviteurs et servantes que tu devrais avoir, vous les achèterez chez les nations qui vous entourent, vous pourrez aussi en acheter parmi les enfants des hôtes venus s'installer chez vous... ils seront votre propriété... Eux, vous pourrez les asservir à tout jamais... ») (Lv 25, 44-46). Rappelons pourtant que déjà le Code de l'alliance prescrit la libération immédiate des esclaves hommes et femmes au cas où leur maître leur aurait crevé un œil ou brisé une dent (Ex 21, 26-27).

Le principe de l'esclavage n'est pas mis en cause [161], mais dans sa recherche d'un idéal la Loi de sainteté n'admet pas que les esclaves des Israélites soient eux-mêmes des Israélites (« Si ton frère a des dettes à ton égard et qu'il se vende à toi, tu ne l'asserviras pas à une tâche d'esclave, tu le traiteras comme un salarié ou comme un hôte... ») (Lv 25, 39-40).

Comme dans tant d'autres cas, il y avait un écart considérable entre les règlements et les faits. Les récits bibliques démontrent que les esclaves israélites étaient nombreux et qu'ils comprenaient non seulement des malfaiteurs vendus pour dédommager leurs victimes (Ex 22, 2) et ceux qui se vendaient par pauvreté (Lv 25, 39), mais aussi des débiteurs réduits en esclavage par leurs créanciers (2 R 4, 1 ; Am 2, 6 ; 8, 6 ; Pr 22, 7) [162].

---

161. Ancien Testament, TOB, *op. cit.*, p. 249 (notes).
162. E.E. URBACH, « The Laws regarding Slavery as a Source for Social History of the Period of the Second Temple, the Mishnah and Talmud », *Annual of Jewish*

Jérémie nous apprend que la Loi sur la libération de l'esclave hébreu, après six années de service, n'était pas respectée. Toutes « les autorités et tous les gens », qui sur l'ordre du roi Sédécias avaient pris l'engagement de libérer leurs esclaves, « tinrent parole et libérèrent leurs esclaves. Mais plus tard, ils firent marche arrière ; ils récupérèrent les esclaves qu'ils avaient libérés, hommes et femmes, et les exploitèrent à nouveau comme esclaves... » (Jr 34, 8-11). D'après les livres d'Esdras (2, 64-65) et de Néhémie (7, 67) en plus de 42 360 personnes qui retournaient de Babylonie il y avait 7 337 esclaves hommes et femmes [163].

Un autre aspect de la question nous est offert par la situation des esclaves étrangers que les Israélites se procuraient par la guerre et par le commerce et qui se voyaient traités avec beaucoup moins de faveur que les esclaves israélites [164]. Néanmoins leur sont accordés, comme aux autres, les avantages du repos hebdomadaire (Ex 20, 10 ; 23, 12) (Dt 5, 14) et ils bénéficient d'une sauvegarde de leur vie sans équivalence dans d'autres législations [165]. Si un homme frappe à mort son esclave mâle ou femelle « il devra subir vengeance... » (Ex 21, 20-21). Il est vrai que la pénalité est exprimée sous une forme un peu vague, mais il semble qu'il s'agissait de la peine capitale [166].

Il est évident que la protection des esclaves que tâche d'assurer la Torah semble très insuffisante mais, dans l'ensemble, la loi juive était de beaucoup en avance sur les autres législations de l'Antiquité [167]. Les conditions des esclaves en Israël, écrit Cardascia, paraissent avoir été les moins défavorables de toutes celles que nous ont révélé les droits antiques [168]. Les raisons de cet état de choses sont multiples et complexes. Ce qui joua certainement aussi

---

Studies, London, 1964, p. 4. N. SARNA, « Zedekiah's Emancipation of Slavs and Sabbatical Year », dans *Orient and Occident*, Essays presented to Cyrus H. Gordon, *Alter Orient und Alter Testament*, Neukirchen, 22, 1973, p. 147.

163. H.H. COHN, « Slavery », *EJ*, 14, 1971, col 1657.
164. Z. KAHN, *op. cit.*, p. 138.
165. E.E. URBACH, *art. cit.*, p. 40.
166. Z. KAHN, *op. cit.*, p. 91.
167. *Ibid.*, p. 138.
168. G. CARDASCIA, « Les Droits cunéiformes » dans *Histoire des institutions*, *op. cit.*, p. 90.

un rôle non négligeable fut le fait que les législateurs israélites tentèrent de s'opposer à la création de classes sociales trop distinctes, se souvenant que les Israélites avaient tous été esclaves en Egypte [169]. D'autre part la Bible et ensuite la « tradition » les a imprégnées de l'idée que les Hébreux sont avant tout serviteurs de Dieu et qu'ils n'ont pas le droit d'aliéner leur liberté : l'Hébreu qui se vend comme celui qui devient son complice en l'achetant manquent également à leur devoir [170]. D'après Z. Kahn « il faut bien l'avouer l'esclavage tout pénible, tout dégradant qu'il est, ne laisse pas d'avoir un certain attrait pour les âmes faibles, impatientes du rude labeur de la vie et de grave responsabilité de la liberté ; il assure du moins la nourriture de tous les jours, un gîte pour la nuit, un vêtement pour se couvrir ; et que faut-il de plus à des hommes pour qui la lutte est un malheur, la liberté un fardeau ? Mais voilà ce que la loi juive ne tolérait pas : en faisant une concession à la pauvreté, elle n'en faisait point à la lâcheté [171] ».

7. L'interdiction du prêt à intérêt

L'endettement [172] étant en Israël une des causes, sinon la cause principale de la perte de la propriété familiale et de l'esclavage, l'interdiction de prêt à intérêt occupe une place importante dans la législation israélite en faveur des pauvres. Cette pratique, admise dans ses rapports avec les étrangers, est catégoriquement interdite entre Israélites et aucune distinction n'est faite entre un intérêt limité et un taux démesuré, usurier [173].

---

169. C. Van Leeuwen, *op. cit.*, p. 60.

170. Z. Kahn, *op. cit.*, p. 9.

171. *Ibid.*, p. 10.

172. P. Buis et J. Leclercq, *op. cit.*, p. 167.

173. E. Klingenberg, « Das israelitische Zinsverbot in Torah, Mišnah und Talmud », *AAWLM.G*.7, 1977, p. 23. L'étude d'E. Klingenberg fait l'objet d'un article, « L'Interdiction des intérêts en droit juif », *RHDF*, 57, 1979, p. 235-245 par A. Weingort-Boczko qui vient aussi de publier sa thèse de doctorat *Le Prêt à intérêt dans le droit talmudique* (Paris 1979). Malgré ses incontestables qualités, le travail de Klingenberg soulève, selon Weingort, certaines critiques. Mais comme Weingort s'intéresse surtout à la période qui est postérieure à la notre, ses analyses n'ont pas d'incidence majeure sur notre étude.

Cette position si intransigeante contraste vivement avec les autres pays de l'ancien Proche-Orient [174] où on ne considérait pas comme une faute ce qui en Israël était traité comme une pratique intolérable entre frères [175]. En Mésopotamie l'usure ne représente pas un péché. Chez les Assyriens, l'intérêt de l'argent était fixé selon la loi de l'offre et de la demande [176]. Dans les législations mésopotamiennes antérieures aux Lois d'Eshnunna, il n'y a pas de limitation du taux de l'intérêt et pas de restriction en ce qui concerne les moyens d'exécution contre le débiteur défaillant [177]. Pourtant, au cours de la période qui s'étend des Lois d'Eshnunna jusqu'au Code de Hammarubi, le droit du créancier, jusqu'alors arbitraire, commença peu à peu à être soumis à certaines restrictions. Ces deux législations prévoient un taux légal d'intérêt : 20 % pour le prêt d'argent et 33 1/3 % pour le prêt d'orge [178]. Le prêt d'avances gratuites n'est pas inconnu en Babylonie [179] : l'article 48 du Code de Hammurabi exonère le débiteur de l'intérêt quand par exemple l'orage a inondé la maison ou lorsque la sécheresse empêche la germination [180]. Mais en aucun cas le prêt à intérêt n'est interdit, ni même découragé [181]. Tandis que le Code de l'alliance ne prévoit aucune sanction contre le débiteur insolvable, dans les lois d'Eshnunna et dans le Code de Hammurabi, il est question d'incarcération [182] : le créancier peut saisir le débiteur et les membres de sa famille et ses esclaves [183].

Ces divergences s'expliquent en majeure partie par l'écart très important qu'il y avait à l'époque entre les structures économico-sociales prédominantes en Israël et chez ses puissants voisins. Les lois se rapportant au prêt à intérêt promulguées en Mésopotamie

---

174. H. GAMORAN, *art. cit.*, p. 127.
175. J.-L. VESCO, *art. cit.*, p. 248.
176. C. VAN LEEUWEN, *op. cit.*, p. 51.
177. E. SZLECHTER, «Le Prêt dans l'Ancien Testament et dans les codes mésopotamiens d'avant Hammurabi», *RHPhR*, 35, 1955, p. 18.
178. *Ibid.*, p. 21-22.
179. J.-L. VESCO, *art. cit.*, p. 248.
180. C. VAN LEEUWEN, *op. cit.*, p. 51.
181. H. GAMORAN, *art. cit.*, p. 127.
182. J.-L. VESCO, *art. cit.*, p. 248.
183. E. SZLECHTER, *art. cit.*, p. 21.

concernaient des pays qui étaient régis par un très fort pouvoir central [184] dont les économies comprenaient non seulement l'agriculture, mais aussi le commerce [185] et un système de crédit très développé [186]. Quand Israël se mettait à interdire le prêt à intérêt, il était encore au stade d'une communauté tribale sans division de classes et sans pouvoir étatique bien établi. Son économie était fondée presque exclusivement sur l'élevage et le travail de la terre. A l'époque des Juges et aux débuts de la Monarchie, le commerce était encore presque entièrement entre les mains des Cananéens, des Philistins et des Phéniciens. Ce n'est que sous le règne de Salomon que cette situation commence à changer [187].

E. Neufeld tâche de démontrer que la société israélite, réglée par le Code de l'alliance, a déjà une certaine habitude du commerce et qu'elle se trouve à un niveau de civilisation comparable à celle de ses voisins [188]. Ce point de vue semble cependant plutôt isolé, et la majorité, sinon la presque totalité des spécialistes, estime qu'à cette époque Israël était principalement un peuple de petite exploitation agricole où l'argent devait servir surtout à l'achat d'objets de consommation [189], où les transactions commerciales ne jouaient aucun rôle. Dans ces conditions, la demande de prêts commerciaux était quasi inexistante [190] et les prêts dont il est question dans la Torah servaient plutôt à assouvir les besoins essentiels des pauvres et des affamés [191].

L'interdiction du prêt à intérêt apparaît dans la législation israélite pour la première fois dans le Code de l'alliance (Ex 22, 24) qui, comme nous l'avons déjà vu précédemment, cherche à faire du prêt de consommation un *mutuum* (contrat gratuit entre amis) et non un *nexum* selon lequel l'emprunteur confie au prêteur une puissance qui deviendra effective s'il ne se rachète pas par le

184. E. KLINGENBERG, *op. cit.*, p. 24.
185. H. GAMORAN, *art. cit.*, p. 128.
186. E. KLINGENBERG, *op. cit.*, p. 34.
187. *Ibid.*, p. 24.
188. E. NEUFELD, « The Prohibitions against Loans and Interest in the Ancient Hebrew Laws », *HUCA*, 26, 1955, p. 370.
189. C. VAN LEEUWEN, *op. cit.*, p. 52.
190. H. GAMORAN, *art. cit.*, p. 128.
191. E. KLINGENBERG, *op. cit.*, p. 24.

remboursement[192]. Le législateur israélite veut empêcher que les pauvres d'Israël ne deviennent la proie de leurs créanciers[193] ; il veut rompre la chaîne fatale d'endettement (gages, intérêts, prêts) qui représentait pour beaucoup la cause principale de l'appauvrissement[194].

Cette première interdiction du prêt à intérêt sera formulée avec plus de netteté et prendra une plus grande extension dans le Code deutéronomique. Ce qui, dans le Code de l'alliance, apparaissait plutôt sous forme d'une énonciation générale de principes, acquerra dans le second l'aspect d'une norme. Tandis que l'un recommandera au créancier de ne pas agir avec son débiteur « comme un usurier » (Ex 22, 24), l'autre emploiera, pour la première fois, à propos de l'intérêt le terme technique de *neshek* et interdira de le percevoir aussi bien à l'occasion du prêt d'argent que de nourriture et « de quoi que ce soit qui puisse rapporter des intérêts » (Dt 23, 20)[195].

La différence entre les deux Codes semble pouvoir être attribuée au fait que le Deutéronome légifère à une époque plus récente. Après un répit représenté par les règnes prospères de Jéroboam II en Israël et d'Azarias (Ozias) en Judée, durant presque toute la première moitié du viiie siècle[196], la situation du pays alla en empirant[197], et se traduisit notamment par une cupidité en progression, un développement accru de *latifundia,* une augmentation des impôts, un accroissement du poids de différentes charges[198]. Le processus continu de différenciation sociale allant de pair avec le déclin économique, chaque catastrophe nationale ou internationale frappait durement surtout ceux qui se trouvaient en bas de l'échelle sociale et les riches en profitaient pour s'enrichir encore davantage[199]. Les paysans pauvres avaient de plus en plus de mal à joindre les deux bouts et se trouvaient obligés d'emprunter

192. H. Cazelles, *Etudes sur le Code...*, *op. cit.*, p. 79.
193. A. Causse, *Les «Pauvres»...*, *op. cit.*, p. 73.
194. J.-L. Vesco, *art. cit.*, p. 247.
195. E. Klingenberg, *op. cit.*, p. 32.
196. E. Neufeld, *art. cit.*, p. 354.
197. S.W. Baron, *op. cit.*, I, p. 67.
198. G. von Rad, *op. cit.*, p. 106.
199. S.W. Baron, *op. cit.*, p. 68

à des conditions très désavantageuses[200]. D'où la nécessité impérieuse de protéger les principales victimes de cet état de choses.

Mais malgré ces changements, Israël, à l'époque que vise le Deutéronome, reste, semble-t-il, encore presque exclusivement une nation de paysans[201]. Selon Klingenberg, la structure économique et sociale du pays ne diffère pas trop, dans son ensemble, de celle à laquelle se rapporte le Code de l'alliance[202]. Aussi, quoiqu'il n'y soit pas fait explicitement mention du statut des emprunteurs, il semble que c'est en faveur de la même catégorie de pauvres que le Deutéronome promulgue la loi contre l'intérêt[203], comme le Code de l'alliance et la Loi de sainteté (Lv 25, 35-37).

En ce qui concerne les étrangers, le Deutéronome ne formule aucune interdiction quant à la perception de l'intérêt. «A un étranger tu feras des prêts à intérêt, mais à ton frère tu n'en feras pas...» (Dt 23, 21). A cette époque, tous les commerçants en Israël étaient des étrangers[204] et il semble logique de penser que les prêts qui leur furent accordés par les Juifs agriculteurs fussent productifs d'intérêts, puisqu'ils représentaient non seulement un service rendu mais aussi «les risques du capital et son chômage pour le prêteur[205]».

Les lois contre l'intérêt correspondaient, il va sans dire, à l'état d'évolution économique dans lequel se trouvait le pays[206]. Mais comme chez ce peuple, surtout aux débuts de son existence, les liens de sang, le sentiment d'unité fraternelle étaient très puissants[207], il n'est pas étonnant que la gratuité du prêt soit fondée dans le droit biblique sur des considérations surtout d'ordre moral[208]. On n'y faisait pas, comme dans le droit romain, de

---

200. G. VON RAD, *op. cit.*, p. 106.
201. *Ibid.*, p. 148.
202. E. KLINGENBERG, *op. cit.*, p. 34.
203. H. GAMORAN, *art. cit.*, p. 130.
204. G. VON RAD, *op. cit.*, p. 148.
205. R. SALOMON, *Le Prêt à intérêt en législation juive*, Paris, 1932, p. 17.
206. B.J. MEISLIN, M.L. COHEN, «Backgrounds of the Biblical Law against Usury», *CSSH*, 6, 1964, p. 266.
207. G. VON RAD, *op. cit.*, p. 148.
208. E. SZLECHTER, *art. cit.*, p. 22.

distinction entre le *ius* et le *fas*[209]. L'interdiction du prêt à intérêt était formellement fondée sur le précepte de l'amour du prochain et de la crainte de Dieu[210]. Les enfants d'Israël ne devaient pas être victimes de leurs frères, de leur soif de posséder. En tant que peuple élu, ils devaient appliquer les lois de solidarité[211].

On peut s'interroger sur le problème du respect, de l'application concrète de la loi en question. Du fait qu'Ezéchiel, ainsi que les Psaumes et les Proverbes réprouvaient explicitement le prêt à intérêt, on pourrait en déduire que cette interdiction était fréquemment violée. Mais comme dans tout l'Ancien Testament il n'est pas une seule fois question d'un cas concret de prêt à intérêt, cela fait penser que ce précepte a été observé, au moins jusqu'à un certain point[212].

La loi sur le prêt est suivie de très près par celle sur le gage. Dans le Code de l'alliance, après le verset sur le prêt, vient de suite celui qui a pour but de protéger le gage que le débiteur remet à son créancier. Il suppose un pauvre qui abandonne son manteau comme signe de son engagement. Déjà par exemple, à Nouzi, le manteau joue un rôle important dans les contrats : il est le substitut de la personne même. Le Code de l'alliance perpétue cette tradition du manteau, mais l'humanise en exigeant qu'on le rende presque aussitôt : « Si tu prends en gage le manteau de ton prochain tu le lui rendras pour le coucher du soleil » (Ex 22, 25).

Le Deutéronome conçoit ce problème dans le même esprit et va encore plus loin dans le sens de l'humanisation. Il n'admet pas que le créancier aille dormir le soir en gardant le gage de son débiteur puisque ce dernier doit se coucher dans son manteau (Dt 24, 12-13). Et ce qui est nouveau, il impose au créancier des restrictions quant au choix du gage[213] ; il ne permet pas qu'on prenne en gage des objets de première nécessité : le moulin à bras ou l'une des deux meules du moulin qui servaient probablement à préparer le repas quotidien : « On ne prendra pas en gage le moulin

209. E. KLINGENBERG, *op. cit.*, p. 52.
210. *Ibid.*, p. 25.
211. J.-L. VESCO, *art. cit.*, p. 247.
212. H. GAMORAN, *art. cit.*, p. 134.
213. M. WEINFELD, *op. cit.*, p. 289.

ni la meule, car ce serait prendre en gage la vie elle-même » (Dt 24, 6). De plus le Deutéronome défend au créancier d'entrer dans la maison du débiteur pour prendre le gage : « C'est dehors que tu te tiendras et l'homme à qui tu fais le prêt t'apportera le gage dehors » (Dt 24, 11).

Quant aux sanctions, en cas de manquements, le Code deutéronomique fait apparaître une forme de conscience plus évoluée que le Code de l'alliance[214]. Ce dernier prévient que si le créancier se conduit mal envers le pauvre, celui-ci sera sûr d'être entendu s'il crie vers Dieu. En revanche, s'il se comporte équitablement et rend le gage en temps voulu, d'après le Deutéronome, le malheureux le bénira et devant Dieu il sera « juste » (Dt, 24, 13).

Le Deutéronome préconise en plus une mesure particulière que nous ne trouvons pas ailleurs — la remise des dettes. A la situation de plus en plus précaire de la paysannerie israélite s'ajoute, à l'époque royale, l'entrée en scène de l'économie commerciale. Cet état de choses incite le législateur à reprendre la vieille loi agraire de l'abandon de la récolte tous les sept ans (dont il a été question à propos des mesures du Code de l'alliance en faveur des pauvres) et de l'étendre à un nouveau secteur. L'expression utilisée pour l'abandon des récoltes tous les sept ans (Ex 23, 11) (en hébreu *shamat, shemitta*) sera appliquée au domaine des dettes. « Au bout de sept ans tu feras la remise des dettes..., tout homme qui a fait un prêt à son prochain fera remise de ses droits : il n'exercera pas de contrainte contre son prochain ou son frère, puisqu'on a proclamé la remise pour le Seigneur. L'étranger tu pourras le contraindre ; mais ce que tu possèdes chez ton frère tu lui en feras remise » (Dt 15, 1-3).

Le terme de la remise (sa main remettra) correspond à l'image de la main qui s'ouvre pour lâcher ce qu'elle retenait. La portée exacte de cette institution n'est pas précisée. S'agit-il d'un moratoire remettant d'une année le paiement des dettes, ou plutôt d'une libération définitive de toutes les dettes contractées les six années précédentes ? La mise en garde du verset 9 : « Garde-toi bien

---

214. I. Lewy, *art. cit.*, p. 323.

d'avoir dans ton cœur une pensée déraisonnable en te disant :
"C'est bientôt la septième année, celle de la remise", et en
regardant durement ton frère pauvre sans rien lui donner» (Dt
15,9-10), se comprend mieux s'il s'agit d'une libération définitive,
mais elle fait aussi entrevoir les difficultés d'application d'une telle
mesure [215].

8. Le sabbat

Les différentes lois que nous avons examinées dans ce chapitre
font assez bien apparaître l'emprise que la religion exerce sur
l'économie. Mais ce phénomène, qui constitue le point de départ
des recherches entreprises par Max Weber sur les grandes religions
de l'univers, ressortira avec une netteté particulière dans le sabbat,
l'institution la plus caractéristique [216], sinon la plus importante du
judaïsme [217].

La plupart des biblistes se sont penchés d'abord sur les origines,
sur l'histoire du sabbat, mais les études plus récentes portent
davantage sur les conséquences que cette institution entraîne sur la
vie de l'individu et de la société [218]. Nos préoccupations vont dans le
même sens.

L'étymologie du mot sabbat (qui est la transcription de l'hébreu
sabbât = chabbat) ainsi que les origines de cette institution sont
très complexes [219] et restent encore assez mal connues [220]. Certains
les recherchent du côté de la Babylonie et notamment dans le mot
akkadien *shapattu* qui désigne le jour du milieu du mois, celui de la
pleine lune, et qui est un jour d'apaisement du cœur, un jour
propice [221]. D'autres ne croient pas à un emprunt direct de

215. Ancien Testament, TOB, *op. cit.*, p. 364 (notes).

216. A. LEMAIRE, « Le Sabbat à l'époque royale israélite », *RB*, 80, 1973, p. 161.

217. W. HARRELSON, « Karl Barth on the Decalogue », *SR*, 6, 1977, p. 234.
J. EISENBERG, A. ABECASSIS, *A Bible ouverte*, Paris, 1978, p. 169.

218. N.E. ANDREASEN, « Recent Studies of the O. Testament Sabbath », *ZAW*,
86, 1974, p. 469.

219. H.J. KRAUS, *Gottesdienst in Israel*, München, 1962, p. 100.

220. A.R. HULST, « Bemerkungen zum Sabbatgebot », Festschrift Th.
C. Vriezen, Wageningen, 1966, p. 152.

221. R. DE VAUX, *op. cit.*, I, p. 371 sq.

Babylonie mais, impressionnés par la ressemblance des termes, estiment que le sabbat est venu en Israël par l'intermédiaire des Cananéens [222]. Il y a aussi l'origine qénite du sabbat. Les Qénites qui étaient des forgerons exploitant les anciennes mines du Sinaï : l'interdiction d'allumer le feu le jour du sabbat (Ex 35, 3) signifiait pour eux l'interruption de leur travail ordinaire [223].

Mais aucune de ces théories auxquelles nous venons de faire allusion n'a fourni d'arguments suffisants [224] et, d'une façon générale, le sabbat peut s'expliquer par une coutume quasi universelle qui consiste à réserver des jours de repos et des fêtes qui reviennent à des intervalles réguliers [225]. En tout cas, quelle que soit l'origine du sabbat, les Israélites l'ont développé et l'ont suivi rigoureusement [226]. Il a pris une valeur religieuse originale, un sens particulier qui en a fait une institution proprement israélite [227].

Dans le Genèse, le sabbat, auquel son nom n'est pas encore donné, n'est que le septième jour [228] qui évoque l'achèvement de la création [229]. Notons que lorsqu'on parle du septième jour, du sabbat, on ajoute généralement que Dieu s'est reposé. Nous retrouvons en effet dans la Bible cette notion de repos, mais plus tard [230]. Au début on dit uniquement que « Dieu acheva au septième jour l'œuvre qu'il avait faite, il arrêta au septième jour toute l'œuvre qu'il faisait » (Gn 2, 2). Le sens premier du mot sabbat est cessation [231]. Dieu s'est imposé de limiter son œuvre. Il a manifesté son pouvoir non pas en lui lâchant la bride, mais en le limitant. La Bible nous enseigne ici que toute puissance virtuelle a besoin d'un frein pour constituer un pouvoir authentique [232].

---

222. *Ibid.*, p. 375.

223. *Ibid.*, p. 376.

224. A. Caquot, « Remarques sur la fête de la "néoménie" dans l'ancien Israël », *RHR*, 158, 1960, p. 3.

225. R. de Vaux, *op. cit.*, I, p. 378. N.E. Andreasen, *The Old Testament Sabbath : A Tradition-Historical Investigation*, thèse, Vanderbilt Univ., 1971.

226. C. Van Leeuwen, *op. cit.*, p. 68.

227. R. de Vaux, *op. cit.*, p. 377 sq. W.W. Hallo, « New Moons and Sabbath : A Case-Study in the Contrastive Approach », *HUCA*, 48, 1977, p. 1-18.

228. H. Cazelles, *Etudes sur le Code...*, *op. cit.*, p. 69.

229. Ancien Testament, TOB, *op. cit.*, p. 45 (notes).

230. J. Eisenberg..., *op. cit.*, p. 169.

231. *Ibid.*, p. 174.

232. *Ibid.*, p. 173.

Avant la sédentarisation, ainsi qu'il ressort du verset (Nb 12, 15), le rythme des sept jours était encore lié à une non-activité, à des arrêts dans la marche du peuple [233], ou bien à une activité telle que le ramassage de la manne, durant les quarante années passées dans le désert. Les plus anciennes références au sabbat que nous trouvons dans l'Ancien Testament [234] nous apprennent qu'à leur grand étonnement les Israélites trouvaient de quoi se nourrir en quantité double le sixième jour, mais comme il n'y avait pas de manne dehors le septième jour, ils mangeaient ce jour-là ce qu'ils avaient mis de côté la veille (Ex 16, 4-35). Ils découvrirent ainsi le mystère du septième jour, le mystère du jour de repos consacré au Seigneur [235].

Dans le vieux Code de l'alliance, marqué par la sédentarisation en cours, le repos du septième jour n'est pas encore festif [236], mais nous y trouvons l'apparition de considérations sociales qui n'existaient pas encore dans les versets auxquels nous venons de nous référer (Ex 16, 4-35). Cela peut s'expliquer par le fait que, depuis la sédentarisation, les rapports d'égalité d'avant la conquête s'estompent, et de plus en plus d'Israélites perdent leur liberté. Pour que ces derniers aient droit au temps libre, au repos, il faut alors une réglementation spéciale [237]. Le Code de l'alliance exige [238] qu'après six jours de travail l'homme chôme afin que son bœuf et son âne se reposent et que le fils de sa servante et l'émigré reprennent leur souffle (Ex 23, 12). Dans le Décalogue rituel (Ex 34, 11-26), qui porte déjà la caractéristique de la civilisation agricole (il renferme un ensemble de prescriptions rituelles sur les fêtes des saisons de la moisson et de la récolte [239]), le chômage du septième jour n'est pas motivé mais il est suivi immédiatement du chômage « en période de labour et de moisson » (Ex 34, 21) et, vu son contexte, on peut y voir l'introduction aux chômages festifs des

---

233. H. CAZELLES, « Les Origines du sabbat », *BTS*, 187, 1977, p. 4.
234. N.-E. ANDREASEN, « Recent Studies... », *art. cit.*, p. 457.
235. N. LOHFINK, « Die Sabbatruhe und die Freizeit », *StZ*, 194, 1976, p. 404.
236. H. CAZELLES, *art. cit.*, p. 4.
237. N.-E. ANDREASEN, *art. cit.*, p. 461.
238. H.J. KRAUS, *op. cit.*, p. 98.
239. H. CAZELLES, « Loi israélite », *art. cit.*, col. 503.

versets suivants (« Tu célébreras une fête des Semaines... et la fête de la Récolte... ») (Ex 34, 22)[240].

Dans le Décalogue, comme dans Ex 16, 23, le sabbat porte son nom et le repos du septième jour est festif : « Que du jour du sabbat on fasse un memorial en le tenant pour sacré. Tu travailleras six jours, faisant tout ton ouvrage, mais le septième jour, c'est le sabbat du Seigneur, ton Dieu. Tu ne feras aucun ouvrage, ni toi, ni ton fils, ni ta fille, pas plus que ton serviteur, ta servante, tes bêtes ou l'émigré que tu as dans tes villes. Car en six jours, le Seigneur a fait le ciel et la terre, la mer et tout ce qu'ils contiennent, mais il s'est reposé le septième jour » (Ex 20, 8-10).

Le Deutéronome, qui cherche à renforcer le côté moral des lois hébraïques[241], fera ici, comme à d'autres occasions, un important pas en avant, dans le sens de l'humanisation, par rapport aux autres commandements. Tandis que la première version du Décalogue[242] associe le sabbat à la création du monde, la seconde, celle du Deutéronome, la relie à la sortie d'Egypte : « Tu te souviendras qu'au pays d'Egypte tu étais esclave et que le Seigneur ton Dieu t'a fait sortir de là d'une main forte et le bras étendu ; c'est pourquoi le Seigneur ton Dieu t'a ordonné de pratiquer le jour du sabbat » (Dt 5, 15). Cette motivation historique du sabbat semble vouloir réaffirmer les implications sociales de la fête[243]. Et ce qui joue d'une façon peut-être encore plus décisive, dans le sens de l'humanisation, c'est la formule que nous ne trouvons pas précédemment, l'addition[244] « afin que ton serviteur et ta servante se reposent comme toi » (Dt 5, 14).

Les passages que nous venons de citer semblent justifier des jugements de ceux qui déclarent que « le sabbat consacre la victoire du spirituel sur le temporel[245] », que « l'affranchissement de tous les hommes de toute hiérarchie et de toute domination, ne serait-ce

240. ID., « Les Origines du sabbat », art. cit., p. 4.
241. M. WEINFELD, art. cit., p. 243.
242. C. KESSLER, « Le Shabbat dans la tradition juive », BTS, 187, 1977, p. 6.
243. N.E. ANDREASEN, « Festival and Freedom. A Study of an Old Testament Theme », Interp., 28, 1974, p. 292.
244. Ibid., p. 285.
245. E. MUNK, La Justice sociale en Israël, Neuchâtel, 1947, p. 129.

qu'un jour par semaine, a été une des idées les plus révolutionnaires de la Bible [246] ». Notons que ce genre d'égalité dont il vient d'être question, entre le maître et le serviteur, apparaît déjà dans les textes se rapportant au règne de Gudéa, prince de Lagash, au IIIᵉ millénaire [247]. Mais là ils semblent se limiter à des commandements qui restèrent dans la sphère de la théorie, sans grand effet sur la vie réelle.

Comme nous venons de le voir, même l'animal doit se reposer le jour du sabbat et en cela la Bible donne aussi une leçon de la plus grande actualité puisque malgré les sensibles progrès réalisés, surtout ces derniers temps, dans notre attitude à l'égard de la nature, le droit de l'animal au repos, à un traitement « humain », reste encore dans une grande partie du monde, loin d'être posé et résolu d'une façon satisfaisante.

Les aspects du sabbat sur lesquels nous avons insisté sont d'une importance primordiale pour notre sujet, mais ils ne donnent pas une idée complète de l'esprit dans lequel doit être vécu ce temps de repos [248]. Le sabbat, qui a de multiples significations [249], n'a pas uniquement pour but de libérer l'homme du travail et de l'oppression extérieure. Il cherche aussi à le libérer de lui-même [250] dans son for intérieur et, à cet égard, il peut aussi jouer un rôle capital dans le monde d'aujourd'hui.

L'homme moderne est mû par la poursuite effrénée du gain, la recherche des avantages matériels en constante progression. Afin de freiner cette course à la perte, il doit suivre l'exemple divin que lui propose la Bible ; afin de ne pas succomber aux tentations de la croissance illimitée, ne pas se laisser entièrement happer par les choses, l'homme, comme Dieu, doit savoir dire « assez [251] ». « Assez », car le monde risquerait de s'effondrer s'il prenait des proportions excessives [252]. Le judaïsme est en principe favorable au

246. J. Eisenberg..., *op. cit.*, p. 188.

247. N.E. Andreasen, «Recent Studies... », *art. cit.*, p. 461.

248. M. Delahoutre, «Actualité du Shabbat», *BTS*, 187, 1977, p. 22.

249. P. Weil, « Le Shabbat comme institution et comme expérience », dans *Le Shabbat dans la conscience juive*, PUF, Paris, 1975, p. 13.

250. N.E. Andreasen, «Festival and Freedom», *art. cit.*, p. 297.

251. J. Eisenberg..., *op. cit.*, p. 173.

252. A. Safran, «Le Sabbat dans la tradition juive», *RThPh*, 1977, p. 138.

progrès technique mais « dans la mesure où l'homme s'en sert pour son épanouissement et non pour lui être asservi [253] ». Le sabbat est le jour où nous apprenons l'art de dépasser la civilisation technique, « d'atteindre une certaine indépendance à son égard [254] ».

Le travail dans la perspective biblique n'est pas une fin en soi. Le sabbat n'a pas été créé en vue des six jours, mais ce sont les six jours de la semaine qui ont pour but le sabbat [255]. Le repos du sabbat doit être un loisir créateur [256], se dépasser lui-même dans une fête [257]. Le Juif qui respecte réellement le sabbat ne se limite pas au simple repos. La liberté du travail sous sa forme négative (« liberté de ») doit être remplacée par son côté positif (« liberté par ») [258]. En cessant d'être serviteur des « pharaons extérieurs et intérieurs », le fidèle se mettra au service de Dieu et, par conséquent, de l'humanité [259].

Au repos de l'homme correspond celui de la terre [260]. Il y a dans la Bible un parallélisme voulu entre ces deux phénomènes [261]. Les versets concernant le repos du septième jour de la semaine (Ex 20, 8-10 ; Ex 23, 12 ; Dt 5, 13-14) présentent des analogies, avec le verset, sur la loi de la libération de l'esclave après six années (Ex 21, 2), ainsi qu'avec celui sur la remise des dettes à la septième année (Dt 15, 1), mais surtout avec ceux relatifs à l'année sabbatique (Ex 23, 11 et Lv 25, 3). Le sabbat est le septième jour de la semaine, de même que l'année dont le maître ne profite pas est la septième année, l'année sabbatique. Il s'agit de limiter le profit que l'homme peut tirer non seulement des hommes et des bêtes, mais aussi de la terre [262].

---

253. G. Friedmann, « Le Shabbat confronté à la société industrielle en Israël », dans Le Shabbat dans la conscience juive, op. cit., p. 87.

254. A. Heschel, Les Bâtisseurs du temps, Paris, 1957, p. 129 sq.

255. Ibid., p. 113.

256. J. Eisenberg, op. cit., p. 173.

257. N. Lohfink, art. cit., p. 407.

258. N. Negretti, Il settimo giorno. Indagine critico-teologica delle tradizioni presacerdotali e sacerdotali circa sabato biblico, AnBib., 55, 1973, p. 298. G. Hansel, « Le Shabbat dans la loi juive », dans Le Shabbat dans la conscience juive, op. cit., p. 34.

259. A. Safran, art. cit., p. 138.

260. E. Munk, op. cit., p. 127.

261. H. Cazelles, Etudes sur le Code... op. cit., p. 92.

262. Ibid., p. 96.

Quant au verset Ex 23, 11, dont il a déjà été question à propos des mesures en faveur des pauvres, il s'agirait-là, d'après certains (Baentsch, Beer, Causse, Jepsen), d'une année de jachère. Ce même terme nous le trouvons dans la plupart des traductions françaises contemporaines de l'Ancien Testament (Edition de la Pléiade, Bible de Jérusalem, Bible traduite par Emile Osty...). Or quand on pense aux gros inconvénients sociaux que présenterait cette mesure, et quand on étudie le vocabulaire, il apparaît que la terre ne pouvait pas être laissée en jachère. Elle était cultivée, mais une fois la moisson faite, elle n'était pas engrangée ; on laissait les épis répandus à terre, à la disposition de ceux qui étaient dans le besoin [263]. Notons que, d'après N.P. Lemche, il est peu probable que cette mesure ait été appliquée dans tout Israël en même temps ; il est plus vraisemblable que chaque fermier adaptait cette mesure à des intervalles réguliers par roulement [264].

Tandis que dans le cas que nous venons d'examiner il s'agissait d'un abandon périodique des récoltes aux pauvres, la Loi de sainteté comprendra différemment cette vieille coutume [265] : se fiant à l'intuition que la terre a besoin de repos, de reconstituer ses forces [266], « l'année sabbatique fait entrer la terre elle-même dans le grand rythme travail-repos qui règle déjà la vie de l'homme dans le cadre de la semaine. Ces périodes de repos volontaire permettent aux hommes d'exprimer à Dieu leur soumission confiante et leur rappellent qu'ils ne sont pas des machines à produire [267] ». « Quand vous serez entrés dans le pays que je vous donne, la terre observera un repos sabbatique pour le Seigneur : pendant six ans tu sèmeras ton champ ; pendant six ans tu tailleras ta vigne et tu en ramasseras la récolte ; la septième année sera un sabbat, une année de repos pour la terre, un sabbat pour le Seigneur ; tu ne sèmeras pas ton champ ; tu ne tailleras pas ta vigne ; tu ne moissonneras pas ce qui aura poussé tout seul depuis la dernière moisson ; tu ne

---

263. *Ibid.*, p. 92.
264. N.P. Lemche, « The Manumission of Slaves — The Fallow Year — The Sabbatical Year — The Yobel Year », *VT*, 26, 1976, p. 43.
265. Ancien Testament, TOB, *op. cit.*, p. 172 (notes).
266. E. Munk, *op. cit.*, p. 127.
267. Ancien Testament, TOB, *op. cit.*, p. 247 (notes).

vendangeras pas les grappes de la vigne en broussaille ; ce sera une
année sabbatique pour la terre. Vous vous nourrirez de ce que la
terre aura fait pousser pendant ce sabbat, toi, ton serviteur, ta
servante, le salarié ou l'hôte que tu héberges, bref ceux qui sont
installés chez toi. Quant à ton bétail et aux animaux sauvages de ton
pays, ils se nourriront de tout ce que la terre produira » (Lv 25,
2-7).

Le texte que nous venons de citer n'indique pas clairement si
toute la terre doit rester en jachère la septième année (céréales et
vigne n'étant citées qu'à titre d'exemple) ou si seules les moissons et
vendanges sont interdites, les autres cultures étant autorisées. On
ne voit pas non plus nettement si l'interdiction de moissonner et de
vendanger est absolue ou si elle porte uniquement sur la manière de
procéder : pas de récolte organisée par le propriétaire mais chacun,
y compris le propriétaire, pourra utiliser ce qui aura poussé tout
seul[268].

9. Le jubilé

Le préceptes concernant l'année sabbatique sont directement
suivis dans le Lévitique par la réglementation portant sur le jubilé
(de l'hébreu *yobel*). Afin de freiner la création de *latifundia*, pour
empêcher la concentration des propriétés rurales, on adopta des
mesures et on promulgua des lois en Mésopotamie et en Egypte
qui, quoique à un degré très restreint, peuvent être considérées
comme les antécédents du jubilé israélite[269]. L'hypothèse de J. Sh.
Shifman, selon lequel il y aurait eu des débuts de jubilé aussi à
Ougarit[270], semble peu plausible à L. Milano qui cherche à la
réfuter[271]. Mais quand il s'agit du *Sitz im Leben* du jubilé israélite,
il n'est pas facile de l'établir. En tout cas, analogiquement à
d'autres lois de l'Ancien Testament, le jubilé n'est pas l'œuvre d'un
seul auteur, mais un amalgame de différentes pratiques économi-

---

268. *Ibid.*, p. 247.
269. R. NORTH, *op. cit.*, p. 46.
270. J.Sh. SHIFMAN, « Ugaritskij Jubilej », *VDI*, 132, 1975, p. 94-100.
271. L. MILANO, « Sul presunto giubileo a Ugarit (PRU, V, 9) », *OrAnt*, 16,
1977, p. 24.

ques et saisonnières qui, d'après R. North, auraient été remodelées par des autorités compétentes au XIIe siècle, à l'époque de la sédentarisation[272]. Certains ne voient dans cette loi qu'une «construction théologique du temps de l'Exil». D'autres la considèrent comme un supplément de la législation sur la libération des esclaves hébreux. Elle serait un effort pratique destiné à donner aux affranchis la possibilité d'existence autonome : comme on ne pouvait songer à les réintégrer dans leurs propriétés tous les sept ans, on adopta le rythme de cinquante ans[273]. Il s'agirait d'un sabbat des sabbats[274], pour ainsi dire, d'une super-année sabbatique[275]. Tandis que dans le cas de l'année sabbatique, il était question de mesures occasionnelles, *ad hoc*, les auteurs du jubilé se rendaient compte qu'afin d'atteindre leurs buts il fallait recourir à des transformations radicales de la situation créée par une distribution non-équitable de la propriété[276].

Les questions de repos, de l'aide aux pauvres, de l'émancipation, sont abordées déjà dans d'autres lois ; en revanche, le trait distinctif du jubilé reste la restitution de la propriété. Mesure qu'on ne trouve nulle part ailleurs dans l'Ancien Testament[277]. Non seulement la terre se reposera («Ce sera un jubilé pour vous que la cinquantième année : vous ne sèmerez pas, vous ne moissonnerez pas ce qui aura poussé tout seul, vous ne vendangerez pas la vigne en broussaille... vous mangerez ce qui pousse dans les champs») (Lv 25, 11-12), mais la terre donnée par Yahvé ne peut être vendue à perpétuité, on peut seulement en céder temporairement l'usufruit[278], car ce qui appartient au Seigneur ne peut être aliéné, du moins pas définitivement[279]. «La terre du pays ne sera pas vendue sans retour, car le pays est à moi ; vous n'êtes chez moi que des émigrés et des hôtes ; aussi dans tout ce pays qui sera le vôtre, vous accorderez le droit de rachat sur les terres» (Lv 25, 23-24).

---

272. R. NORTH, *op. cit.*, p. 212.
273. H. CAZELLES, *Le Lévitique, op. cit.*, p. 115.
274. A. MENES, *op. cit.*, p. 39.
275. R. NORTH, *op. cit.*, p. 129.
276. *Ibid.*, p. 187.
277. *Ibid.*, p. 158.
278. A. CAUSSE, *Les «Pauvres»...*, *op. cit.*, p. 78.
279. Ancien Testament, TOB, *op. cit.*, p. 248 (notes).

« En cette année de jubilé, chacun retournera dans sa propriété »
(Lv 25, 13).

Il n'est pas certain que la loi du jubilé ait jamais été appliquée en
Israël, mais elle présente un double objectif : la liberté acquise à la
sortie d'Egypte doit être retrouvée par tous les fils d'Israël et les
propriétés reçues en partage à l'entrée en Canaan ne peuvent pas
être aliénées pour toujours[280].

---

280. *Ibid.*, p. 247.

CONCLUSION

Les textes et les travaux dont nous nous sommes servis ont fait apparaître un besoin de justice répandu dans les différentes régions du Proche-Orient ancien dès la fin du IIIe millénaire. Aussi bien en Mésopotamie qu'en Egypte, en Canaan et en Israël, on retrouve à cet égard beaucoup d'éléments communs. La notion hébraïque de la justice peut être comparée à la Maât égyptienne et le binôme biblique *mishpat/tsedaqa* possède des antécédents lointains en Babylonie et chez les Sémites de l'Ouest. Dans les plus anciens textes littéraires et religieux d'origine mésopotamienne, on fait la distinction entre le bon et le mauvais juge, on fait l'éloge de celui qui apporte la justice, qui protège le faible.

Ces tendances apparaissent aussi dans les textes législatifs appartenant au fonds commun mésopotamien. Celui qui est considéré comme le premier réformateur social de l'histoire, Urukagina, le prince pontife de Lagash, promulgue une série de mesures visant à protéger les pauvres contre les abus du pouvoir et les exactions des grands. Quelque chose de similaire, et à un degré encore plus poussé, apparaît dans les « réformes » de Gudéa et dans les Codes d'Ur-Nammu, de Lipit-Ishtar, d'Eshunna et surtout dans celui de Hammurabi.

Mais n'oublions pas que les efforts de ces souverains semblaient tendre surtout au renforcement de leurs empires et de leurs pouvoirs personnels. Ils recouraient alors aux moyens éprouvés : non seulement à la force pour maintenir l'ordre et la paix, mais, afin de se rallier les masses[1], ils cherchaient à apparaître comme les défenseurs de la jutice, les protecteurs des petites gens et utilisaient pour cela des déclarations presque stéréotypées qu'on retrouve dans les prologues des codes mésopotamiens[2].

Le droit biblique émergea dans le cadre d'un vaste ensemble juridique qui englobait les différentes régions du Proche-Orient ancien. Les découvertes du début de ce siècle avaient permis de relever de frappantes similitudes de forme et de fond entre les lois de la Torah et les lois mésopotamiennes. L'école panbabylonienne (avec H. Winckler, F. Delitzsch et A. Jeremias en tête) avait même cru pouvoir affirmer la dépendance complète des premiers par rapport aux seconds. La découverte de nouveaux textes et l'emploi de méthodes de comparaison plus rigoureuses ont fait abandonner cette théorie simpliste et ont permis d'élaborer des solutions plus nuancées[3].

Les droits cunéiformes jouèrent un rôle très important dans les premières étapes du droit israélite, mais celui-ci semble se distinguer par un côté éthique[4] qui apparaîtrait sous des formes bien plus atténuées, ou même manquerait dans les lois babyloniennes, assyriennes et hittites[5].

La lutte contre l'idolâtrie étant un des premiers objectifs de l'Ancien Testament, la législation israélite frappe celle-ci de pénalités extrêmement sévères, mais la sanction des autres délits procède d'un esprit plus humanitaire que celui qui prévaut dans d'autres codes orientaux[6]. Tandis que par exemple le Code de

1. E. SOLLBERGER, «L'Opposition au pays de Sumer et Akkad», dans *La Voix de l'opposition en Mésopotamie*, colloque organisé par l'Institut des hautes études de Belgique, 1973, p. 36.

2. H. LIMET, «Réflexions sur la nature et l'efficacité d'une opposition», dans *La Voix de l'opposition en Mésopotamie*, *op. cit.*, p. 82.

3. M.-H. PRÉVOST, *art. cit.*, p. 353.

4. H. CAZELLES, «La Loi, code moral», Studi in onore del Card. A. Ottaviani, I, Roma, 1969, p. 197 sq.

5. H.-D. BRACKER, *Das Gesetz Israels verglichen mit den altorientalischen Gesetzen der Babylonier der Hethiter und der Assyrer*, Hamburg, 1962, p. 174 (cité par H.J. Boecker, *op. cit.*, p. 11, qui se montre plus réservé à ce sujet). W.H. MCNEILL, J.W. SEDLAR, ed., *The Ancient Near East*, New York, 1968, p. 140.

6. R. DE VAUX, *op. cit.*, I, p. 230.

Hammurabi punit de la peine de mort toute assistance donnée à un esclave fugitif, le Deutéronome interdit de livrer un esclave qui a échappé à son maître et qui cherche un refuge.

Rappelons d'autre part que si les Babyloniens insistent surtout sur le côté inviolable de la propriété, les Hébreux attachent bien plus d'importance au respect de la vie humaine [7] et même animale — ce qu'on ne retrouve nulle part ailleurs à l'époque et ce qui n'apparaît que bien rarement aujourd'hui. De plus, les lois bibliques ne contiennent pas les nombreuses références à la stratification sociale qui caractérisent les Lois d'Eshnunna et surtout le Code de Hammurabi [8]. Ce qui frappe aussi dans les lois israélites c'est qu'elles émanent de Dieu et non du souverain, qu'elles s'adressent bien moins aux instances officielles, aux juges, qu'aux gens du peuple pris collectivement ou individuellement [9].

La protection des personnes les plus défavorisées fait l'objet aussi bien de la législation mésopotamienne qu'israélienne ; ce n'est cependant que dans cette dernière que les plus démunis sont recommandés à la bienveillance, non seulement par bonté et charité, mais aussi par un sentiment d'humilité qui s'explique par l'hitoire du peuple juif. Israël doit se rappeler que lui aussi a été étranger en Egypte et il n'y a pas pour Israël de meilleur moyen de garder le souvenir vivant que de ne pas opprimer l'étranger. Cette façon de présenter les lois signifie qu'on demande une obéissance non pas aveugle mais imprégnée de discernement, une obéissance consciente, raisonnée [10]. Avec cet appel au sens commun, à la conscience du peuple, ces lois font apparaître leur caractère réellement démocratique [11].

En Egypte, où le pharaon était la source et le maître de la loi [12], on a presque rien trouvé, jusqu'à maintenant, de comparable aux codes mésopotamiens. Mais l'Egypte nous a légué de très

7. K.A. KITCHEN, *Ancient Orient and Old Testament*, London, 1966, p. 148.

8. G.A. LARUE, *Babylon and the Bible*, Michigan, 1969, p. 35.

9. B. GEMSER, « The Importance of the Motive Clause in Old Testament Law », *VT.S*, 1, 1953, p. 62.

10. H.J. BOECKER, *op. cit.*, p. 178.

11. B. GEMSER, *art. cit.*, p. 63.

12. E.A. SPEISER, *Oriental and Biblical Studies*, Philadelphia, 1967, p. 193.

nombreux écrits et comme le séjour des Hébreux dans la vallée du Nil dura des siècles, il n'est pas étonnant que maintes déclarations des prophètes, certains Psaumes et certains Proverbes présentent des analogies avec les écrits des sages, les hymnes et les récits égyptiens.

Les *Instructions à Merikarê* qui constituent un mélange de considérations politiques et d'exhortations à la justice annoncent déjà ce que nous trouverons chez les prophètes hébreux [13]. Là aussi, comme chez Amos (5, 22-24), il est dit que Dieu ne se laisse pas duper par n'importe quel sacrifice : qu'il préfère les vertus de l'homme intègre au « bœuf du pécheur » [14].

Il y a de frappants et indubitables parallèles entre la *Sagesse d'Aménémopé* et les chapitres 22, 17 à 24, 22 des Proverbes de l'Ancien Testament où, d'une part et de l'autre, il est recommandé de ne pas dépouiller le misérable, de ne pas déplacer la borne à la bordure des champs, de ne pas fausser la balance...

Parmi les fautes que le défunt se défent d'avoir commises et qui figurent dans le *Livre des morts*, appelé la Bible des anciens Egyptiens, les plus significatives se rapportent à l'iniquité, à l'exploitation de l'esclave, du pauvre... Mais n'oublions pas que le *Livre des morts* accompagnant la momie était moins un code de vie qu'un appoint à la magie des rites. Quant à Maât, un des principaux legs de l'Egypte ancienne, elle correspondait à plusieurs notions dont le sens changeait selon les époques et les circonstances, mais qui dans l'ensemble relevait plutôt du concept d'ordre que de celui de justice.

D'importantes divergences dans la conception du monde existaient entre la Mésopotamie et l'Egypte, mais aussi longtemps que, depuis le milieu du IVe jusqu'au milieu du Ier millénaire, le Proche-Orient préserva son entité culturelle, les uns et les autres semblent avoir été conscients des liens intimes qui les unissaient avec la nature [15]. Dans ces pays, l'homme paraissait non seulement

---

13. T.E. Peet, *A comparative Study of the Literatures of Egypt, Palestine and Mesopotamia*, London, 1931, p. 109.

14. M. Lichtheim, *op. cit.*, II, p. 106. H. Cazelles, « Le Dieu de Moïse et le dieu des Egyptiens », *BTS*, 185, 1976, p. 12.

15. H. & H.A. Frankfort, *The Intellectual Adventure of Ancient Man*, Chicago, 1948, p. 364.

dominé mais aussi soutenu par les grands mouvements cycliques de la nature : si, dans les moments particulièrement pénibles, il se sentait pris dans des contradictions insolubles, dans l'ensemble, son implication dans la nature avait sur lui un effet apaisant[16], sinon même anesthésiant. Par exemple, les crues fertilisantes du Nil qui faisaient rarement défaut et qui garantissaient un minimum de prospérité engendraient une conception de l'éternel retour se traduisant par un désir d'ordre et d'harmonie et favorisant le maintien du *statu quo*.

Evidemment, la réalité n'était pas toujours aussi simple, mais il est un fait que dans la littérature sapientielle égyptienne qui occupait une place si importante dans la vie culturelle du pays, on retrouve l'opposition entre l'homme passionné et l'homme paisible, silencieux, et c'est ce dernier qui est considéré comme étant sur la bonne voie puisqu'il ne perturbe jamais l'état des choses. L'autre est jugé sévèrement car, par ses revendications intempestives, il détruit l'harmonieuse intégration dans l'ordre établi[17].

Le soulèvement populaire qui marque en Egypte les débuts de la Première Période Intermédiaire, et qu'on considère comme la première révolution sociale de l'Antiquité, est d'une durée relativement courte et d'une portée limitée. Le célèbre *Conte de l'Oasien*, dont l'esprit s'apparente à la révolte sociale, et auquel on compare les récriminations des grands prophètes israélites, avec Amos en tête, remporta un succès qui semble plutôt éphémère.

Une situation analogue semble prévaloir aussi en Mésopotamie : dans son histoire et sa littérature on retrouve beaucoup de plaintes et de lamentations. Cependant les habitants de cette région semblent avoir accepté leur condition avec fatalisme comme faisant partie de l'ordre immuable des choses[18].

Au moment de son installation au XIIIe siècle en Palestine, Israël, par rapport au développement de ses puissants voisins, était à bien des égards encore au stade de l'enfance[19] : absolument dépourvu d'institutions politiques et presque entièrement d'institutions

---

16. *Ibid.*, p. 371.
17. G.E. WRIGHT, *op. cit.*, p. 44.
18. J. BOTTÉRO, *art. cit.*, p. 163.
19. H.W.F. SAGGS, *The Encounter with the Divine in Mesopotamia and Israel*, London, 1978, p. 183.

sociales. Arrivés dans un pays qui occupait une situation centrale dans la civilisation proche-orientale, soumis à tant d'influences étrangères, à une puissante pression militaire, politique et sociale, les nouveaux venus furent profondément impressionnés et stimulés par certains aspects de la vie qu'ils trouvaient sur place. Mais ils n'adoptèrent finalement qu'à un degré relativement très limité le mode d'existence et de pensée des autres. Pourvu d'une « morale en rapport avec la perfection de son monothéisme [20] », ayant au cours des premiers stades de son histoire subi des malheurs qui portaient atteinte à son existence même, Israël se montrera, par rapport aux autres, bien plus intransigeant à l'égard du mal et bien plus fervent au profit du bien [21]. Etant donné les survivances des pratiques du sémitisme primitif, vu l'expérience de l'esclavage en Egypte,les Israélites refusent de reconstituer le type de société autocratique, tyrannique dont ils ont subi le joug. Contrairement aux sociétés établies de longue date, les premiers Israélites ont moins de respect pour la tradition, ils rejettent plus facilement les vieilles formules surannées, ils se montrent plus disposés à accepter des solutions qui correspondent aux aspirations des sociétés en voie de changement [22].

Pour les prophètes qui puisent dans le passé mais ont le regard tourné vers l'avenir, même les verdicts de Yahvé ne sont pas immuables. Selon eux, il n'y a pas d'ordre établi une fois pour toutes, pas d'institution qui mériterait d'être préservée pour elle-même puisque la valeur de chacune dépend de ses possibilités d'adaptation aux besoins de l'homme.

Cette attitude dynamique apparaît aussi dans la Torah où les problèmes juridiques et sociaux sont traités en fonction des changements de la vie [23] ; cela se traduira entre autres par l'humanisation croissante de la justice à mesure qu'on passe du Code de l'alliance au Code deutéronomique et à la Loi de sainteté.

L'opposition, le contraste entre la conception, l'approche statique d'une part et dynamique de l'autre seront encore renforcés par la différence des idées que se font de Dieu les sociétés en

---

20. H. CAZELLES, *Etudes...*, *op. cit.*, p. 18.
21. H.W.F. SAGGS, *op. cit.*, p. 185.
22. *Ibid.*, p. 187.
23. H. CAZELLES, « Torah et Loi... », *art. cit.*, p. 9.

question. Les Egyptiens, les Mésopotamiens (d'après S. Mo-winckel, M. Noth, Th. C. Vriezen...) concevaient le divin comme immanent à la nature. Les Israélites retrouvaient Dieu dans l'histoire. Yahvé, selon E. Jacob, est le Dieu de l'histoire et celle-ci est son plus sûr moyen de révélation[24]. Ce ne sont pas les phénomènes cosmiques mais l'histoire même qui devient une manifestation de la volonté dynamique de Dieu. L'homme cesse d'être, comme en Mésopotamie, un simple serviteur de Dieu ou, comme en Egypte, placé dans une position déterminée d'avance dans un univers statique. Durant l'Exode, durant la rude mais aussi exaltante solitude du désert, Yahvé transcende les phénomènes de la nature et l'homme, au lieu de le contempler, va écouter sa voix et suivre ses ordres[25].

Cette façon trop entière, trop tranchée de présenter les choses et d'envisager les événements historiques comme notions divines apparaissant uniquement dans la Bible, semble ne pas correspondre entièrement à ce que nous trouvons chez Amos (9, 7)[26] et provoque des critiques de la part de certains spécialistes (J. Hempel, J. Lindblom, J. Barr...)[27]. Il semble en effet qu'en dehors d'Israël d'autres sociétés au Proche-Orient ancien aient considéré leurs dieux comme capables de contrôler non seulement la nature mais aussi l'histoire[28]. Cependant Yahvé se tenait en dehors de la nature d'une manière différente de celle des dieux mésopotamiens[29], dont aucun ne formulait une vue d'ensemble de l'univers où l'histoire tout entière serait régie par la volonté d'un Dieu unique, selon un seul plan global[30]. Le Dieu du Yahviste a une bien plus forte personnalité que celle des autres dieux orientaux[31]. Celui avec

---

24. B. ALBREKTSON, *History and the Gods. An Essay on the Idea of Historical Events as Divine Manifestations in the Ancient Near East and Israel*, Lund, 1967, p. 11 sq.

25. H & H.A. FRANKFORT, *op. cit.*, p. 370 sq.

26. H.W.F. SAGGS, *op. cit.*, p. 204.

27. B. ALBREKTSON, *op. cit.*, p. 14.

28. S.M. PAUL, «Prophets and Prophecy», *EJ*, 13, col. 1171.

29. H.W.F. SAGGS, *op. cit.*, p. 88.

30. S.M. PAUL, *art. cit.*, col. 1171.

31. H. CAZELLES, «Le Dieu du Yahviste et de l'Elohiste ou le Dieu du Patriarche, de Moïse et de David avant les prophètes», dans *La Notion biblique de Dieu* (...), par J. Coppens, Biblioteca Ephemeridum..., Gembloux, 1976, p. 79 sq.

lequel le peuple d'Israël conclut une alliance est considéré comme la source, le fondement de la justice et celle-ci est sa première forme d'action (Gn 18, 25 ; Ps 9, 5) [32]. Dieu est non seulement « grand, puissant et redoutable », il est « l'impartial et l'incorruptible » (Dt 10, 17).

Le principe monothéiste, tel qu'il est formulé dans l'Ancien Testament, signifie implicitement que la loi de la justice, analogiquement aux lois de la physique, devrait régner sans aucune discrimination. La Torah ne permet ni d'avantager le faible ni de favoriser le grand (Lv 19, 15) ; elle recommande non seulement de ne pas exploiter l'émigré, mais de l'aimer comme soi-même (Lv 19, 33-34).

Mais, d'après une des affirmations les plus significatives du judaïsme, Dieu n'est pas le seul à régir l'univers et l'histoire : l'homme a aussi un pouvoir sur le monde et « le destin de l'humanité est une partie qui se joue à deux [33] ». La continuité de l'histoire, selon H.W. Wolff, ne sera ni le fait d'un Dieu arbitraire ni le fait de la simple volonté de l'homme, mais elle sera la continuité d'une alliance inviolable [34]. Le rapport avec le divin, écrit Emmanuel Levinas, traverse le rapport avec les hommes et coïncide avec la justice sociale, voilà tout l'esprit de la Bible juive [35].

Assumant l'expérience commune du groupe, mus par un sens aigu de la responsabilité collective, les prophètes insistent non seulement sur l'obligation de croire, mais d'agir. Contrairement à l'eschatologie égyptienne où il y a un cycle, une succession implacable du malheur et du bonheur, les prophètes enseignent au peuple que son sort dépend surtout de son propre comportement. Ils se situent non du côté de la formulation théorique mais du côté de l'effort créateur pour faire pénétrer les droits inaliénables de la personne humaine dans la pratique sociale [36].

32. S.S. Schwarzschild, art. cit., col. 476.
33. A. Neher, Clefs pour le judaïsme, Paris, 1977, p. 129.
34. H.W. Wolff, « Das Geschichtsverständnis der alttestamentlichen Prophetie », EvTh ; 20, 1960, p. 224 (cité par L. Ramlot, Prophétisme, art. cit., col. 1112).
35. E. Levinas, op. cit., p. 36.
36. A. Neher, op. cit., p. 140.

C'est probablement en grande partie grâce à ce dynamisme que la recherche de la justice sociale, qui ailleurs subit un brusque coup d'arrêt (Mésopotamie [37]) ou une longue éclipse (Egypte), sera poursuivie par le peuple de la Bible presque sans interruption jusqu'à nos jours.

37. T. JACOBSEN, *The Treasures of Darkness. A History of Mesopotamian Religion.* New Haven and London, 1976, p. 21 sq.

ABRÉVIATIONS

AAWLMG	:	Abhandlungen der Akademie der Wissenschaften und der Literatur in Mainz — Geistes und sozialwissenschaftliche Klasse.
AES	:	Archives européennes de sociologie.
AHDO	:	Archives d'histoire du droit oriental.
AJS	:	American Journal of Sociology.
AJSL	:	American Journal of Semitic Languages and Literatures.
An Bib	:	Analecta biblica.
ANET	:	Ancient Near Eastern Texts relating to the Old Testament.
ANET.S	:	Ancient Near Eastern Tests relating to the Old Testament. Supplement.
An Or	:	Analecta orientalia.
APD	:	Archives de philosophie du droit.
Ar Or	:	Archiv orientalni.
ASoc	:	Annales/Année sociologique (s).
ASRel	:	Archives de sociologie des religions.
AStE	:	Annuario di studi ebraici.
ASTI	:	Annual of the Swedish Theological Institute.
ATA	:	Alttestamentliche Abhandlungen.
AUSS	:	Andrews University Seminary Studies.
AzTh	:	Arbeiten zur Theologie.
BA	:	Biblical Archeologist.
BASOR	:	Bulletin of the American Schools of Oriental Research.
BBB	:	Bonner biblische Beiträge.

BeO	:	Biblia e oriente.
BFChTh	:	Beiträge zur Förderung christlicher Theologie.
BhEvTh	:	Beihefte zur Evangelischen Theologie.
BHH	:	Biblisch-historisches Handwörterbuch.
Bib.	:	Biblica. Roma.
BIFAO	:	Bulletin de l'institut français d'archéologie orientale.
Bijdr.	:	Bijdragen. Tijdschrift voor philosophie en theologie.
BJRL	:	Bulletin of the John Rylands Library.
BJS	:	British Journal of Sociology.
BSFE	:	Bulletin (trimestriel) de la société française d'égyptologie.
BSHPF	:	Bulletin de la société de l'histoire du protestantisme français.
BTB	:	Bulletin de théologie biblique.
BThW	:	Bibeltheologisches Wörterbuch.
BTS	:	Bible et Terre sainte.
BZAW	:	Beihefte zur Zeitschrift für die alttestamentliche Wissenschaft.
BZSF	:	Biblische Zeit- und Streitfragen zur Aufklärung der Gebildeten.
CBQ	:	Catholic Biblical Quarterly.
Ceg	:	Chronique d'Egypte.
CRHPhR	:	Cahiers de la revue d'histoire et de philosophie religieuses.
CSoc	:	Christianisme social.
CSSH	:	Comparative Studies in Society and History.
DB (H)	:	Dictionary of the Bible.
DB (V)	:	Dictionnaire de la Bible. Publ. par F. Vigouroux.
DBS	:	Dictionnaire de la Bible. Supplément.
Diog (F)	:	Diogène. Paris.
DLZ	:	Deutsche Literaturzeitung.
EBrit	:	Encyclopaedia Britannica.
EJ	:	Encyclopaedia Judaica.
EthL	:	Ephemerides theologicae Lovanienses.
ETR	:	Etudes théologiques et religieuses.
EvE	:	Evangelische Ethik.

Evid.	: Evidences.
Ev Th	: Evangelische Theologie.
FuF	: Forschungen und Fortschritte.
GöM	: Göttinger Miszellen.
GOTR	: Greek Orthodox Theological Review.
HDStW	: Handwörterbuch der Sozialwissenschaften.
HTh	: History and Theory.
HThR	: Harvard Theological Review.
HUCA	: Hebrew Union College Annual.
IDB	: Interpreter's Dictionary of the Bible.
IJPR	: International Journal for Philosophy of Religion.
Interp.	: Interpretation. Richmond, Virg.
Iraq	: Iraq. London.
IThQ	: Irish Theological Quarterly.
JAOS	: Journal of the American Oriental Society.
JAOS.S	: Journal of the American Oriental Society. Suppl.
JBL	: Journal of Biblical Literature.
JCS	: Journal of Cuneiform Studies.
Jdm	: Judaism.
JDTh	: Jahrbücher für deutsche Theologie.
JEA	: Journal of Egyptian Archeology.
JE	: Jewish Encyclopedia.
JESHO	: Journal of (the) Economic and Social History of the Orient.
JJS	: Journal of Jewish Studies.
JJSoc	: Jewish Journal of Sociology.
JNES	: Journal of Near Eastern Studies.
JQR	: Jewish Quarterly Review.
JSocS	: Jewish Social Studies.
JThS	: Journal of Theological Studies.
Jud.	: Judaica. Zürich.
KuD	: Kerygma und Dogma.
Log.	: Logos.
MDOG	: Mitteilungen der deutschen Orientgesellschaft.
MGWJ	: Monatschrift für Geschichte und Wissenschaft des Judentums.

NZSTh	: Neue Zeitschrift für systematische Theologie.
OBL	: Orientalia et biblica Lovaniensia.
Or	: Orientalia. Roma.
OrAnt	: Oriens Antiquus.
Oriens	: Oriens. Leiden.
OTS	: Oudtestamentische studien.
PAAJR	: Proceedings of the American Academy for Jewish Research.
PEQ	: Palestine Exploration Quarterly.
RA	: Revue d'assyriologie et d'archéologie orientale.
RB	: Revue biblique.
RdE	: Revue d'égyptologie.
REj	: Revue des études juives.
RHDF	: Revue historique de droit français et étranger.
RHPhR	: Revue d'histoire et de philosophie religieuses.
RHR	: Revue d'histoire des religions.
RIDA	: Revue internationale des droits de l'antiquité.
Riv Bib	: Rivista biblica.
RSO	: Rivista degli studi orientali.
RSR	: Recherches de science religieuse.
RThom	: Revue thomiste.
RThPh	: Revue de théologie et de philosophie.
RTK	: Roczniki teologiczno-kanoniczne.
RTPE	: Recueil de travaux relatifs à la philologie et à l'archéologie égyptiennes et assyriennes.
Saec.	: Saeculum.
SAK	: Studien zur altägyptischen Kultur.
SBFLA	: Studii biblici Franciscani liber annuus.
ScEs	: Science et esprit.
ScrHie	: Scripta Hierosolymitana.
SDIO	: Studia et documenta ad iura orientis...
SEM	: Semitica.
SJTh	: Scottish Journal of Theology.
Spec.	: Speculum. Cambridge, Mass.
SR	: Studies in Religion.
StZ	: Stimmen der Zeit.
TGUOS	: Transactions of the Glasgow University Oriental Society.
ThLZ	: Theologische Literaturzeitung.

ThR	: Theologische Rundschau.
ThViat	: Theologia viatorum.
UF	: Ugarit-Forschungen.
UUA	: Uppsala universitets årrskrift.
VDI	: Vestnik drewnej istorii.
VF	: Verkündigung und Forschung.
VT	: Vetus Testamentum.
VT.S	: Vetus Testamentum. Suppl.
WMANT	: Wissenschafliche Monographien zum Alten und Neuen Testament.
YLBI	: Year Book. Leo Baeck Institute.
ZA	: Zeitschrift für Assyriologie.
ZAW	: Zeitschrift für die alttestamentliche Wissenschaft.
ZÄS	: Zeitschrift fur ägyptische Sprache und Altertumskunde.
ZDTV	: Zeitschrift des Deutschen Palästina-Vereins.
ZEE	: Zeitschrift für evangelische Ethik.
ZLThK	: Zeitschrift für die (gesamte) lutherische Theologie und Kirche.

BIBLIOGRAPHIE

MÉSOPOTAMIE

1. *Textes juridiques, littéraires et religieux*

Ancient Near Eastern Texts Relating to the Old Testament, ed. J.B. Pritchard, Princeton, 1950; Supplement 1969.

BARTON, G.A., *Miscellaneous Babylonian Inscriptions*, New Haven, 1918.

CARDASCIA, G., *Les Lois assyriennes*, Paris, 1969.

CRUVEILHER, P., *Commentaire du Code d'Hammourabi*, Paris, 1938.

DRIVER, G.R. and MILES, J.C., *The Babylonian Laws*, 2 vol., Oxford, 1952-1955.

FINET, A., *Le Code de Hammurapi*, Paris, 1973.

LAMBERT, M., «Les "Réformes" d'Urukagina», *RA*, 50, 1956, p. 169-184.

SEUX, M.J., *Hymnes et prières aux dieux de Babylonie et d'Assyrie*, Paris, 1976.

SZLECHTER, E., «Le Code d'Ur-Nammu», *RA*, 49, 1955, p. 169-177.
— «Le Code de Lipit-Ishtar», *RA*, 51, 1957, p. 57-82; 177-196.
— *Les Lois d'Eshnunna*, Paris, 1954.
— «Les Lois d'Eshnunna», *RIDA*, 25, 1978, p. 109-219.
— Codex Hammurapi, Romae, 1977.

THUREAU-DANGIN, F., *Les Inscriptions de Sumer et Akkad*, Paris, 1905.

YARON, R., *The Laws of Eshnunna*, Jerusalem, 1969.

2. *Instruments de la recherche*

BOYER, G., «Introduction bibliographique à l'histoire du droit suméro-akkadien», *AHDO*, 2, 1938, p. 63-110.

CARDASCIA, G., *Droits cunéiformes*, Introduction bibliographique à l'histoire du droit et à l'ethnologie juridique, Bruxelles, 1966.

Reallexikon der Assyriologie, *Gesetze*, 3, 1966, p. 243-297.

The Assyrian Dictionary of the Oriental Institute of the University of Chicago, Chicago-Glückstadt, 1956-1977.

3. *Ouvrages généraux et études particulières*

ARTZI, P., « "Vox populi" in the El Amarna Tablets », *RA*, 58, 1964, p. 159-166.

BOTTÉRO, J., « Désordre économique et annulation des dettes en Mésopotamie à l'époque paléo-babylonienne », *JESHO*, 4, 1961, p. 113-164.

BOYER, G., *Mélanges d'histoire du droit oriental*, Toulouse, 1965.

CARDASCIA, G., *Les Droits cunéiformes*, dans R. Monier, G. Cardascia et J. Imbert : *Histoire des institutions et des faits sociaux des origines à l'aube du Moyen Age*, Paris, 1956, p. 17-68.

— « La Transmission des sources cunéiformes », *RIDA*, 7. 1960 p. 31-50.

— « La Place du talion dans l'histoire du droit pénal à la lumière des droits du Proche-Orient ancien », dans *Mélanges Jean Dauvillier*, Toulouse, 1979, p. 169-183.

CUQ, E., *Etudes sur le droit babylonien, les lois assyriennes et les lois hittites*, Paris, 1929.

DEIMEL, A., « Sumerische Tempelwirtschaft zur Zeit Urukaginas und seiner Vorgänger », *AnOr*, 2, 1931, p. 1-113.

DESHAYES, J., *Les Civilisations de l'Orient ancien*, Paris, 1969.

DIAKONOFF, I.M., « Some Remarks on the "Reforms" of Urukagina », *RA*, 52, 1958, p. 1-15.

DIAMOND, A.S., « An Eye for an Eye », *Iraq*, 19, 1957, p. 151-155.

EDZARD, D.O., *Die zweite Zwischenzeit Babyloniens*, Wiesbaden, 1957.

EVANS, G., « Ancient Mesopotamian Assemblies », *JAOS*, 78, 1958, p. 1-11.

FALKENSTEIN, A., *Die neusumerischen Gerichtsurkunden*, München, 1956.

FINKELSTEIN, J.J., « Ammi-saduqa's Edikt and the Babylonian Law Codes », *JCS*, 15, 1961, p. 91-104.

— « On some Recent Studies in Cuneiform Law », *JAOS*, 90, 1970, p. 243-253.

FISH, T., « Aspects of Sumerian Civilisation in the Third Dynasty of Ur », *BJRL*, 22, 1938, p. 160-174.

FRANKFORT, H. & H.A., WILSON, J.A., JACOBSEN, T., IRVIN, W.A., *The Intellectual Adventure of Ancient Man. An Essay on Speculative Thought in Ancient Near East*, Chicago, 1948.

GARELLI, P., *Le Proche-Orient asiatique — Des origines aux invasions des peuples de la mer*, Paris 1969.

GARELLI, P. et NIKIPROWETZKY, V., *Le Proche-Orient asiatique. Les empires mésopotamiens, Israël*, Paris, 1974.

HRUŠKA, B., « Die Reformtexte Urukaginas », dans *Le Palais et la royauté* (XIXᵉ rencontre assyriologique internationale, 1971), Paris, 1974, p. 151-161.

JACOBSEN, T., « Primitive Democracy in Ancient Mesopotamia », *JNES*, 2. 1943, p. 159-172.

— «Early Political Development in Mesopotamia», *ZA*, 52, 1957, p. 91-140.

— «Note sur le rôle de l'opinion publique dans l'ancienne Mésopotamie», *RA* 58, 1964, p. 157-158.

— *The Treasures of Darkness. A History of Mesopotamian Religion*, New Haven and London, 1976.

KLIMA, J., «Au sujet de nouveaux textes législatifs de la Babylonie ancienne», *ArOr*, 35, 1967, p. 121-127.

— «Zu einigen Problemen der altmesopotamischen Gesetzgebung», Festschrift für Wilhelm Eilers, Wiesbaden, 1967, p. 107-121.

— «La Perspective historique des lois hamourabiennes», *CRAI*, 1972, p. 297-317.

KOROŠEC, V., «Le Code de Hammurabi et les droits antérieurs», *RIDA*, 8, 1961, p. 11-27.

KRAMER, S.N., *L'histoire commence à Sumer*, Paris 1957.

— «Sumerian Literature», dans *The Bible and the Ancient Near East*, Essays in Honor of W.F. Albright, Garden City, 1961, p. 249-266.

— *The Sumerians : Their History, Culture and Characters*, Chicago, 1964.

— «"Vox populi" and the Sumerian Literary Documents», *RA*, 58, 1964, p. 148-156.

KRAUS, F.R., *Vom mesopotamischen Menschen der altbabylonischen Zeit und seiner Welt*, Amsterdam-London, 1973.

LAMBERT, M., «Le Destin d'Ur et les routes commerciales», *RSQ*, 39, 1964, p. 89-109.

LAMBERT, W.G., «The Reading of the Name Uru.Ka.gi.na», *Or*, 39, 1970, p. 419.

LARUE, G.A., *Babylon and the Bible*, Michigan, 1969.

LEEMANS, W.F., «King Hammurapi as Judge», *Symbolae Iuridicae et Historicae Martino David dedicatae*, Leiden, 1968, p. 107-129.

LIMET, H., «Réflexions sur la nature et l'efficacité d'une opposition» dans *La Voix de l'opposition en Mésopotamie*, Colloque organisé par l'Institut des Hautes Etudes de Belgique, 1973, p. 66-88.

McNEILL, W.H., SEDLAR, J.W., ed., *The Ancient Near East*, New York, 1969.

MALAMAT, A., «Kingship and Council in Israel and Sumer : a Parallel», *JNES*, 22, 1963, p. 247-253.

MOSCATI, S., *Histoire et civilisation des peuples sémitiques*, Paris, 1955.

OPPENHEIM, A.L., «The Seafaring Merchants of Ur», *JAOS*, 74, 1954, p. 6-17.

PARROT, A., *Sumer*, Paris, 1960.

PEET, T.E., *A Comparative Study of the Literatures of Egypt, Palestine and Mesopotamia*, London, 1931.

PETERS, J.P., «Notes and Suggestions on the Early Sumerian Religion and its Expression», *JAOS*, 41, 1921, p. 131-149.

ROSEN, B.-L., «Some Notes on Eshnunna Laws 20 and 21 and a Legal Reform in the Law of Hammurapi», *RA*, 71, 1977, p. 35-38.

ROSENBERG, R.A., «The God Sedeq», *HUCA*, 36, 1965, p. 161-177.

SCHMÖKEL, H., «Zwischen Ur und Lothal : die Seehandelsroute von Altmesopotamien zur Induskultur», *FuF*, 40, 1966, p. 143-147.

SOLLBERGER, E., « L'Opposition au pays de Sumer et Akkad », dans *La Voix de l'opposition...*, *op. cit.*, p. 28-36.

SPEISER, E.A., « Authority and Law in Mesopotamia », *JAOS.S*, 17, 1954, p. 8-15.

STEPHENS, F.J., « Notes on Some Economic Texts of the Time of Urukagina », *RA*, 49, 1955, p. 129-136.

SZLECHTER, E., « A propos du Code d'Ur-Nammu », *RA*, 47, 1953, p. 1-10.
— « Les Anciennes Codifications en Mésopotamie », *RIDA*, 4, 1957, p. 73-92.
— « La Loi dans la Mésopotamie ancienne », *RIDA*, 12, 1965, p. 55-77.

WITTFOGEL, K., *Le Despotisme oriental* (avant-propos de P. Vidal-Naquet), Paris, 1964.

WOOLLEY, L., *Ur en Chaldée*, Paris, 1949.

ÉGYPTE

1. *Textes juridiques, littéraires et religieux*

BARGUET, P., *Le Livre des morts des anciens Egyptiens*, Paris, 1967.

BARUCQ, A., DAUMAS, F., *Hymnes et prières de l'Egypte ancienne*, Paris, 1980.

ERMAN, A., *Die Literatur der Aegypter*, Leipzig, 1923.

HELCK, W., « Das Dekret des Königs Haremheb », *ZÄS*, 80, 1955, p. 109-136.

KRUCHTEN, J.M., *Le Décret d'Horemheb*, traduction, commentaire épigraphique et institutionnel, Bruxelles, 1981 (thèse de doctorat).

LEFEBVRE, G., *Romans et contes égyptiens de l'époque pharaonique*, Paris, 1949.

LICHTHEIM, M., *Ancient Egyptian Literature*, 2 vol., Los Angeles, 1976.

MATTHA, G., HUGUES, G.R., *The Demotic Legal Code of Hermopolis West*, Le Caire, 1975.

MAYSTRE, C., *Les Déclarations d'innocence (Livre des morts, chap. 125)*, Le Caire, 1937.

MICHAELI, F., *Textes de la Bible et de l'Ancien Orient*, Neuchâtel, 1961.

PETERSON, S.J., « A New Fragment of the Wisdom of Amenemope », *JEA*, 52, 1967, p. 120-128.

PFLÜGER, K., « The Edict of King Haremhab », *JNES*, 5, 1946, p. 260-268.

POSENER, G., « Le Début de l'enseignement de Hardjedef », *RdE*, 9, 1952, p. 109-120.

ROEDER, G., « Der Erlass des Königs Hor-em-hab über die Wiederherstellung der Gerechtigkeit », dans *Der Ausklang der ägyptischen Religion mit Reformation, Zauberei und Jenseitsglauben*, Die ägyptische Religion im Text und Bild, IV, Zürich & Stuttgart, 1961, p. 90-112.

SIMPSON, W.K., ed., *The Literature of Ancient Egypt : an Anthology of Stories, Instructions and Poetry*, New Haven-London, 1972.

Suys, E., *La Sagesse d'Ani*, AnOr, 11, 1935.

Thomas, D.W., ed., *Documents from Old Testament Times*, New York, 1961.

Van de Walle, B., «Le Décret d'Horemheb», *CEg* 43, 1947, p. 230-238.

Zába, Z., *Les Maximes de Ptahhotep*, Prague, 1956.

2. *Instruments de la recherche*

Annual Egyptological Bibliography, E.J. Brill, Leiden, 1948-1980.

Dictionnaire de la civilisation égyptienne, Posener, G., Yoyotte, J., Paris, 1959.

Mélèze-Modrzejewski, J., «Chronique des droits de l'Antiquité : Egypte gréco-romaine et monde hellénistique», *RHDF*, 55, 1977, p. 468-490.

Menu, B., «Chronique des droits de l'Antiquité : Egypte ancienne», *RHDF*, 55, 1977, p. 433-439; Egypte pharaonique, *RHDF*, 56, 1978, p. 475-484.

Pirenne, J., Théodorides, A., *Droit égyptien*, Introduction bibliographique à l'histoire du droit et à l'ethnologie juridique, Bruxelles, 1966.

3. *Ouvrages généraux et études particulières*

Aldred, C., *Akhenaton le pharaon mystique*, Paris, 1969.

— «Egypt : The Amarna Period and the End of the Eighteenth Dynasty», dans *The Cambridge Ancient History*, chap. XIX, 1975.

Allam, S., «De la divinité dans le droit pharaonique», *BSFE*, 68, 1973, p. 17-30.

— «Un droit pénal existait-il stricto sensu en Egypte pharaonique ?» *JEA*, 64, 1978, p. 65-68.

Anthes, R., «Die Maat des Echnaton von Amarna», *JAOS.S.* 14, 1952, p. 1-36.

Auffret, P., *Les Deux Grands Hymnes à Aton et à Yahvé créateurs*, Ecole pratique des hautes études, V section, mémoire, 1979.

Bakir, A.E., *Slavery in Pharaonic Egypt*, Le Caire, 1953.

Beckerath, J. von., «Nochmals die Regierungsdauer des Haremheb», *SAK*, 6, 1978, p. 43-49.

Bolkestein, H., *Wohltätigkeit und Armenpflege im vorchristlichen Altertum*, Utrecht, 1939.

Bonneau, D., *La Crue du Nil*, Paris, 1964.

Bouriant, U., «La Stèle de Horemheb», *RTPE*, 6, 1885, p. 41-51.

Breasted, J.H., *Ancient Records of Egypt*, 5 vol. Chicago, 1906-1907;

— *Development of Religion and Thought in Ancient Egypt*, London, 1912;

— *The Dawn of Conscience*, New York, 1933;

— *A History of Egypt from the Earliest Times to the Persian Conquest*, 2nd ed., London, 1948.

Brunner, H., «Der frei Wille Gottes in der Ägyptischen Weisheit», dans *Les Sagesses du Proche-Orient ancien*, (Colloque de Strasbourg, 1962), ed. PUF, Paris, 1963, p. 103-120.

CAPART, J., *Une rue de tombeaux à Saqqarah*, Bruxelles, 1907.

COTTREL, L., *La Vie au temps des pharaons*, Paris 1959.

DAUMAS, F., « La Naissance de l'humanisme dans la littérature de l'Egypte ancienne », *OrAnt*, 1, 1962, p. 155-184.
— *La Civilisation de l'Egypte pharaonique*, Paris, 1965.

DELLA MONICA, M., *La Classe ouvrière sous les pharaons*, Paris, 1975.

DESROCHES-NOBLECOURT, CH., « Ramsès II, l'homme et le dieu », *BTS*, 185, 1976, p. 13-17.

DRIOTON, E., VANDIER, J., *L'Egypte*, Paris, 1938.

DYKMANS, C., *Histoire économique et sociale de l'Ancienne Egypte*, 3 vol., Paris, 1936-1937.

EDWARDS, I.E.S., *The Pyramids of Egypt*, London, 1952.

ENDELSFELDER, E., « Zur Frage der Bewässerung im Pharaonischen Ägypten », *ZÄS*, 106, 1979, p. 37-51.

ERMAN, A., *L'Egypte des pharaons*, Paris, 1952.

FECHT, G., *Der Habgierrige und die Maât in der Lehre des Ptahhotep*, Glückstadt, 1958.

FENSHAM, F.C., « Widow, Orphan and the Poor in Ancien Near Eastern Legal and Wisdom Literature », *JNES*, 21, 1962, p. 129-139.

FRANCKFORT H., *La Royauté et les dieux*, Paris, 1951.

GOYON, G., *Les Secrets des bâtisseurs des grandes pyramides*, Paris, 1977.

GRUMACH, I., *Untersuchungen zur Lebenslehre des Amenemope*, Berlin, 1972.

HARI, R., *Horemheb et la reine Moutnedjemet*, Genève, 1964.

HARRIS, J.R., « How long was the Reign of Horemheb ? », *JEA*, 54, 1968, p. 95-99.

HELCK, W., *Wirtschaftsgeschichte des Alten Ägypten*, Leiden, 1975.

KANAWATI, N., *The Egyptian Administration in the Old Kingdom*, Warminster, 1978.

LANCZKOWSKI, C., *Altägyptischer Prophetismus*, Wiesbaden, 1960.

LECLANT, J., « Publications récentes concernant les "sagesses" de l'Egypte ancienne », dans *Les Sagesses du Proche-Orient ancien*, ed. PUF, Paris, 1963, p. 5-26.

LURJE, I.M., *Studien zum altägyptischen Recht*, Weimar, 1971.

MEYER, E., *Histoire de l'Antiquité*, 3 vol. Paris, 1912-1926 ;
— II *L'Egypte jusqu'à l'époque des Hyksos*, 1914.

MONTET, P., *L'Egypte et la Bible*, Neuchâtel, 1959.

MORENZ, S., *La Religion égyptienne*, Paris, 1977.

MORET, A., « La Doctrine de Maât », *RdE*, 4, 1940, p. 1-14.

MUMFORD, L., « La Première Mégamachine », *Diog (F)*, 55, 1966, p. 3-20.

NEWBERRY, P.E. « The Life of Rekhmara », London, 1900.

PEET, T.E., « Contemporary Life and Thought in Egypt », dans *The Cambridge Ancient History*, vol. II, 1924.

PHILIPS, A.K., «Horemheb, Founder of the XIX Dynasty?» *Or*, 46, 1977, p. 116-121.

PIRENNE, J., «Introduction à l'histoire du droit égyptien — Les trois cycles de l'histoire juridique et sociale de l'ancienne Egypte», *AHDO*, 2, 1938, p. 11-62.
— «Une nouvelle interprétation des "instructions du roi Khéti à son fils Merikarê"», *RdE*, 3, 1938, p. 1-16.
— *La Religion et la morale dans l'Egypte antique*, Neuchâtel-Paris, 1965.

POSENER, G., *Littérature et politique dans l'Egypte de la XIIe dynastie*, Paris 1956.
— «Literature», dans *The Legacy of Egypt*, ed. J.R. Harris, Oxford, 1971, p. 220-256.
— «Une nouvelle tablette d'Aménémopé», *RdE*, 25, 1973, p. 251-252.
— «Les quarante rouleaux de lois»,*GöM*, 25, 1977, p. 63-66.

PREISER, W., «*Zur rechtlichen Natur der altorientalischen Gesetze*», Festschrift für Karl Engish, Frankfurt a/M., 1969, p. 17-36.

SCHENKEL, W., *Die Bewäserrungsrevolution im Alten Ägypten*, Mainz, 1978.

SCHULMAN, A.R, «Egyptian Literature in the Bible», *EJ*, 6, 1971, p. 484.

SEIDL, E., «Law», dans *The Legacy of Egypt*, ed. S.R.K., Glanville, Oxford, 1942, p. 198-217;
— *Einführung in die Ägyptische Rechtsgeschichte bis zum Ende des Neuen Reiches*, Glückstadt, 1957.

SPIEGEL, J., *Soziale und weltanschauliche Reformbewegungen im Alten Ägypten*, Heidelberg, 1950.

THÉORIDÈS, A., «A propos de la loi dans l'Egypte pharaonique», *RIDA*, 14, 1967, p. 107-152.
— «The Concept of Law in Ancient Egypt», dans *The Legacy of Egypt*, ed. J.R. Harris, Oxford, 1971, p. 291-322.
— «Les Egyptiens anciens "citoyens" ou "sujets de Pharaon"?», *RIDA*, 20, 1973, p. 51-112.
— «Egyptian Law», *EBrit*, 6, 1974, p. 501-503.
— «Les Relations de l'Egypte pharaonique avec ces voisins», *RIDA*, 22, 1975, p. 87-140.

THOMPSON, H., «Two Demotic Self-Dedications», *JEA*, 1940, 26, p. 68-78.

VAN SETERS, J., «A date for Admonitions in the Second Intermediary Period», *JEA*, 50, 1964, p. 13-23.

VERCOUTER, J. «Bas-relief et peinture», dans *Le Temps des pyramides*, Paris, 1979, p. 121-170.

VOLTEN, A., *Studien zum Weisheitsbuch des Anii*, Copenhague, 1937-1938, 177 p.
— «Der Begriff der Maat», dans *Les Sagesses du Proche-Orient ancien*, éd. PUF, Paris, 1963, p. 73-102.

WESTENDORF, W., «Ursprung und Wesen der Maat der altägyptischen Göttin des Rechts, der Gerechtigkeit und der Weltordnung», Festgabe für Dr Walter Will, 1966, p. 201-225.

WESTERMANN, C., «Sacred Kingship», *EBrit*, 16, 1974, p. 118-122.

WILLIAMS, R.J., «The Alleged Semitic Origin of the Wisdom of Amenemope», *JEA*, 47, 1962, p. 100-106.

WILSON, J.A., « Authority and Law in Ancient Egypt », *JAOS.S.*, 17, 1954, p. 1-7.
— *Vie et mort d'une civilisation*, Paris, 1961.
YOYOTTE, J., « Pour une civilisation du pays de IAM », *BIFAO*, 1953, p. 173-178.
— *Egypte ancienne*, dans Encyclopédie de la Pléiade, *Histoire universelle*, I, Paris, 1960.

UGARIT

1. *Textes littéraires et religieux*

CAQUOT, A., SZNYCER, M., HERDNER, A., *Mythes et légendes*, textes ougaritiques, I, Paris, 1974.

2. *Instruments de la recherche*

CARDASCIA, G., « Ougarit (Ras Shamra) » dans *Droits cunéiformes*, introduction bibliographique, *op. cit.*, p. 127-137.
— « Ras Shamra », *DBS*, 9, 1979, col. 1124-1466.

3. *Ouvrages généraux et études particulières*

ASTOUR, M., « Les Etrangers à Ugarit et le Statut juridique des Habiru », *RA*, 53, 1959, p. 70-76.
CAZELLES, H., « De l'idéologie royale orientale », The Gaster Festschrift, *The Journal of the Ancient Near Eastern Society of Columbia University*, 5, 1973, p. 59-73.
DE LANGHE, R., « La Bible et la littérature ugaritique », dans *l'Ancien Testament et l'Orient* (études présentées aux VIᵉ journées bibliques de Louvain, 11-13 sept. 1954), *OBL*, 1, 1957, p. 65-87.
MILANO, L., « Sul presunto giubileo a Ugarit (PRU, V, 9) » *OrAnt*, 16, 1977, p. 23-33.
SCULLION, J.J., « Sedeq-Sedaqah in Isaiah cc 40-66 » *UF*, 3, 1971, p. 335-348.
SHIFMAN, J.SH., « Ugaritskij Jubilej », *VDI*, 132, 1975, p. 94-100.

ISRAËL

1. *Textes juridiques, littéraires, philosophiques et religieux*

La Bible. L'Ancien Testament, Bibliothèque de la Pléiade, 2 vol., Paris, 1956-1959.
Traduction œcuménique de la Bible (TOB). *Ancient Testament*, Cerf, Paris, 1975.

BUIS, P., *Le Deutéronome*, Paris, 1969.
— *La notion d'alliance dans l'Ancien Testament*, Paris, 1976.
CAZELLES, H., *Etudes sur le Code de l'alliance*, Paris, 1946.
— *Le Lévitique*, Paris, 1958.
MERENDINO, R.P., *Das deuteronomische Gesetz*, Bonn, 1969.
RAD, G. VON, *Deuteronomy*, London, 1966.
« Hécatée d'Abdère », dans T. Reinach, *Textes d'auteurs grecs et romains relatifs au judaïsme*, Paris, 1895.
LEHMANN, M., *Sprüche der Väter*, 3 vol., Basel, 1963. .
SCHUHL, M., *Sentences et proverbes du Talmud*, Paris 1878.

MAÏMONIDE, *Le Guide des égarés*, Paris, 1979.
SPINOZA, B., *Traité de théologie politique*, Bibliothèque de la Pléiade, Paris, 1954.

2. Instruments de la recherche

Bibliographie biblique, P.-E. Langevin, Quebec, 1930-1978.
Bulletin signalétique (527) — Histoire et sciences des religions, C.N.R.S., Paris.
Elenchus Bibliographicus Biblicus, P. Nober, Rome.
FALK, Z.W., *Current Bibliography of Hebrew Law*, Jerusalem, 1966-1968.
Dictionnaire de la Bible. Supplément, éd. Letouzey & Ané, Paris, 1928-1981.
Encyclopaedia Judaica, Jerusalem, 1971-1972.
HAHN, H.F., *The Old Testament in Modern Research*, Philadelphia, 1966.
QUELL, G., SCHRENK, G., *Righteousness*, Bible Key Words from G. Kittel's Theologisches Wörterbuch zum Neuen Testament, London, 1959 (orig. allem. 1935).
WRIGHT, G.E., *The Westminter Historical Atlas to the Bible*, London, 1946.

3. Ouvrages généraux et études particulières

ACHTEMEIR, E.R., « Righteousness in the O.T. », *IDB*, 4, 1962, p. 80-85.
ADLER, C., « Die Sozialreform im alten Israel », *HDStW*, 2, 1897, p. 695-699.
AGUS, J.B., « The Prophet in Modern Hebrew Literature », *HUCA*, 28, 1957, p. 289-324.
ALBREKTSON, B., *History and the Gods. An Essay on the Idea of Historical Events as Divine Manifestations in the Ancient Near East and Israel*, Lund, 1967.
— « Prophecy and Politics in the Old Testament », dans *The Myth of the State*, Scripta Instituti Donneriani Aboensis VI, Stockholm, 1972, p. 45-56.
ALBRIGHT, W.F., *Archeology and the Religion of Israel*, Baltimore, 1953, (1re éd. 1946).
— *Yahwe and the Gods of Canaan*, London, 1968.

ALT. A., *Kleine Schriften zur Geschichte des Volkes Israel,* 3 vol. München, 1953-1959.

AMITAÏ, L.K., *La Sociologie juive appliquée à l'époque moderne,* Paris, 1905.

ANDERSON, G.W., *The History and Religion of Israel,* Oxford, 1966.

ANDRÉ, T., *L'Esclavage chez les anciens Hébreux,* Paris, 1892.

ANDREASEN, N.E., *The Old Testament Sabbath : A Tradition-Historical Investigation,* thèse, Vanderbilt Univ., 1971.

— « Festival and Freedom. A Study of an Old Testament Theme », *Interp.,* 28, 1974, p. 281-297.

— « Recent Studies of the Old Testament Sabbath », *ZAW,* 86, 1974, p. 453-469.

ANDRESKI, S., « Method and Substantive Theory in Max Weber », *BJS,* 15, 1964, p. 1-18.

ASTOUR, M., « Métamorphoses de Baal; les rivalités commerciales au IXᵉ siècle », *Evid.,* 75, 1959, p. 35-40; 77, 1959, p. 54-58.

AUVRAY, P., « Richard Simon et Spinoza », dans *Religion, érudition et critique à la fin du XVIIᵉ siècle et au début du XVIIIᵉ,* Paris, 1967, p. 201-214.

BACH, R., « Gottesrecht und weltliches Recht in der Verkündigung des Propheten Amos », Festschrift für G. Dehn, Neukirchen, 1957, p. 23-34.

BAECK, L., « Die Schöpfung des Mitmenschen », dans *Soziale Ethik im Judentum,* Frankfurt a/M, 1918, p. 9-15.

— *The Essence of Judaism,* New York, 1948 (orig. *Das Wesen des Judentums,* Berlin, 1905).

— *Judaism and Christianity,* Philadelphia, 1964.

BALSCHEIT, B., und EICHRODT, W., *Die soziale Botschaft des Alten Testament für die Gegenwart,* Basel, 1944.

BALTZER, K., « Considerations regarding the Office and the Calling of the Prophet », *HThR,* 61, 1968, p. 567-581.

BAMBERGER, B.J., « The Changing Image of the Prophet in Jewish Thought », dans *Interpreting the Prophetic Tradition,* The Goldenson Lectures, 1955-1956, ed. H.M. Orlinsky, Cincinnati-New York, 1969, p. 319.

BARDTKE, H., « Die Latifundien in Juda während der zweiten Hälfte des achten Jahrhunderts v. Chr. », Hommages à André Dupont-Sommer, Paris, 1971, p. 235-254.

BARON, S.W., *A Social and Religious History of the Jews,* 2 vol., 2ᵉ éd., New York, 1952.

BARR, J., *Biblical Words for Time,* London, 1969.

BAUDISSIN, W.W., « Der gerechte Gott in altsemitischer Religion », Harnarck-Festschrift, Tübingen, 1921.

BAUER, B., « Der Begriff der göttlichen Gerechtigkeit im zweiten Teile des Propheten Jesaja », *Zeitschrift für spekulative Theologie,* Berlin, 1837, p. 487.

BAUMGARTEN, E., *Max Weber, Werk und Person,* Documente ausgewählt und kommentiert, Tübingen, 1964.

BEAUCAMP, E., « La Justice en Israël », Studi in onore del Card. A. Ottaviani, I, Roma, 1969, p. 201-235.

BEER, G., « Das Stehenlassen der Pe'ā Lev, 19, 9 », *ZAW*, 31, 1911, p. 152-154.

BERKOVITS, E., « The Biblical Meaning of Justice », *JdM*, 18, 1969, p. 188-209.
— *Sedeq and S'daqah* (chap. 7), dans *Man and God, Studies in Biblical Theology*, Detroit, 1969.

BERTHEAU, E., *Zur Geschichte der Israeliten*, Zwei Abhandlungen : I *Ueber Gewichte, Münzen und Masse der Hebraër; II Die Bewohner Palästinas seit den ältesten Zeiten*, Göttingen, 1842.

BEUKEN, W.A.M., « Mishpāt, the First Servant Song and its Context », *VT*, 22, 1972, p. 1-30.

BIANCHI, H., « Tsedeka-Justice », *Bijdr.*, 34, 1973, p. 306-318.
— « Das Tsedeka-Modell als Alternative zum Konventionellen Strafrecht », *ZEE*, 18, 1974, p. 89-110.

BIRCH, B.C., *The Rise of Israelite Monarchy*, Missoula, 1976 (Offset).

BIZZEL, W.B., *The Social Teaching of Jewish Prophets. A Study in Biblical Sociology*, Boston, 1916.

BLACK, J.S., and CHRYSTAL, G., *The Life of William Robertson Smith*, London, 1912.

BOCZKO-WEINGORT, A., « L'Interdiction de l'intérêt en droit juif », *RHDF*, 57, 1979, p. 235-245.
— *Le Prêt à intérêt dans le droit talmudique* (thèse), Paris, 1979.

BOECKER, H.J., *Recht und Gesetz im Alten Testament und im Alten Orient*, Neukirchen, 1976.

BOMAN, T., *Das hebraische Denken in Vergleich mit den griechischen*, Göttingen, 1968.

BOYER, P., « Le Point de la question. L'imprononçable. L'écriture nomade », *Change*, 22, 1975, p. 41-72.

BRACKER, H.D., *Das Gesetz Israels verglichen mit den altorientalischen Gesetzen der Babylonier, der Hethiter und der Assyrer*, Hamburg, 1962.

BRIGHT, J., *A History of Israel*, London, 1966.

BRUNET, C., *Essai sur l'Isaïe de l'histoire*, Paris, 1975.

BRUNNER, H., « Gerechtigkeit als Fundament des Thrones », *VT*, 8, 1959, p. 426-428.

BRUPPACHER, H., *Die Motive der alttestamentlichen Armutsbeurteilung*, Zurich, 1924.

BUBER, M., *The Prophetic Faith*, New York, 1949 (original en hébreu, 1942).
— « Falsche Propheten », dans *Schriften zur Bibel*, 3 vol. München, 1964, II, p. 943-949.
— *Der heilige Weg*, Frankfurt a/M., 1920.

BUHL, F., *Die sozialen Verhältnisse der Israeliten*, Berlin, 1899.

BUIS, P., *La Notion d'alliance dans l'Ancien Testament*, Paris, 1976.

BUIS, P., LECLERCQ, J., *Le Deutéronome*, Paris, 1963.

CAQUOT, A., « Remarques sur la loi royale du Deutéronome », *SEM* 9, 1959, p. 21-33.
— « Remarques sur la fête de la "néoménie" dans l'ancien Israël, *RHR*, 158, 1960, p. 1-18.

— « la Religion d'Israël des origines à la captivité de Babylone », dans *Histoire des religions*, Encyclopédie de la Pléiade, 1970, p. 359-461.
— « Renan et la Bible hébraïque », *BSHPF*, 133, 1977, p. 331-349.

CARDASCIA, G., « Le Droit hébraïque », dans *Histoire des institutions, op. cit.*, p. 83-96.
— « Droits cunéiformes et droit biblique », *Proceedings of the Sixt World Congress of Jewish Studies*, Jerusalem, 1973, ed. Jerusalem Academic Press, 1977, p. 63-70.

CARDELLINI, I., *Die biblischen «Sklaven» — Gesetze im Lichte des keilschriften Sklavenrechts*, Bonn, *BBB*, 55, 1981.

CARMICHAEL, C.M., *The Laws of Deuteronomy*, Itaca-London, 1974.

CASPARI, D.W., « Die Gottesgemeinde von Sinai und das nachmalige Volk Israel; Auseinandersetzungen mit Max Weber », *BFChTh*, 27, 1923, Heft 1.

CAUSSE, A., *Le Socialisme des prophètes*, Montauban, 1900.
— *Der Ursprung der jüdischen Lehre von der Auferstehung*, Cahors, 1900.
— *Les Prophètes d'Israël et les religions de l'Orient. Essai sur les origines du monothéisme universaliste*, Paris, 1913.
— « La Législation sociale d'Israël et l'idéal patriarcal », *RThPh*, 7, 1919, p. 189-215 et 237-256.
— *Israël et la vision de l'humanité*, Strasbourg-Paris, 1924.
— *Les Plus Vieux Chants de la Bible*, Paris, 1926.
— *Du groupe ethnique à la communauté religieuse. Le problème sociologique de la religion d'Israël*, Paris, 1937.

CAZELLES, H., « A propos de quelques textes difficiles relatifs à la justice de Dieu dans l'Ancien Testament », *RB*, 58, 1951, p. 169-188.
— « Loi israélite », *DBS*, 5, 1957, col. 498-530.
— « Pentateuque », *DBS*, 7, 1966, col. 687-858.
— « Les Débuts de la sagesse en Israël », dans *Les Sagesses du Proche-Orient ancien*, PUF, Paris, 1963, p. 27-40.
— « La Loi, code moral », Studi in onore del Card. A. Ottaviani, I, Roma, 1968, p. 195-200.
— « Bible et politique », *RSR*, 59, 1971, p. 497-530.
— *Lois du Pentateuque. Structures sociales d'Israël et théologie biblique*, Esquisse du cours, Paris, 1973-1974 (polycopie).
— *Introduction critique à l'Ancien Testament*, Paris, 1973.
— « Bible, histoire et sociologie du prophétisme », *Les Quatre Fleuves*. Cahiers de recherche et de réflexion religieuses, Paris, 3, 1973, p. 6-21.
— « Le Dieu du Yahviste et de l'Elohiste ou le Dieu du Patriarche, de Moïse et de David avant les prophètes », dans *La Notion biblique de Dieu. Le Dieu de la Bible et le Dieu des philosophes* par J. Coppens, Biblioteca Ephemeridum Theologicarum Lovaniensium, Gembloux, 1976, p. 77-89.
— « Le Dieu de Moïse et le dieu des Egyptiens », *BTS*, 185, 1976, p. 11-12.
— « Adolphe Lods et la religion d'Israël », *RHPhR*, 57, 1977, p. 327-334.
— « Les Origines du Sabbat », *BTS*, 187, 1977, p. 2-4.
— *Le Messie de la Bible*, Paris, 1978.
— « Torah et Loi, préalables à l'étude historique d'une notion juive », Hommage à Georges Vajda, Louvain, 1980, p. 1-12.

— «Aspirations à la justice dans le monde prébiblique et la réponse de Dieu à ces aspirations par la révélation biblique », p. 1-10 (à paraître).

CHALON, M., *Le Binome hébreu mispat-sedaqah et la notion biblique de justice*, mémoire présenté pour la licence de théologie à l'Institut Catholique de Paris, 1973 (polycopie).

CLEMENTS, R.E., *Prophecy and Covenant*, London, 1973.
— *A Century of Old Testament Study*, London, 1976.

CLÉVENOT, M., *Approches matérialistes de la Bible*, Paris, 1976.

COHEN, H., « Das soziale Ideal bei Platon und den Propheten », *Jüdische Schriften*, 3 vol., Berlin, 1924, I, p. 306-330 ;
— «Die Prophetismus und die Soziologie», II, p. 398-401.

COHEN, S., « The Political Background of the Words of Amos », *HUCA*. 36, 1965, p. 153-160.

COHN, H.H., « Slavery », *EJ*, 14, 1971, col. 1655-1659.

CONDON, K., « Justification in the Bible », *IThQ*, 37, 1970, p. 265-279.

CONTENAU, G., *La Vie quotidienne à Babylone et en Assyrie*, Paris, 1950.

COX, D., « Sedaqa and mishpat. The Concept of Righteousness in Later Wisdom », *SBFLA*, 27, 1977, p. 33-50.

CRAGHAN, J.F., «Amos dans la nouvelle recherche», *BTB*, 2, 1972, p. 245-262.

CRAMER, K., « Der Begriff tsedaqa bei Tritojesaia », *ZAW*, 27, 1907, p. 7-99.

CREMER, H., « Gerechtigkeit — Der alttestamentliche Begriff », *Biblischtheologisches Wörterbuch der neutestamentlichen Gräcität*, Gotha, 1893, p. 272-280.
— *Die Christliche Lehre von den Eigenschaften Gottes* (chap. III, *Die Gerechtigkeit Gottes*), Gütersloh, 1897.

CRENSHAW, J.L., « Popular Questioning of Justice of God in Ancient Israel », *ZAW* 82, 1970, p. 380-395.

CRÜSEMANN, F., « Jahwes Gerechtigkeit (sedāqā/sädäq) im Alten Testament », *EvTh*, 36, 1976, p. 427-450.
— « Der Widerstand gegen das Königtum », *WMANT*, 49, 1978.

DACQUINO, P., « La formula "Giustizia di Dio" nei libri del'Antico Testamento », *RivBib*, 17, 1969, p. 103-119.

DARMESTETER, J., *Les Prophètes d'Israël*, Paris 1892.

DAVID, H., «Hammurabi and the Law in Exodus», OTS, 7, 1950, p. 149-178.

DE GEUS, C.H.J., *The Tribes of Israel*, Assen-Amsterdam, 1976.

DELAHOUTRE, M., «Actualité du shabbat», *BTS*, 187, 1977, p. 22.

DELCOR, M., « Quelques cas de survivances du vocabulaire nomade en hébreu biblique », *VT*, 25, 1975, p. 307-322.

DESCAMPS, A., « Justice et justification dans l'Ancien Testament » *DBS*, 4, 1949, col. 1417-1460.

DESPOTOPOULOS, C., « Les Concepts de juste et de justice selon Aristote », *APD*, 14, 1969, p. 283-308.

DE VRIES, S.J., *Bible and Theology in Netherland*, Wageningen, 1968.

DHORME, E., *La Religion des Hébreux nomades*, Bruxelles, 1957.

DIESTEL, L., « Die Idee der Gerechtigkeit vorzülich im A.T. biblisch-theologisch dargestellt », *JDTh*, Gotha, 1860, p. 196-199.

DIETRICH, W., *Jesaja und die Politik*, München, 1976.

DIJKEMA, F., « Le Fond des prophéties d'Amos », *OTS*, 2, 1943, p. 18-34.

DION, P.E., « Le Message moral du prophète Amos s'inspirait-il du "droit de l'alliance"? », *ScEs*, 27, 1975, p. 5-34.

DIRINGER, D., « The Early Hebrew Weights Found at Lachish », *PEQ*, 74, 1942, p. 82-103.

DONNER, H., « Die soziale Botschaft der Propheten im Lichte der Gesellschaftsordnung in Israel », *Or Ant*, 2, 1963, p. 329-245.

DOW, J.G., « Hebrew and Puritan », *JQR*, 3, 1891, p. 52-84.

DUBNOW, S., *Welgeschichte des jüdischen Volkes*, 10 vol. Berlin, 1925.

DUHM, B., *Die Theologie der Propheten als Grundlage für innere Entwicklungsgeschichte der Israelitischen Religion*, 1875.

DÜNNER, A., *Die Gerechtigkeit nach dem Alten Testament*, Bonn, 1963.

EBERHARTER, A., *Die soziale und politische Wirksamkeit des alttestamenlichen Propheten*, Salzburg, 1924.

EICHRODT, V., « Die Gerechtigkeit Gottes », dans *Theologie des Alten Testament*, Stuttgart, 1957, p. 158-162.

EISENBERG, J., ABECASSIS, A., *A Bible ouverte*, Paris, 1978.

EISSFELDT, C., « The prophetic Literature », dans *The Old Testament and Modern Study*, ed. H.H. Rowley, Oxford, 1951, p. 115-180.

ELLIGER, K., « Prophet und Politik », *ZAW*, 53, 1935, p. 3-22.

ELLUL, J., « Le Droit biblique d'après l'exemple de la royauté et les cultures orientales », Mélanges offerts à Jean Brethe de la Gressaye, Bordeaux, 1967, p. 253-273.

EPSTEIN, I., *Judaism*, London, 1959.

FAHLGREN, K.H., Sedākā, *nahestehende und gegengesetzte Begriffe im Alten Testament*, Uppsala, 1932.

FALK, Z.W., *Hebrew Law in Biblical Times*, Jerusalem, 1964.

FENDLER, M., « Zur Sozial-Kritik des Amos ; Versuch einer wirtschafts und sozialgeschichtlichen interpretation alttestamentlicher Texte », *EvTh*, 33, 1973, p. 32-53.

FENTON, J., *Early Hebrew Life : A Study in Sociology*, London, 1880.

FINKELSTEIN, L., *The Pharisees. The Sociological Background of their Faith*, 2 vol., Philadelphia, 1946.

— *New Light from the Prophets*, London, 1969.

FOHRER, G., « Das sogennante apodiktsch formulierte Recht und der Decalog », *KuD*, 11, 1965, p. 49-74.

— « Zehn Jahre Literatur zur alttestamentlichen Prophetie (1951-1960) », ThR, 28, 1962, p. 1-75 ; 235-297.

— « Studien zur alttestamentlichen Prophetie (1949-1965) », *BZAW*, 99, Berlin, 1967, XII-304 p.

— « Neue Literatur zur alttestamentlichen Prophetie (1961-1970) », *ThR*, 40, 1975, p. 193-209.

FRAINE J. DE, *L'Aspect religieux de la royauté israélite*, Roma, 1954.

FRIEDMANN, G., « Le Shabbat confronté à la société industrielle en Israël », dans *Le Shabbat dans la conscience juive*, (XIVᵉ colloque d'intellectuels juifs de langue française), Paris, PUF, Paris, 1975, p. 85-91.

FUCHS, H., *Das alttestamentliche Begriffsverhältniss von Gerechtigkeit und Gnade in Prophetie und Dichtung, Christentum und Wissenschaft*, Dresden, 1927.

FUCHS, K., *Die alttestamentliche Arbeitergesetzgebung*, Heidelberg, 1955.

GALANDAUER, H., *Der Socialismus in Bibel und Talmud*, 1891, Mainz.

GALLING, K., « Das Königsgesetz in Deuteronomium », *ThLZ*, 1951, p. 134-142.

GAMORAN, H., « The Biblical Law againts Loans on Interest », *JNES*, 30, 1971, p. 127-134.

GASPAR, J.W., *Social Ideas in the Wisdom Literature of the Old Testament*, Washington, 1947.

GAUDEMET, J., *Institutions de l'Antiquité*, Paris, 1967.

GELIN, A., *Les Pauvres de Yahvé*, Paris, 1953.

GEMSER, B., « The Importance of the Motive Clause in Old Testament Law », *VT.S.*, 1, 1953, p. 50-66.

GERSTENBERGER, E., « Wesen und Herkunft "apodiktischen Rechts" », *WMANT*, 20, 1965, 162 p.

GINZBERG, E., « Studies in the Economics of the Bible », *JQR*, 22, 1931, p. 393-408.

GLATZER, N.N., « Buber als Interpret der Bibel », dans *Martin Buber*, P.A. Schilpp, M. Friedman, ed., Stuttgart, 1963, p. 346-363.

GLUECK, N., *The River Jordan*, London, 1946.

GOITEIN, S.D., *Jews and Arabs*, New York, 1955.

GOLDBERG, A., « Der einmalige Mensch : Der absolute Wert des Lebens und der Würde des Menschen im rabbinischen Judentum (1-3 Jahrhundert n. Christ) », *Saec*, 26, 1975, p. 145-156.

GOLDBERG, N.K., « Der Gerechte ist der Grund der Welt », *Jud.*, 33, 1977, p. 147-160.

GORDIS, R., « The Bible as a Cultural Monument », dans *The Jews : Their Religion and Culture*, ed. L. Finkelstein, New York, 1971, p. 1-42.

GORDON, C.H., « Abraham and the Marchants of Ur », *JNES*, 17, 1958, p. 28-31.

— *Before the Bible. The Common Background of Greek and Hebrew Civilisation*. New York, 1962.

GOTTWALD, N.K., *All the Kingdoms of the Earth*, New York, 1964.

— « Sociological Method in the Study of the Ancient Israel », dans *Encounter With the Text, Form and History in the Hebrew Bible*, ed. J.M. Buss. Fortes Press, Philadelphia, 1979, p. 69-81.

— « Were the Early Israelites Pastoral Nomads ? » Proceedings of the Sixth World

Congress of Jewish Studies, Jerusalem, 1973, ed. Jerusalem Academic Press, 1977, p. 165-189.

GRAETZ, H., *Die Konstruktion der jüdischen Geschichte*, Berlin, 1936.

GRAHAM, W.C., *The Prophets and Israel's Culture*, Chicago, 1934.

GRAY, J., *Archeology and the Old Testament World*, London, 1962.

GREENBERG, M., «Some Postulates of Biblical Criminal Law», Y. Kaufmann Jubilee Volume, Jerusalem, 1960, p. 5-28.

GRESSMAN, H., «Josia und das Deuteronomium», *ZAW*, 42, 1924, p. 313-337.

GUNKEL, H., «Die Grundprobleme der Israelitschen Literaturgeschichte», *DLZ*, 27, 1906, p. 1798-1799 et 1862-1866.

GUNNEWEG, A., *Mündliche und schriftliche Tradition der vorexilischen Prophetenbücher*, Göttingen, 1959.

GUTTMANN, J., «Max Webers Sociologie des antiken Judentums», *MGWJ*, 69, 1925, p. 193-223.

HALLADAY, W.L., C.r. de G.E. Mendenhall; «The Tenth Generation», *Interp.*, 27, 1973, p. 469-474.

HALLO, W.W., «New Moons and Sabbaths : A Case-Study in the Contrastive Approach», *HUCA*, 48, 1977, p. 1-18.

HAMMERSHAIMB, E., *Some Aspects of the Old Testament Prophecy from Isaiah to Malachi*, Rosekilde og Bagger, 1966.

HANSEL, G., «Le Shabbat dans la loi juive», dans *Le Shabbat dans la conscience juive, op. cit.*, PUF, Paris, 1975, p. 29-35.

HARAN, M., «La Recherche biblique en hébreu», *ETR*, 47, 1972, p. 145-159.

HARARI, I., «Differences in the Concept of Law Between the Ancient Egyptians and the Hebrews», dans Proceedings of the Twenty-seventh Inter. Congress of Orientalists, Ann Arbor, 1967, ed. Harrasowitz, Wiesbaden, 1971, p. 52-53.

HARRELSON, W., «Karl Barth on the Decalogue», *SR*, 6, 1977, p. 229-240.

HENTSCHKE, R., «Erwägungen zur israelitischen Rechtsgeschichte», *ThViat*, 10, 1965-1966.

HERMANN, J., «Die soziale Predigt der Propheten», *BZSF*, Berlin, 1911.

HERRMANN, S., «Prophetie in Israel und Ägypten. Recht und Grenze eines Vergleiches», *VT.S.*, 9, 1963, p. 47-65.

— *Die prophetischen Heilserwartungen im Alten Testament*, Stuttgart, 1965.

— «Prophetie und Wirklichkeit in der Epoche des Babylonischen Exils», *AzTh*, 32, 1967.

HERREN, A.H.L., *Ideen über die Politik, den Verkehr und den Handel der vornehmsten Völker*, Göttingen, 1805.

HERTZBERG, H.W., «Die Entwicklung des Begriffes mishpat im A.T.», *ZAW*, 40, 1922, p. 256-287.

HERTZLER, J.O., *The Social Thought of Ancient Civilisation*, New York, 1936.

HESCHEL, A., *Les Bâtisseurs du temps*, Paris, 1957.

— *The Prophets*, New York, 1962 (orig. *Die Prophetie*, Kraków, 1936).

HIRSCH, E.G., « Right and Righteousness », *JE*, 10, 1905, p. 419-424.

HOLSTEIN, J.A., « Max Weber and Biblical Scholarship », *HUCA*, 46, 1975, p. 159-179.

HOMERSKI, J., « Rola proroków w zyciu politycznym Izraela w ocenie wspólczesnych egzegetów », *RTK*, 19, 1972, p. 35-43.

HORST, F., « Recht und Religion im Bereich des Alten Testaments », dans *Um das Prinzip der Vergeltung in Religion und Recht des Alten Testaments*, ed. K. Koch, Darmstadt, 1972, p. 181-212.

HULST, A.R., « Bemerkungen zum Sabbatgebot », Festschrift Th. C. Vriezen, Wageningen, 1966, p. 152-164.

HUPPENBAUER, H.W., « Auferstehung », *BHH*, 1, 1962, p. 149-152.

ISSERMANN, E.M., *Rebels and Saints. The Social Message of Prophets of Israel*, St Louis, 1933.

JACKSON, B.S., « Liability for Mere Intention in Early Jewish Law », *HUCA*, 42, 1971, p. 197-225.

— « Reflections on Biblical Criminal Law », *JJS*, 24, 1973, p. 8-38.

JACOB, E., « La Justice de Dieu », dans *Théologie de l'Ancien Testament*, Neuchâtel-Paris, 1955, p. 75-81.

— « Les Prophètes bibliques sont-ils des révolutionnaires ou des conservateurs ? », *CSoc*, 71, 1963, p. 287-297.

— L'Etat actuel des études vétérotestamentaires en Allemagne », *ETR*, 4, 1969, p. 289-305.

— « Quelques travaux récents sur le prophétisme », *RHPhR*, 53, 1973, p. 415-425.

JACOBS, L., *Principles of the Jewish Faith*, London, 1964.

— « Righteousness », *EJ*, 14, 1971, col. 180-184.

JACOBSON, D., *The Social Background of the Old Testament*, Cincinnati, 1942.

JEPSEN, A., *Untersuchungen zum Bundesbuch*, Stuttgart, 1927.

— « Tsdq und tsedaqa im Alten Testament », dans *Gottes Wort und Gottes Land*, H.W. Hertzberg Festschrift, Göttingen, 1965, p. 78-89.

JEREMIAS, J., « Mishpāt im ersten Gottesknechtslied », *VT*, 22, 1972, p. 31-42.

JUSTESEN, J.P., « On the Meaning of Sādaq », *AUSS*, 2, 1964, p. 53-61.

KAHN, Z., *L'Esclavage selon la Bible et le Talmud*, Paris, 1867.

KAISER, O., « Gerechtigkeit und israelitischen Propheten und griechischen Denkern des 8-6 Jahrhunderts », *NZSTh*, 11, 1969, p. 327.

KAPELRUD, A.S., « New Ideas in Amos », *VT.S*, 15, 1966, p. 193-206.

KAUFMANN, Y., *The Religion of Israel*, Chicago-London, 1960 (orig. en hébreu, 1937).

KAUTSKY, K., *Der Ursprung des Christentums*, Stuttgart, ed. 1910.

KAUTZSCH, E., *Die Derivative des Stammes* tsdq *im alttestamentlichen Sprachgebrauch*, Tübingen, 1881.

KELLER, E.B., « Hebrew Thoughts on Immortality and Ressurection », *IJPR*, 5, 1974, p. 16-44.

KELLERMANN, B., *Die ethische Monotheismus der Propheten und seine sociologische Würdigung*, Berlin, 1917.

KESSLER, C., « Le Shabbat dans la tradition juive », *BTS*, 187, 1977, p. 4-15.

KIMBROUGH, S.T., « Une conception sociologique de la religion d'Isrël : l'œuvre d'Antonin Causse », *RHPhR*, 49, 1969, p. 313-320.

KITCHEN, K.A., *Ancient Orient and Old Testament*, London, 1966.

KLEINERT, P., *Die Propheten Israels in sozialer Beziehung*, Leipzig, 1905.

KLIMA, J., « Einige Bemerkungen zum Sklavenrecht nach den vorhammurapischen Gesetzesfragmenten », *ArOr*, 21, 1953, p. 143-152.

KLINGENBERG, E., *Das israelitische Zinsverbot in Torah, Mišnah und Talmud*, *AAWLM.G*, 7, 1977, p. 5-102.

KOCH, K., *Sdq im Alten Testament, Eine traditionsgeschichtliche Untersuchung*. Theol. Dissertation, Heidelberg, 1953 (Maschinenschrift).

— « Gerechtigkeit im A. Testament », *BHH*, 1962, p. 548.

— « Die Entstehung der soziale Kritik bei den Propheten », dans *Probleme biblischer Theologie*, Gerhard von Rad zum 70 Geburstag, München, 1971, p. 236-258.

— « Die drei Gerechtigkeiten, Die unformung einer hebräischen Idee im aramäischen Denken nach dem Jesajatargum », dans *Rechtfertigung*, E. Käseman Festschrift, Tübingen, 1976, p. 245-267.

— *Die Propheten* I-II, Stuttgart, 1978 : I, § 4.5., *mishpat* und *tsedaqa*, p. 67-73.

KOHN, H., *The Idea of Nationalism. A Study in its Origin and Background*, New York, 1956.

KOIGEN, D., *Das Haus Israel*, Berlin, 1934.

KRAUS, H.J., *Gottesdienst in Israel*, München, 1962.

— *Geschichte der historisch-kultischen Erforschung des Alten Testaments*, Neukirchen, 1969.

KÜBEL, F.E., *Die soziale und volkswirtschaftliche Gestzgebung des Alten Testaments unter Berücksichtigung moderner Anschaungen dargestellt*, Wiesbaden, 1870.

KUPPER, J.R., *Les Nomades en Mésopotamie au temps des rois de Mari*, bibliothèque de la faculté de phil. de l'université de Liège, CXLII, Paris, 1957.

KUYPER, L.J., « Righteousness and Salvation », *SJTh*, 30, 1977, p. 233-252.

LARÈS, M.M., *Bible et civilisation anglaise. Naissance d'une tradition*, (Ancien Testament), Paris, 1974.

LAUTERBACH, W., *Der Arbeiter im Recht und Rechtpraxis des Alten Testaments und des Alten Orients*, Heidelberg, 1936 (Thèse avec importante bibliographie).

LEEMANS, W.F., *The Old Babylonian Merchant — His Business and his Social Position*, SDIO, 3, 1950, XII-138 p.

LEHMANN, M.R., « Abraham's Purchase of Machpelah and Hittite Law », *BASOR*, 129, 1953, p. 15-20.

LEMAIRE, A., « Le Sabbat à l'époque royale israélite », *RB*, 80, 1973, p. 161-185 (importante bibliographie).

LEMCHE, N.P., « The manumission of Slaves — The Fallow Year — The Sabbatical Year — The Yobel Year », *VT*, 26, 1976, p. 38-59.

LESÈTRE, H., « Dîme », *DB(V)*, 1926, col. 1431-1435.

LEVINAS, E., *Difficile liberté*, Paris, 1963.

LEWY, I., « Dating of Covenant Code Sections on Humaneness and Righteousness (Ex. XXII, 20-26 ; XXIII, 1-9) », *VT*, 7, 1957, p. 322-326.

L'HOUR, J., « Une législation criminelle dans le Deutéronome », *Bib.*, 44, 1963, p. 1-15.

LIEBESCHÜTZ, H., « Max Weber's Historical Interpretation of Judaism », *YLBI*, 9, 1964, p. 41-68.

— *Das Judentum im deutschen Geschichtsbild von Hegel bis Max Weber*, Tübingen, 1967.

LIMBURG, J., « The Prophets in Recent Study : 1967-1977 », *Interp.*, 32, 1978, p. 56-68.

LINDBLOM, J., « Die literarische Gattung der prophetischen Literatur », *UUA*, 1924, Theol., 1.

— *Prophecy in Ancient Israel*, Oxford, 1963.

LIPINSKI, E., « L'Esclave hébreu », *VT*, 26, 1976, p. 120-123.

LOCHER, C., « Wie einzigartig war das altisraelitische Recht ? », *JUD*, 38, 1982, p. 132 sq.

LODS, A., *La Croyance à la vie future et le culte des morts dans l'antiquité israélite*, Paris, 1906.

— « Les "Pauvres" d'Israël d'après un ouvrage récent », *RHR*, 85, 1922, p. 190-201.

— « Jean Astruc et la critique biblique au XVIIIᵉ siècle », *CRHPhR*, 11, 1924, p. 57-60.

— *Israël des origines au milieu du VIIIᵉ siècle*, Paris, 1930.

— « Recherches récentes sur le prophétisme israélite », *RHR*, 104, 1931, p. 279-316.

— *Les Prophètes d'Israël et les débuts du judaïsme*, Paris, 1935.

— *Histoire de la littérature hébraïque et juive*, Paris, 1950.

LOEWE, R., « Jewish Scholarship in England », dans *Three Centuries of Anglo-Jewish History*, ed. V.D. Lipman, Cambridge, 1961, p. 125-148.

LOFTHOUSE, W.F., *The Righteousness of Jahweh*, London, 1938.

LOHFINK, N., « Die Sabbatruhe und die Freizeit », *StZ*, 194, 1976, p. 395-407.

LÖW, A., *Thierschutz im Judenthume nach Bibel und Talmud*, Budapest, 1890.

Lurje, M., *Studien zur Geschichte der wirtschaflichen und sozialen Verhältnisse in israelitisch-judischen Exil*, BZAW, 45, Giessen, 1927.

LUTAUD, O., *Winstanley. Son œuvre et le radicalisme « digger »* (*Puritanisme révolutionnaire et utopie sociale*), reprod. des thèses, Lille, 1977.

MAARSINGH, B., *Onderzoek naar de ethiek van de wetten in Deuteronomium* (*Inquiry into the Ethics of the Laws in Dt.*) (en néerlandais avec résumé anglais), Winterswigh, 1961.

MACH, R., *Der Zaddik in Talmud und Midrash*, Leiden, 1957.

MACHOLZ, G.C., « Die Stellung des Königs in der israelitischen Gerichtsverfassung », *ZAW*, 84, 1972, p. 157-182.

— « Zur Geschichte der Justizorganisation in Juda », *ZAW*, 84, 1972, p. 314-340.

MAIER, J., *Geschichte der Jüdischen Religion*, Berlin-New York, 1972 (importante bibliographie).

MALFROY, J., « Sagesse et loi dans le Deutéronome », *VT*, 15, 1965, p. 49-65.

MARK, M., *Le Peuple juif à la poursuite d'un équilibre économique*, Genève, 1936.

MARTIN, J., *La Notion de justice de Dieu dans l'Ancien Testament*, Montauban, 1892.

MARTIN-ACHARD, R., *De la mort à la résurrection. L'origine et le développement d'une croyance dans le cadre de l'Ancien Testament*, Paris, 1956.

MARX, K., *A propos de la question juive (Zur Judenfrage)*, 1843-1844, éd. bilingue, Paris, 1971.

MAUSS, M., « Essai sur le don. Forme et raison de l'échange dans les sociétés archaïques », *ASoc*, 1, 1923-1924, p. 30-186.

MAY, B., *Soziale Leben in Israel zur Zeit der Propheten*, Frankfurt a/M., 1923.

MAY, H.G., « The Fertility Cult in Hosea », *AJSL*, 48, 1932, p. 73-98.

MAY, H.G. and GRAHAM, W.C., *Culture and Conscience : an Archeological Study of the New Religious Past in Ancient Palestine*, Chicago, 1936.

MEISLIN, B.J., COHEN, M.L., « Backgrounds of the Biblical Law against Usury », *CSSH*, 6, 1964, p. 250-267.

MENDELSOHN, I., *Slavery in the Ancient Near East*, Oxford, 1940.

MENDENHALL, C.E., « Ancient Oriental and Biblical Law », *BA*, 17, 1954, p. 26-46.

— « The Hebrew Conquest of Palestine », *BA*, 25, 1962, p. 66-67.

— C.r. de M. Weippert, *Die Landnahme der israelitischen Stämme in der neueren wissenschaflichen Diskussion*, Göttingen, 1967, *Bib*, 50, 1969, 432-436.

— *The Tenth Generation. The Origins of Biblical Tradition*, Baltimore and London, 1973.

MENES, A., *Die vorexilischen Gesetze Israels*, BZAW, 50, Giessen, 1928.

Meyer, M.A., ed., *Ideas of Jewish History*, New York, 1974.

MICHEL, D., *Begriffsuntersuchung über sädäq-sedaqa und ämät-ämuna*, Habilitationschrift, Heidelberg, 1964 (Polycopié).

MILGROM, J., « Priesly Terminology and the Political and Social Structure of Pre-Monarchic Israel », *JQR*, 59, 1978, p. 65-81.

MOMIGLIANO, A., « Greek Historiography », *HTh*, 17, 1978, p. 1-28.

— « A Note on Max Weber's Definition of Judaism as a Pariah-Religion », *HTh*, 19, 1980, p. 313-318.

MONNIER, J., *La Justice de Dieu d'après la Bible*, Paris, 1878.

MORET, A., *Histoire de l'Orient*, Paris, 1941.

MÜLLER, A., *Die Elemente der Staatskunst*, Dresden, 1809.

MUNK, E., *La Justice sociale en Israël*, Neuchâtel, 1947.

NAHMANI, H.S., *Human Rights in the Old Testament*, Tel-Aviv, 1964.

NEGRETTI, N., *Il settimo giorno. Indagine critico-teologico delle tradizioni presacerdotali e sacerdotali circa sabato biblico*, AnBib 55, 1973, 341 p.

NEHER, A., *La Justice dans l'Ancien Testament*, Discours de rentrée à l'audience solennelle du 16 sept. 1955 à la cour d'appel de Colmar, Besançon, 1956, 28 p.

— «Fonction du prophète dans la société hébraïque», *RHPh*, 28, 1948, p. 30-42.

— *Amos. Contribution à l'étude du prophétisme*, Paris, 1950.

— *L'Essence du prophétisme*, Paris, 1955.

— *Le Puits de l'exil. La théologie dialectique du Maharal de Prague (1512-1609)*, Paris, 1966.

— *Clefs pour le judaïsme*, Paris, 1977.

NEHER, A. et R., *Histoire biblique du peuple d'Israël*, 2 vol., Paris, 1974.

NEUFELD, E., «The Prohibitions against Loans and Interest in the Ancient Hebrew Laws», *HUCA*, 26, 1955, p. 255-412.

— «Socio-economic Background of *Yōbēl* and *Shemittā*», Rome, *RSO*, 33, 1958, p. 53-124.

— «The Emergence of Royal-Urban Society in Ancient Israel», *HUCA*, 31, 1960, p. 31-53.

NICHOLSON, E.W., *Deuteronomy and Tradition*, Oxford, 1967.

NORTH, R.G., *Sociology of the Biblical Jubilee*, Rome, *AnBib*, 4, 1954.

NOTH, M., *Uberlieferungsgeschichtliche Studien*, Halle, 1943.

— *Geschichte Israels*, Göttingen, 1950.

NÖTSCHER, F., *Die Gerechtigkeit Göttes bei den vorexilischen Propheten*, Münster, *ATA*, 6, 1915, VI-122 p.

— «Gerechtigkeit im A. Testament», *BThW*, 1962, p. 453-461.

NYSTRÖM, S., *Beduinentum und Jahvismus. Eine soziologisch-religionsgeschichtliche Untersuchung zum Alten Testament*, Lund, 1946.

OELSNER, T., «The Place of Jews in Economic History as Viewed by German Scholars», *YLBI*, 7, 1962, p. 183-212.

ORLINSKY, H.M., «Whither Biblical Research», *JBL*, 90, 1971, p. 1-14.

ORTLOPH, A., «Ueber den Begriff von *tsdq* und den wurzelverwandten Wörtern im zweiten Theile des Prophenten Jesaja», *ZLThK*, 21, 1860, p. 401-426.

PARKES, J., «Jewish-Christian Relations in England», dans *Three Centuries of Anglo-Jewish History*, ed. V.D. Lipman, Cambridge, 1961, p. 149-167.

— *The Foundations of Judaism and Christianity*, London, 1969.

— *Whose Land? A History of the Peoples of Palestine*, Penguin Books 1971.

PAUL, S.M., «Studies in the Book of the Covenant in the Light of Cuneiform and Biblical Law», *VT.S*, 18, 1970, XII-149 p.

— «Prophets and Prophecy», *EJ*, 13, 1971, col. 1150-1175.

PEDERSEN, J., *Israel, its Life and Culture*, 2. vol., London-Copenhague, 1926.

PETITJEAN, A., «Les Conceptions vétérotestamentaires du temps. Acquisitions, crises et programme de la recherche», *RHPhR*, 56, 1976, p. 383-400.

PHILLIPS, A., *Ancient Israels Criminal Law. A New Approach to the Decalogue*, Oxford, 1970.

POPKIN, R., « Bible Criticism and Social Science », *Boston Studies in the Philosophy of Science*, 14, 1969-1972, p. 339-355.

PORTEOUS, N.W., « The Basis of the Ethical Teaching of the Prophets », dans *Studies in Old Testament Prophecy* presented to T.H. Robinson, ed. H.H. Rowley, Edinburgh, 1950, p. 143-156.

PORTER, J.R., « The Legal Aspects of the Concept of "Corporate Personnality" in the Old Testament », *VT*, 15, 1965, p. 360-380.

PRÉVOST, M.-H. « Formulation casuistique et formulation apodictique dans les lois bibliques », *RHDF*, 54, 1976, p. 340-360.

PROCKSCH, O., *Theologie des Alten Testaments*, Gütersloh, 1950.

RAD, G. VON, « "Gerechtigkeit" und "Leben" in der Kultsprache der Psalmen », Festschrift Alfred Bertholet, Tübingen, 1950, p. 418-437.

— « Jahwes und Israels Gerechtigkeit », dans *Theologie des Alten Testaments*, 2 vol. 2ᵉ ed. München, 1958-1960, p. 368-380.

RAMLOT, L., « Histoire et mentalité symbolique », dans Mélanges J. Coppens, T.3, Gembloux-Paris, 1968, p. 82-190.

— « Prophetisme », *DBS*, 8, 1972, col. 811-1222.

RAPHAËL, F., « Max Weber et le judaïsme antique », *AES*, 11, 1970, p. 297-336.

RATHJENS, C., « Die alten Welthandelstrassen und die Offenbarungsreligionen », *Oriens*, 15, 1962, p. 115-129.

READ, W.E., « Further Observations on *Sādaq* », *AUSS*, 4, 1966, p. 29-36.

RENAN, E. *Histoire du peuple d'Israël*, 5 vol., Paris, 1887-1897.

REVENTLOW, H., *Das Amt des Propheten bei Amos*, Göttingen, 1962.

RINGREN, H., « Les Recherches d'Ancien Testament en Scandinavie », *ETR*, 46, 1971, p. 419-428.

— « The Root *SDQ* in Poetry and the Koran », G. Widengren Festschrift, II, Leiden, 1972, p. 134-142.

Ritschl, A., *Die christliche Lehre von der Rechtfertigung und Versöhnung* II : *Der biblische Stoff der Lehre*, Bonn, 1874.

RIVKIN, E., *The Shaping of Jewish History. A Radical New Interpretation*, New York, 1971.

ROGERSON, J.W., *Anthropology and the Old Testament*, Oxford, 1978.

ROSENTHAL, F., « Sedaka, Charity » *HUCA*, 23, 1950-1951, p. 411-430.

ROSENZWEIG, F., *Der Stern der Erlösung*, Frankfurt a/M., 1921.

ROTENSTREICH, N., *Tradition and Reality*, New York, 1972.

ROWLEY, H.H., « The History of Israel Political and Economic », dans *Record and Revelation*, Essays in the Old Testament, ed. H.W. Robinson, Clarendon Press, Oxford, 1938.

— « Trends in Old Testament Study », dans *The Old Testament and Modern Study*, ed. H.H. Rowley, Oxford, 1951, p. XV-XXXI.

— *Prophecy and Religion in Ancient China and Israel*, London, 1956.

— *Worship in Ancient Israel; its Forms and Meaning*, London, 1967.

RUNES, D.D., *Pictorial History of Philosophy*, New York, 1959.

SAFRAN, A., « Le Sabbat dans la tradition juive », *RThPh*, 1977, p. 136-149.

SAGGS, H.W.F., *The Encounter with the Divine in Mesopotamia and Israel*, London, 1978.

SALOMON, R., *Le Prêt à intérêt en législation juive*, Paris, 1932.

SARNA, N., « Zedekiah's Emancipation of Slaves and Sabbatical Year », dans *Orient and Occident. Essays presented to Cyrus H. Gordon, Alter Orient und Alter Testament*, Neukirchen, 22, 1973, p. 143-149.

SCHARBERT, J., « Die prophetische Literatur. Der Stand der Forschung », *EThL*, 44, 1968, p. 346-406.

SCHIPER, I., « Max Weber on the Sociological Basis of the Jewish Religion », *JJSoc*, 1, 1959, p. 250-260.

SCHMID, H.H., *Wesen und Geschichte der Weisheit. Eine Untersuchung zur altorientalischer und israelitischer Weisheitsliteratur*, BZAW, 101, Berlin, 1966.

— *Gerechtigkeit als Weltordnung. Hintergrund und Geschichte des alttestamentliches Gerechtigkeitbegriffes*, Tübingen, 1968.

SCHMIDT, J.M., « Probleme der Prophentenforschung », *Verkundigung und Forschung, BhEvTh*, 17, 1972, p. 37-81.

SCHOFIELD, J.N., *Law, Prophets and Writings*, London, 1969.

SCHOTTROF W., « Zum alttestamentliches Recht », *VF*, 22, 1977, p. 3-29.

SCHULTZ, H., « Die Lehre von der Gerechtigkeit aus dem Glauben im alten und neuen Bunde », *JDTh*, Gotha, 1862, p. 510-572.

SCHWARZSCHILD, S.S., « Justice », *EJ*, 10, 1971, col. 467-477.

SÉGUY, J., « Max Weber et la sociologie historique des religions », *AsRel*, 33, 1972, p. 71-103.

SEKINE, M., « Erwägungen zur hebräischen Zeitauffasung », *VT.S.*, 1963, p. 66-82.

SÉROUYA, H., *Maïmonide, sa vie, son œuvre*, Paris, 1964.

SHASKOLSKY, R.L., « Protest and Dissent in Jewish Tradition. The Prophets as Dissenters », *Jdm*, 19, 1970, 15-29.

SHMUELI, E., « The "Pariah-People" and its "Charismatic Leadership"; a Revaluation of Max Weber's "Ancient Judaism" », *PAAJR*, 36, 1968, p. 167-247.

SILVER, A.H., *The Democratic Impulse in Jewish History*, New York, 1928.

SKINNER, J., « Righteousness in OT », *DB(H)*, 4, 1902, p. 272-281.

SMITH, M., « The Present State of Old Testament Studies », *JBL*, 88, 1969, p. 19-35.

SMITH POWIS, J.M., « Southern Influences upon Hebrew Prophecy », *AJSL*, 35, 1918, p. 1-19.

— *The Origins and History of Hebrew Law*, Chicago, 1931.

SMITH, W.R., *The Prophets of Israel and their Place in History*, Edinburgh, 1881.

SOARES, T.G., *The Social Institutions and Ideals of the Bible*, New York, 1915.

SOMBART, W., *Die Juden und das Wirtschaftsleben*, Leipzig, 1911.

SPEISER, E.A., « Leviticus and the Critics », Y. Kaufmann Jubilee Volume, Jerusalem, 1960, p. 29-45.

— *Oriental and Biblical Studies*, Philadelphia, 1967.

STEINMANN, J., *Les Plus Anciennes Traditions du Pentateuque*, Paris, 1954.

— *Le Prophétisme biblique des origines à Osée*, Paris, 1959.

— *Richard Simon et les origines de l'exégèse biblique*, Paris, 1960.

SWETMAN, J., « Some Observations on the Background of tsdyq in Jeremias 23 : 5a », *Bib.*, 46, 1965, p. 28-40.

SZLECHTER, E., « Le Prêt dans l'Ancient Testament et dans les codes mésopotamiens d'avant Hammurabi », *RHPhR*, 35, 1955, p. 16-25.

TANNER, R., « Zur Rechtsideologie im pharaonischen Ägypten », *FuF*, 41, 1967, p. 247-250.

THOMSON, H.C., « Shopet and mishpāt in the Book of Judges ». *Glasgow University Oriental Society Transactions*, 19, 1963, p. 74-85.

— « Old Testament Ideas on the Life after Death », *TGUOS*, 22, 1970, p. 46-55.

TOAFF, E., « Evoluzione del concetto ebraico di zedāqa », *AStE*, 1968-1969, p. 111-122.

TROELTSCH, E., C.r. de « Wallis Louis : *Sociological Study of the Bible* », *ThLZ*, 15, 1913, p. 454-458.

— « Das Ethos der hebräichen Propheten », *Log.*, 6, 1916, p. 1-28.

TÜRCK, U., *Die sittliche Forderung der Israelitischen Propheten des 8 Jahrhunderts*, Göttingen, 1935.

URBACH, E.E., « The Laws regarding Slavery as a Source for Social History of the Period of the Second Temple, the Mishnah and Talmud », *Annual of Jewish Studies*, London, 1964, p. 1-94 (orig. en hébreu dans *Zion*, 25, 1960).

VAJDA, G., *Introduction à la pensée juive du Moyen Age*, Paris, 1947.

VAN DER PLOEG, J., « Sociale en economische vraagstukken uit de geschiedenis van Israel tijd der Koningen », *JEOL*, 7, 1940, p. 390-399.

— « *Shāpat* et *mishpāt* », *OTS*, 2, 1943, p. 144-155.

— « Les Pauvres d'Israël et leur piété », *OTS*, 7, 1950, p. 236-270.

— « Studies in Hebrew Law », *CBQ*, 12, 1950, p. 248-259.

— « Studies in Hebrew Law », *CBQ*, 13, 1951, n° 1, p. 28-43 ; n° 3, p. 296-307.

— « Les Juges d'Israël », Studi in onore del Card. Ottaviani, I. Roma, 1969, p. 463-507.

— « Le Pouvoir exécutif en Israël », Studi in onore del Card. Ottaviani, I, Roma, 1969, p. 509-519.

VAN LEEUWEN, C., *Le Développement du sens social en Israël avant l'ère chrétienne*, Assen, 1955.

VAUX, DE R., « Les Patriarches hébreux et les découvertes modernes », *RB*, 56, 1949, p. 5-36.

— *Les Institutions de l'Ancien Testament,* 2 vol., Paris, 1958-1960.

— C.r. de M. Weippert, *Die Landnahme der israelitischen Stämme in der neueren wissenschaftlichen Diskussion,* Göttingen, 1967, *RB,* 76, 1962, p. 272-276.

VAWTER, B., « Intimations of Immortality and the Old Testament », *JBL,* 91, 1972, p. 158-171.

VEIJOLA T., *Das Königtum in der Beurteilung der deuteronomischen Historiographie,* Helsinki, 1977.

VELLA, J., *La giustizia forense di Dio,* Supplementi alla Rivista Biblica, Brescia, 1964.

VELLAS, V.M., « The Spiritual Man according to the Old Testament », *GOTR,* 10, 1964, p. 107-120.

VESCO, J.-L., « Les Lois sociales du Livre de l'alliance (Exode XX, 22, — XXIII, 19) », *RThom,* 68, 1968, p. 241-264.

— « Amos de Teqoa, défenseur de l'homme », *RB,* 87, 1980, p. 481-513.

VIRGULIN, S., « La risurrezione dai morti in Is. 26, 14-19 », *BeO,* 14, 1972, p. 49-60.

VLASTOS, G., « Justice and Happiness in the Republic », dans *Plato II : Ethics, Politics and Philosophy of Art and Religion,* A Collection of Critical Essays, ed. G. Vlastos, London, 1972.

— « Equality and Justice in Early Greek Cosmologies », *CP,* 42, 1974, p. 156-178.

WAGNER, G., *La Justice dans l'Ancien Testament et le Coran,* Neuchâtel, 1977.

WALDOW, H.E. VON, « Social Responsability and Social Structure in Early Israel », *CBQ,* 32, 1970, p. 182-204.

WALLIS, L., « The Capitalization of Social Development », *AJS,* 7, 1902, p. 763-796.

— *Egoism : a Study in the Social Premises of Religion,* Chicago, 1905.

— *Sociological Study of the Bible,* 4ᵉ ed., Chicago, 1922.

— *God and the Social Process,* Chicago, 1935.

— *The Bible is Human. A Study in Secular History,* New York, 1942.

— *The Bible and the Modern Belief,* Durham, N.C., 1949.

— *Young Peoples Hebrew History,* New York, 1953.

WALTER, F., *Die Propheten in ihren sozialen Beruf und das Wirtschaftsleben ihrer Zeit,* Freiburg i/Brisg., 1900.

WEBER, Max, *Das antike Judentum. Gesammelte Aufsätze zur Religionssoziologie,* Tübingen, 1921.

WEIL, P., « Le Shabbat comme institution et comme expérience », dans *Le Shabbat dans la conscience juive, op. cit.,* PUF, Paris, 1975, p. 11-18.

WEINBERGER, O., *Die Wirtschaftsphilosophie des Alten Testament,* Wien, 1948.

WEINFELD, M., *Deuteronomy and the Deuteronomic School,* Oxford, 1972.

— « The Origin of the Apodictic Law », *VT,* 23, 1973, p. 63-75.

WEINRICH, F., *Der religiös-utopische Charakter der prophetischen Politik,* Giessen, 1932.

WEIPPERT, M., « Semitische Nomaden des zweiten Jahrtausends », *Bib.*, 55, 1974, p. 265-280.

WELCH A.C., *The Religion of Israel under the Kingdom*, Edinburgh, 1912.

— Prophet and Priest in the Old Israel, London, 1936.

WHITLEY, C.F., « Deutero-Isaiah's Interpretation of *Sedeq* », *VT*, 22, 1972, p. 469-475.

WICKSTEED, P.W., « Abraham Kuenen », *JQR*, 4, 1892, p. 571-605.

WIENER, M., *Die Anschaung der Propheten von der Sittlichkeit*, Lehranstalt für die Wissenschaft des Judentum, Berlin, 1909.

— *Die Religion der Propheten*, dans Volkschriften über die judische Religion, Frankfurt a/M., 1912.

WILDBERGER, H., « Jesajas Verständnis der Geschichte », *VT.S*, 9, 1963, p. 83-117.

WILDEBOER, G., « Die älteste Bedeutung des Stammes *tsdq* », *ZaW*, 22, 1902, p. 167-169.

WILSON, R.R., « Early Israelite Prophecy », *Interp.* 32, 1978, p. 3-16.

WOLFF, H.W., « Das Geschichtsverständnis der alttestamentlichen Prophetie », *EvTh*, 20, 1960, p. 218-235.

— *Gesammelte Studien zum Alten Testament*, München, 1964.

— *Die Stunde des Amos. Prophetie und Protest*, München, 1971.

— « Prophecy from Eighth through the Fifth Century », *Interp.*, 32, 1975, p. 17-30.

WOLFSON, H.A., *The Philosophy of Spinoza*, Harvard, 1934.

WOOLLEY, L., *Abraham*, London, 1935.

WRIGHT, G.E., *The Old Testament against its Environment*, London, 1950.

YADIN, Y., « Ancient Judean Weights and the Date of the Samaria Ostraca », *ScrHie*, 8, 1961, p. 9-25.

YARDENI, M., « La Vision des Juifs et du judaïsme dans l'œuvre de Richard Simon », *REJ*, 79, 1970, p. 178-203.

YEIVIN, S., « *The Origin and Disappearance of the Khab/piru* », Actes du XXVᵉ congrès int. des Orientalistes, Moscou, 1960, t. I, Moscou, 1962, p. 439-441.

ZEITLIN, S., « The Need for a Jewish Translation and Interpretation of Hebrew Bible », *JQR*, 65, 1974, p. 269-288.

ZIEGLER, J.A., *The Meaning of Righteousness in Paul* (chap. I : *The Old Testament — The Nature of Hebrew Justice*), Cambridge, 1972.

ADDENDA A LA BIBLIOGRAPHIE

BARTON, J., « Natural Law and Poetic Justice in the Old Testament », *JThS*, 30, 1979, p. 1-14.

Bible au présent (La), Actes du XXIIe Colloque des intellectuels juifs de langue française, Paris, Gallimard, 1982.

DAVIES, E.W., *Prophecy and Ethics*, Sheffield, 1981.

DE GEUS, C.H.J., « Die Gesellschaftskritik des Propheten und die Archeologie », *ZDPV*, 98, 1982, p. 50-57.

DIETRICH, W., *Israel und Kanaan. Vom Ringen zweier Gesellschaftsysteme*, Stuttgart, 1979.

GAMPER, A., *Gott als Richter in Mesopotamien und im Alten Testament*, Innsbruck, 1966.

GRIESHAMMER, R., « Maat und Sädäq. Zum Kulturzusammenhang zwischen Ägypten und Kanaan », *GöM*, 55, 1982, p. 35-42.

JACOB, E., « La Dimension du prophétisme d'après Martin Buber et Abraham J. Heschel », in *Prophecy*, Essays presented to Georg Fohrer, Berlin-New York, 1980, p. 26-34.

JOHNSON, Bo., « Der Bedeutungsunterschied zwischen *sädäq* und *sedaqa* », *ASTI*, 11, 1977-1978, p. 31-39.

KAISER, O., « Dike und Sedaqa. Zur Frage nach der sittlichen Weltordnung », *NZSTh*, 7, 1965, p. 251-273.

KEEL, O., ed., *Monotheismus im Alten Israel und seiner Umwelt*, Biblische Beiträge, 14, Fribourg, 1980.

MALCHOW, B.V., « Social Justice in the Wisdom Literature », *Biblical Theology Bulletin*, 12, 1982, p. 120-124.

MALONEY, R.P., « Usury and Restrictions on Interest-Taking in Ancient Near East », *CBQ*, 36, 1974, p. 1-20.

MARX, T., « Priorities in Zedakah and Their Implications », *Jdm*, 28, 1979, p. 80-89.

MENU, B., *Recherches sur l'histoire juridique, économique et sociale de l'ancienne Égypte*, Paris, 1982.

NORTH, R., « Social Dynamics from Saul to Jehu », *Biblical Theology Bulletin*, 12, 1982, p. 109-119 (intéressante bibliographie).

RAPHAËL, F., *Judaïsme et capitalisme. Essai sur la controverse entre Max Weber et Werner Sombart*, Paris, 1982.

SCHLUCHTER, W., ed., *Max Webers Studien über das antike Judentum*, Frankfurt a/M., 1981.

SODEN, W. VON, « Die Frage nach Gerechtigkeit Gottes im Alten Orient », *MDOG*, 96, 1965, p. 41-59.

« The Sabbath is for Ever - A. Symposium », *Jdm*, 31, 1982, p. 3-98.

TRESMONTANT, C., *Le Prophétisme hébreu*, Paris, 1982.

VOGT, J., *Bibliographie zur antiken Sklaverei*, Bochum, 1971.

WEILER, I., « Zum Schicksal der Witwen und Waisen bei den Völkern der Alten Welt », *Saec.*, 31, 1980, p. 157-193 (importante bibliographie).

WILSON, R.R., *Prophecy and Society in Ancient Israel*, Philadelphia, 1980 (importante bibliographie).

INDEX DES NOMS DE DIVINITÉS, DE PERSONNES, DE LIEUX ET DES NOTIONS

Les notions (par exemple le droit, la loi, la justice...), qui constituent la substance même du présent ouvrage, n'apparaissent presque pas dans le texte de l'index ; en revanche, il contient les noms des auteurs qui ne figurent pas dans la bibliographie ou bien qui présentent une importance particulière (par exemple Maïmonide, Spinoza, Max Weber...).

TABLE DES MATIÈRES

Première partie

LA JUSTICE SOCIALE
DANS LES PAYS VOISINS
DE L'ANCIEN ISRAËL

Deuxième partie

LA JUSTICE SOCIALE
ET LA SOCIOLOGIE BIBLIQUE
(ESSAI HISTORIOGRAPHIQUE)

Troisième partie

LE NOMADISME, LE PROPHÉTISME
ET LES LOIS SOCIALES

ETUDES ANNEXES
DE LA BIBLE DE JERUSALEM

Ces volumes, confiés à des maîtres et savants incontestés, complètent les commentaires de la Bible de Jérusalem consacrés à chaque livre ; ils apportent des études d'ensemble sur le cadre géographique, archéologique, historique et humain, dont la connaissance importe à l'intelligence des Livres Saints. Cette collection constituera une introduction générale à la lecture de la Bible et un instrument de travail indispensable pour l'étude de la Parole de Dieu.

W. F. Albright : *l'Archéologie de la Palestine* (épuisé).

J. Briend et M.-J. Seux : *Textes du Proche-Orient ancien et histoire d'Israël.*

H. Cazelles : *A la recherche de Moïse.*

M. Du Buit : *Géographie de la Terre sainte ;* tome I, textes et notes, tome II, cartes.

L. Epsztein : *la Justice sociale dans le Proche-Orient ancien et le peuple de la Bible.*

J. Jeremias : *Jérusalem au temps de Jésus.*

E. Lohse : *le Milieu du Nouveau Testament* (épuisé).

R. de Vaux : *les Institutions de l'Ancien Testament ;* tome I, Institutions familiales et civiles, tome II, Institutions militaires et religieuses.

Achevé d'imprimer en janvier 1983
sur les presses de l'imprimerie Laballery et Cie
58500 Clamecy
Dépôt légal : janvier 1983
N° d'éditeur : 7533
N° d'imprimeur : 20929